金融科技

CREDIT INTELLIGENCE OF SMALL
LOW-PROFIT ENTERPRISES

小微信贷
智能风控

胡勇 冯占鹏 郭堃 刘思静 著

图书在版编目（CIP）数据

小微信贷智能风控 / 胡勇等著 . —北京：机械工业出版社，2024.7
（金融科技）
ISBN 978-7-111-75559-3

Ⅰ. ①小⋯　Ⅱ. ①胡⋯　Ⅲ. ①中小企业 - 信贷管理 - 风险管理
Ⅳ. ① F830.56

中国国家版本馆 CIP 数据核字（2024）第 071182 号

机械工业出版社（北京市百万庄大街 22 号　邮政编码 100037）
策划编辑：杨福川　　　　　　　责任编辑：杨福川　董惠芝
责任校对：马荣华　张亚楠　　　责任印制：常天培
北京铭成印刷有限公司印刷
2024 年 7 月第 1 版第 1 次印刷
147mm×210mm・9 印张・230 千字
标准书号：ISBN 978-7-111-75559-3
定价：99.00 元

电话服务	网络服务
客服电话：010-88361066	机 工 官 网：www.cmpbook.com
010-88379833	机 工 官 博：weibo.com/cmp1952
010-68326294	金 书 网：www.golden-book.com
封底无防伪标均为盗版	机工教育服务网：www.cmpedu.com

Preface 前　言

为什么要写这本书

　　作为国民经济的重要组成部分，小微企业在推动经济增长、创造就业机会和促进社会发展方面发挥着至关重要的作用。然而，与之相对应的是，小微企业在融资方面一直面临着巨大的挑战，尤其是在获取信贷支持方面。究其原因，小微企业在数据丰富度、真实性、准确性等方面难以保障，传统的信贷风险控制方法往往过于依赖人工审核和经验判断，导致了信贷风险的不确定性和不稳定性。随着大数据技术的发展和应用，越来越多的金融机构开始尝试利用大数据技术来开展小微企业信贷风险控制，以提高信贷决策的准确性和效率，在小微企业的智能风控技术方面，也处于探索阶段。

　　我们在探索和实践小微信贷智能风控的过程中遇到了很多困难和挑战，也积累了丰富的从业经验，希望通过本书分享我们的小微信贷智能风控经验来帮助相关从业人员更好地为小微企业提供信贷服务，也希望通过本书传播小微企业智能风控的相关知识，促进小微信贷更快地向数字化、智能化发展。

本书特色

本书特色主要体现在以下几方面。

- 系统性：本书系统地讲解了小微信贷智能风控涉及的各个方面，包括小微企业的定义和市场现状、风险识别与防范、获客方式与渠道管理、产品研发与风险控制、智能风控基础设施建设、风控模型的开发与应用、风控策略的制定和优化、产品运营与客户运营等，帮助读者全面理解小微信贷智能风控的相关内容。
- 实践性：本书提供了大量实践案例以及模型、策略的Python代码，帮助读者将理论知识与实际应用相结合。通过学习这些案例和代码，读者能够更好地理解小微信贷智能风控的具体操作步骤，并在实践中应用所学知识。
- 全面性：本书从小微信贷智能风控的各个环节和维度进行了全面阐述，涵盖市场风险、获客风险、欺诈风险、信用风险、流程风险、操作风险等多个风险类型，并提供了相应的解决方法和策略。通过本书，读者能够详细了解小微信贷智能风控所面临的各种挑战，并学到相应的应对措施。
- 实用性：本书提供了丰富的工具和方法，如数据管理和标准化建设、智能风控系统的构建、模型开发与模型监控、策略开发与策略调优等，使读者掌握风控模型、策略的制定和优化方法，构建适合自己的小微信贷智能风控基础设施。通过本书，读者能够学到实用的技巧和方法，提高风控能力。

综上所述，本书旨在帮助读者全面了解小微信贷智能风控的相关内容，并在实践中应用所学知识，提高风控能力和竞争力。

读者对象

- 金融数据分析师

- 风险策略分析师
- 风险模型开发人员
- 小微信贷风险管理相关从业人员
- 对小微信贷智能风控感兴趣的人员

如何阅读本书

本书共 7 章,各章具体内容如下。

第 1 章从认识小微信贷入手,介绍小微企业的划分标准及发展现状、小微信贷的特征及主要模式等内容。

第 2 章从市场风险、获客风险、欺诈风险、信用风险、流程风险和操作风险等方面,详细探讨小微信贷面临的主要风险的特点和防范要点。

第 3 章从认识不同获客方式的特征和产品设计的主要内容、环节出发,基于客户需求管理、风险和效益管理的双重视角,全面介绍将风控与获客、产品设计相结合的思路和方法。

第 4 章介绍数据及变量的管理和标准化建设,以及智能风控常用的系统。通过学习这些内容,读者能够建立起适合自己企业的智能风控基础设施。

第 5 章介绍小微信贷风控模型的定义和全生命周期管理,并重点讨论贷前、贷中和贷后需要开发的主要模型及贷前模型开发的实践案例。通过学习这些内容,读者能够掌握小微信贷风控模型的建立和应用技巧。

第 6 章介绍小微信贷风控策略的定义和开发思路,并重点讨论小微信贷风控策略的制定方法。通过学习这些内容,读者能够制定适合自己企业的风控策略,并提高风险管理能力。

第 7 章介绍小微信贷产品运营和客户运营的目标与意义,并提供主要的运营工具和方法。通过学习这些内容,读者能够有效地进行小微信贷产品运营和客户运营,提升客户满意度。

希望通过本书的学习，读者能够全面了解小微信贷智能风控的相关内容，并在实践中应用所学知识，为优质小微企业的融资提供更好的支持，推动小微企业的发展。

勘误和支持

限于所处的环境和水平，本书难免有疏漏或错误，恳请读者海涵与斧正。若读者发现问题，可发送邮件至 maggieliu806@qq.com，我们将尽可能及时回复。另外，读者可关注"Python 金融风控"微信公众号，并发送"小微信贷智能风控"获取随书附件下载链接。

致谢

感谢工作中遇到的所有领导、专家、同事、同行，和优秀的人在一起工作、学习、交流，让我们积累了丰富的小微信贷智能风控方面的工作经验。

感谢我们的家人，在写作本书的将近一年时间里，离不开他们的理解和支持。

Contents 目 录

前言

第 1 章　小微企业及小微信贷发展概况 ……………………… 1
1.1　小微企业定义及划分标准 …………………………………… 2
1.1.1　国家标准——工业和信息化部对小微企业的划分 ………… 2
1.1.2　监管标准——央行及银监会对小微企业的划分 …………… 8
1.1.3　企业所得税口径下的小微企业划分标准 …………………… 10
1.1.4　增值税口径下的小微企业划分标准 ………………………… 11
1.2　小微企业发展现状 …………………………………………… 12
1.3　小微信贷定义及特征 ………………………………………… 13
1.3.1　小微企业的信贷需求及供给 ………………………………… 13
1.3.2　小微信贷面临的困难和存在的问题 ………………………… 15
1.3.3　小微企业融资困境的解决途径 ……………………………… 16
1.4　小微信贷的主要模式 ………………………………………… 16
1.4.1　以抵押、担保为主的信贷模式 ……………………………… 16
1.4.2　信贷工厂模式 ………………………………………………… 18
1.4.3　IPC 模式 ……………………………………………………… 19
1.5　数字化智能风控的萌芽与普及 ……………………………… 22

1.6 本章小结 ··· 24

第 2 章 小微信贷面临的主要风险和防范要点 ························· 25

2.1 市场风险 ··· 26
  2.1.1 经济环境变化的影响 ··· 26
  2.1.2 政策变动的影响 ··· 27
  2.1.3 市场竞争的影响 ··· 28
  2.1.4 市场风险的防范 ··· 29
2.2 获客风险 ··· 29
  2.2.1 客群前置筛选与信息博弈 ·· 30
  2.2.2 获客与风控核心数据的隔离 ··· 31
  2.2.3 虚假宣传与获客成本 ·· 32
  2.2.4 场景获客的真实性 ·· 33
2.3 欺诈风险 ··· 33
  2.3.1 借壳欺诈风险及其防范要点 ··· 34
  2.3.2 养壳欺诈风险及其防范要点 ··· 35
  2.3.3 数据虚增欺诈风险及其防范要点 ·· 36
2.4 信用风险 ··· 37
  2.4.1 企业主信用风险的表现及防范要点 ··· 37
  2.4.2 企业信用风险的表现及防范要点 ·· 39
2.5 流程风险 ··· 42
  2.5.1 信息流管理中的风险及其防范要点 ··· 43
  2.5.2 资金流管理中的风险及其防范要点 ··· 44
  2.5.3 物流管理中的风险及其防范要点 ·· 44
2.6 操作风险 ··· 45
  2.6.1 操作风险的来源 ··· 45
  2.6.2 操作风险的防范要点 ·· 46

2.7 不同类型的小微信贷风险防范 ·· 47
2.8 本章小结 ··· 48

第3章 获客与产品设计 ··· 49

3.1 获客方式 ··· 49
   3.1.1 开放式非精准获客 ·· 50
   3.1.2 开放式精准获客 ··· 53
   3.1.3 封闭式获客 ·· 58
3.2 贷款机构视角下的获客管理 ·· 61
   3.2.1 获客人员管理 ·· 62
   3.2.2 获客合作机构管理 ·· 65
3.3 产品设计 ··· 68
   3.3.1 产品要素设计 ·· 68
   3.3.2 产品流程设计 ·· 72
3.4 本章小结 ··· 76

第4章 小微信贷智能风控基础设施建设 ···································· 78

4.1 数据及变量 ·· 79
   4.1.1 小微信贷产品中的数据探寻——认识数据 ·················· 79
   4.1.2 正确锁定数据来源——获取数据 ······························ 81
   4.1.3 综合评估数据价值——筛选数据 ······························ 85
   4.1.4 数据的规范与整合——清洗数据 ······························ 87
   4.1.5 数据的应用化与特征化——衍生变量 ························ 88
4.2 小微信贷智能风控常用系统 ·· 91
   4.2.1 变量管理系统 ·· 91
   4.2.2 风控决策引擎 ·· 94
   4.2.3 人工审核系统 ·· 97
   4.2.4 数据分析系统 ·· 100

4.2.5 客户运营系统 ………………………………………… 100
4.2.6 贷后催收系统 ………………………………………… 102
4.3 本章小结 …………………………………………………… 105

第 5 章 小微信贷风控模型 …………………………………… 106

5.1 风控模型定义 ……………………………………………… 106
5.2 风险模型体系搭建 ………………………………………… 107
 5.2.1 一主多辅 ……………………………………………… 108
 5.2.2 先简后繁 ……………………………………………… 109
5.3 风控模型全生命周期管理 ………………………………… 110
 5.3.1 模型开发 ……………………………………………… 110
 5.3.2 模型评审 ……………………………………………… 129
 5.3.3 模型部署 ……………………………………………… 130
 5.3.4 模型监控 ……………………………………………… 131
 5.3.5 模型迭代 ……………………………………………… 132
 5.3.6 模型下线 ……………………………………………… 135
5.4 风控模型常用算法 ………………………………………… 136
 5.4.1 简单算法 ……………………………………………… 136
 5.4.2 集成算法 ……………………………………………… 141
 5.4.3 融合算法 ……………………………………………… 145
5.5 小微信贷风控模型简介 …………………………………… 147
 5.5.1 小微信贷与零售信贷的区别 ………………………… 147
 5.5.2 如何构建小微信贷风控模型体系 …………………… 148
 5.5.3 宏观经济指标与小微信贷风控模型 ………………… 149
5.6 贷前风控模型 ……………………………………………… 150
 5.6.1 小微信贷贷前风控模型体系 ………………………… 150
 5.6.2 基于贷前风险主模型的客群分层 …………………… 154
 5.6.3 实践案例：基于企业税务数据进行 A 卡开发 ……… 155

5.7 贷中风控模型 ·· 177
　5.7.1 小微信贷贷中风险模型体系 ··· 177
　5.7.2 小微信贷贷中运营模型体系 ··· 179
5.8 贷后风控模型 ·· 180
5.9 本章小结 ··· 182

第6章　小微信贷风控策略 ·· 183

6.1 小微信贷风控策略概述 ·· 184
　6.1.1 小微信贷风控策略定义 ··· 184
　6.1.2 风控策略和风控模型的关系 ··· 184
6.2 线上小微信贷基础——数据和变量 ·· 185
6.3 策略要素：规则和风险决策 ··· 187
6.4 策略要素1：规则 ·· 188
　6.4.1 人工规则 ··· 189
　6.4.2 自动规则 ··· 195
6.5 策略要素2：风险决策 ··· 202
　6.5.1 策略的应用场景 ··· 203
　6.5.2 不同信贷流程中的风险决策 ··· 205
6.6 策略生命周期管理 ··· 209
　6.6.1 策略准备 ··· 210
　6.6.2 策略开发 ··· 212
　6.6.3 策略评审 ··· 228
　6.6.4 策略部署 ··· 229
　6.6.5 策略监控 ··· 231
　6.6.6 策略迭代 ··· 234
　6.6.7 策略下线 ··· 234
6.7 定价规则 ··· 235
　6.7.1 定价方法实践 ·· 235

6.7.2　定价方法探索 241
　　　6.7.3　定价策略的合理性判定 242
　6.8　额度规则 243
　　　6.8.1　流动资金贷款 243
　　　6.8.2　线上化小微企业定额 247
　6.9　授信与用信的联动策略设计 258
　　　6.9.1　授信和用信环节策略保持一致 259
　　　6.9.2　授信和用信环节策略独立设计 259
　　　6.9.3　通过授信策略中的时序变量衍生用信策略 260
　6.10　拒客回捞设计 261
　　　6.10.1　拒客回捞的定义和目的 261
　　　6.10.2　拒客回捞的方法 262
　　　6.10.3　测算捞回客户的违约率 263
　6.11　本章小结 267

第7章　小微信贷产品运营和客户运营 268
　7.1　产品运营 268
　7.2　客户运营 271
　7.3　本章小结 273

第 1 章

小微企业及小微信贷发展概况

最近几年,在疫情、中美贸易摩擦及世界范围内宏观经济疲软诸多因素的叠加下,小微企业的发展愈发困难。为扶持小微企业发展,政府部门出台了诸多关于小微企业的帮扶政策,财政部、国家金融监管总局(原银保监会)、人民银行也从金融角度出台了各项配套扶持政策,例如在监管考核方面将小微企业"两增两控、首贷户、信用贷款占比"纳入考核,在资金支持方面为银行提供"支小再贷款"支持,在风险管理上要求银行建立小微企业尽职免责相关制度,在机制上让银行为小微企业融资扫清障碍。这些措施旨在解决小微企业融资难问题。本章主要引导读者快速了解小微企业发展的基本现状以及面向小微企业提供信贷服务的模式,尤其是智能风控在小微信贷领域的发展历程。

1.1 小微企业定义及划分标准

目前，对小微企业的分类尚无统一标准，但根据不同的用途或目标，有多种差异化分类。按照属性分类，我国常用的两大类是"国家标准"和"监管标准"。此外，国家税务总局也根据税收优惠政策从所得税和增值税角度对小微企业进行了划分。

1.1.1 国家标准——工业和信息化部对小微企业的划分

2002年6月29日，第九届全国人民代表大会常务委员会第二十八次会议通过《中小企业促进法》（中华人民共和国主席令第六十九号），规定"中小企业的划分标准由国务院负责企业工作的部门根据企业职工人数、销售额、资产总额等指标，结合行业特点制定，报国务院批准"。原国家经济贸易委员会、原国家发展计划委员会、财政部和国家统计局根据《中小企业促进法》，在2003年出台了《中小企业标准暂行规定》（国经贸中小企〔2003〕143号）。2011年6月18日，工业和信息化部、国家统计局、国家发展和改革委员会、财政部又联合出台了《中小企业划型标准规定》（工信部联企业〔2011〕300号），2003年颁布的《中小企业标准暂行规定》同时废止。《中小企业划型标准规定》中，按照各行业的特点，结合企业收入规模、员工数量、资产规模等指标，将中小企业划分为中型、小型、微型三种类型。

各行业的划分标准如下。

1）农、林、牧、渔业。营业收入20000万元以下的为中小微型企业。其中，营业收入500万元及以上的为中型企业，营业收入50万元及以上的为小型企业，营业收入50万元以下的为微型企业。

2）工业。从业人员1000人以下或营业收入40000万元以下的为中小微型企业。其中，从业人员300人及以上，且营业收入

2000万元及以上的为中型企业；从业人员20人及以上，且营业收入300万元及以上的为小型企业；从业人员20人以下或营业收入300万元以下的为微型企业。

3）建筑业。营业收入80000万元以下或资产总额80000万元以下的为中小微型企业。其中，营业收入6000万元及以上，且资产总额5000万元及以上的为中型企业；营业收入300万元及以上，且资产总额300万元及以上的为小型企业；营业收入300万元以下或资产总额300万元以下的为微型企业。

4）批发业。从业人员200人以下或营业收入40000万元以下的为中小微型企业。其中，从业人员20人及以上，且营业收入5000万元及以上的为中型企业；从业人员5人及以上，且营业收入1000万元及以上的为小型企业；从业人员5人以下或营业收入1000万元以下的为微型企业。

5）零售业。从业人员300人以下或营业收入20000万元以下的为中小微型企业。其中，从业人员50人及以上，且营业收入500万元及以上的为中型企业；从业人员10人及以上，且营业收入100万元及以上的为小型企业；从业人员10人以下或营业收入100万元以下的为微型企业。

6）交通运输业。从业人员1000人以下或营业收入30000万元以下的为中小微型企业。其中，从业人员300人及以上，且营业收入3000万元及以上的为中型企业；从业人员20人及以上，且营业收入200万元及以上的为小型企业；从业人员20人以下或营业收入200万元以下的为微型企业。

7）仓储业。从业人员200人以下或营业收入30000万元以下的为中小微型企业。其中，从业人员100人及以上，且营业收入1000万元及以上的为中型企业；从业人员20人及以上，且营业收入100万元及以上的为小型企业；从业人员20人以下或营业收入100万元以下的为微型企业。

8）邮政业。从业人员1000人以下或营业收入30000万元以下的为中小微型企业。其中，从业人员300人及以上，且营业收入2000万元及以上的为中型企业；从业人员20人及以上，且营业收入100万元及以上的为小型企业；从业人员20人以下或营业收入100万元以下的为微型企业。

9）住宿业。从业人员300人以下或营业收入10000万元以下的为中小微型企业。其中，从业人员100人及以上，且营业收入2000万元及以上的为中型企业；从业人员10人及以上，且营业收入100万元及以上的为小型企业；从业人员10人以下或营业收入100万元以下的为微型企业。

10）餐饮业。从业人员300人以下或营业收入10000万元以下的为中小微型企业。其中，从业人员100人及以上，且营业收入2000万元及以上的为中型企业；从业人员10人及以上，且营业收入100万元及以上的为小型企业；从业人员10人以下或营业收入100万元以下的为微型企业。

11）信息传输业。从业人员2000人以下或营业收入100000万元以下的为中小微型企业。其中，从业人员100人及以上，且营业收入1000万元及以上的为中型企业；从业人员10人及以上，且营业收入100万元及以上的为小型企业；从业人员10人以下或营业收入100万元以下的为微型企业。

12）软件和信息技术服务业。从业人员300人以下或营业收入10000万元以下的为中小微型企业。其中，从业人员100人及以上，且营业收入1000万元及以上的为中型企业；从业人员10人及以上，且营业收入50万元及以上的为小型企业；从业人员10人以下或营业收入50万元以下的为微型企业。

13）房地产开发经营。营业收入200000万元以下或资产总额10000万元以下的为中小微型企业。其中，营业收入1000万元及以上，且资产总额5000万元及以上的为中型企业；营业收入100

万元及以上，且资产总额 2000 万元及以上的为小型企业；营业收入 100 万元以下或资产总额 2000 万元以下的为微型企业。

14）物业管理。从业人员 1000 人以下或营业收入 5000 万元以下的为中小微型企业。其中，从业人员 300 人及以上，且营业收入 1000 万元及以上的为中型企业；从业人员 100 人及以上，且营业收入 500 万元及以上的为小型企业；从业人员 100 人以下或营业收入 500 万元以下的为微型企业。

15）租赁和商务服务业。从业人员 300 人以下或资产总额 120000 万元以下的为中小微型企业。其中，从业人员 100 人及以上，且资产总额 8000 万元及以上的为中型企业；从业人员 10 人及以上，且资产总额 100 万元及以上的为小型企业；从业人员 10 人以下或资产总额 100 万元以下的为微型企业。

16）其他未列明行业。从业人员 300 人以下的为中小微型企业。其中，从业人员 100 人及以上的为中型企业，从业人员 10 人及以上的为小型企业，从业人员 10 人以下的为微型企业。

2017 年 12 月，国家统计局在延续 2011 年《统计上大中小微型企业划分办法》（以下简称《办法》）中所确认的适用范围和分类框架（分类原则、分类方法、分类结构）的前提下，根据《国民经济行业分类》（GB/T 4754—2017），修订出台了《统计上大中小微型企业划分办法（2017）》（国统字〔2017〕213 号）。新的划分办法是按照《国民经济行业分类》（GB/T 4754—2011）和《国民经济行业分类》（GB/T 4754—2017）的对应关系，对涉及的行业进行相应调整形成的，并一直沿用至今。该办法选取收入规模、员工数量、资产规模等关键指标或替代指标，结合行业特点制定具体分类标准，将在我国境内依法设立的各种组织形式的法人企业或单位的规模划分为大型、中型、小型和微型，个体工商户参照该办法进行划分。《统计上大中小微型企业划分办法（2017）》适用的行业范围及具体分类标准如表 1-1 所示。

表 1-1 《统计上大中小微型企业划分办法（2017）》适用的行业范围及具体分类标准

行业名称	指标名称	计量单位	大型	中型	小型	微型
农、林、牧、渔业	营业收入（Y）	万元	$Y \geq 20000$	$500 \leq Y < 20000$	$50 \leq Y < 500$	$Y<50$
工业*	从业人员（X）	人	$X \geq 1000$	$300 \leq X < 1000$	$20 \leq X < 300$	$X<20$
工业*	营业收入（Y）	万元	$Y \geq 40000$	$2000 \leq Y < 40000$	$300 \leq Y < 2000$	$Y<300$
建筑业	营业收入（Y）	万元	$Y \geq 80000$	$6000 \leq Y < 80000$	$300 \leq Y < 6000$	$Y<300$
建筑业	资产总额（Z）	万元	$Z \geq 80000$	$5000 \leq Z < 80000$	$300 \leq Z < 5000$	$Z<300$
批发业	从业人员（X）	人	$X \geq 200$	$20 \leq X < 200$	$5 \leq X < 20$	$X<5$
批发业	营业收入（Y）	万元	$Y \geq 40000$	$5000 \leq Y < 40000$	$1000 \leq Y < 5000$	$Y<1000$
零售业	从业人员（X）	人	$X \geq 300$	$50 \leq X < 300$	$10 \leq X < 50$	$X<10$
零售业	营业收入（Y）	万元	$Y \geq 20000$	$500 \leq Y < 20000$	$100 \leq Y < 500$	$Y<100$
交通运输业*	从业人员（X）	人	$X \geq 1000$	$300 \leq X < 1000$	$20 \leq X < 300$	$X<20$
交通运输业*	营业收入（Y）	万元	$Y \geq 30000$	$3000 \leq Y < 30000$	$200 \leq Y < 3000$	$Y<200$
仓储业*	从业人员（X）	人	$X \geq 200$	$100 \leq X < 200$	$20 \leq X < 100$	$X<20$
仓储业*	营业收入（Y）	万元	$Y \geq 30000$	$1000 \leq Y < 30000$	$100 \leq Y < 1000$	$Y<100$
邮政业	从业人员（X）	人	$X \geq 1000$	$300 \leq X < 1000$	$20 \leq X < 300$	$X<20$
邮政业	营业收入（Y）	万元	$Y \geq 30000$	$2000 \leq Y < 30000$	$100 \leq Y < 2000$	$Y<100$

（续）

行业名称	指标名称	计量单位	大型	中型	小型	微型
住宿业	从业人员（X）	人	$X \geq 300$	$100 \leq X < 300$	$10 \leq X < 100$	$X < 10$
住宿业	营业收入（Y）	万元	$Y \geq 10000$	$2000 \leq Y < 10000$	$100 \leq Y < 2000$	$Y < 100$
餐饮业	从业人员（X）	人	$X \geq 300$	$100 \leq X < 300$	$10 \leq X < 100$	$X < 10$
餐饮业	营业收入（Y）	万元	$Y \geq 10000$	$2000 \leq Y < 10000$	$100 \leq Y < 2000$	$Y < 100$
信息传输业*	从业人员（X）	人	$X \geq 2000$	$100 \leq X < 2000$	$10 \leq X < 100$	$X < 10$
信息传输业*	营业收入（Y）	万元	$Y \geq 100000$	$1000 \leq Y < 100000$	$100 \leq Y < 1000$	$Y < 100$
软件和信息技术服务业	从业人员（X）	人	$X \geq 300$	$100 \leq X < 300$	$10 \leq X < 100$	$X < 10$
软件和信息技术服务业	营业收入（Y）	万元	$Y \geq 10000$	$1000 \leq Y < 10000$	$50 \leq Y < 1000$	$Y < 50$
房地产开发经营	营业收入（Y）	万元	$Y \geq 200000$	$1000 \leq Y < 200000$	$100 \leq Y < 1000$	$Y < 100$
房地产开发经营	资产总额（Z）	万元	$Z \geq 10000$	$5000 \leq Z < 10000$	$2000 \leq Z < 5000$	$Z < 2000$
物业管理	从业人员（X）	人	$X \geq 1000$	$300 \leq X < 1000$	$100 \leq X < 300$	$X < 100$
物业管理	营业收入（Y）	万元	$Y \geq 5000$	$1000 \leq Y < 5000$	$500 \leq Y < 1000$	$Y < 500$
租赁和商务服务业	从业人员（X）	人	$X \geq 300$	$100 \leq X < 300$	$10 \leq X < 100$	$X < 10$
租赁和商务服务业	资产总额（Z）	万元	$Z \geq 120000$	$8000 \leq Z < 120000$	$100 \leq Z < 8000$	$Z < 100$

(续)

行业名称	指标名称	计量单位	大型	中型	小型	微型
其他未列明行业*	从业人员(X)	人	$X \geq 300$	$100 \leq X < 300$	$10 \leq X < 100$	$X < 10$

说明：
1）大型、中型和小型企业须同时满足所列指标的下限，否则下划一档；微型企业只须满足所列指标中的一项即可。
2）附表中各行业的范围以《国民经济行业分类》(GB/T 4754—2017)为准。带*的项为行业组合类别。其中，工业包括采矿业，制造业，电力、热力、燃气及水生产和供应业；交通运输业包括道路运输业，水上运输业，航空运输业，管道运输业，多式联运和运输代理业，装卸搬运，不包括铁路运输业；仓储业包括通用仓储，低温仓储，危险品仓储，谷物、棉花等农产品仓储，中药材仓储和其他仓储业；信息传输业包括电信、广播电视和卫星传输服务，互联网和相关服务；其他未列明行业包括科学研究和技术服务业，水利、环境和公共设施管理业，居民服务、修理和其他服务业，社会工作，文化、体育和娱乐业，以及房地产中介服务，其他房地产业等，不包括自有房地产经营活动。
3）企业划分指标以现行统计制度为准。①从业人员，是指期末从业人员数，没有期末从业人员数的，采用全年平均人员数代替。②营业收入，工业、建筑业、限额以上批发和零售业、限额以上住宿和餐饮业以及其他设置主营业务收入指标的行业，采用主营业务收入；限额以下批发与零售业企业采用商品销售额代替；限额以下住宿与餐饮业企业采用营业额代替；农、林、牧、渔业企业采用营业总收入代替；其他未设置主营业务收入的行业，采用营业收入指标。③资产总额，采用资产总计代替。

1.1.2 监管标准——央行及银监会对小微企业的划分

2011年至今，在监管层面，小微贷款的定义发生了3次变化。

1. 第一次（2011—2013年）

2011年6月，银监会发布《关于支持商业银行进一步改进小企业金融服务的通知》(银监发〔2011〕59号)，同年又发布了《关于支持商业银行进一步改进小型微型企业金融服务的补充通知》(银监发〔2011〕94号)（以下简称《补充通知》）。《补充通知》首次从信贷视角明确了金融监管标准下的小微企业划分依据。在此期间，考核口径主要是商业银行向小型企业、微型企业发放的贷款以及个人经营性贷款。

在本阶段，小微企业暂以《中小企业标准暂行规定》（国经贸中小企〔2003〕143号）中的小企业定义为准。中小企业划分标准如下。

1）工业。中小型企业须符合以下条件：职工人数2000人以下，或销售额30000万元以下，或资产总额为40000万元以下。其中，中型企业须同时满足职工人数300人及以上，销售额3000万元及以上，资产总额4000万元及以上；其余为小型企业。

2）建筑业。中小型企业须符合以下条件：职工人数3000人以下，或销售额30000万元以下，或资产总额40000万元以下。其中，中型企业须同时满足职工人数600人及以上，销售额3000万元及以上，资产总额4000万元及以上；其余为小型企业。

3）零售和批发业。零售业中小型企业须符合以下条件：职工人数500人以下，或销售额15000万元以下。其中，中型企业须同时满足职工人数100人及以上，销售额1000万元及以上；其余为小型企业。批发业中小型企业须符合以下条件：职工人数200人以下，或销售额30000万元以下。其中，中型企业须同时满足职工人数100人及以上，销售额3000万元及以上；其余为小型企业。

4）交通运输和邮政业。交通运输业中小型企业须符合以下条件：职工人数3000人以下，或销售额30000万元以下。其中，中型企业须同时满足职工人数500人及以上，销售额3000万元及以上；其余为小型企业。邮政业中小型企业须符合以下条件：职工人数1000人以下，或销售额30000万元以下。其中，中型企业须同时满足职工人数400人及以上，销售额3000万元及以上；其余为小型企业。

5）住宿和餐饮业。中小型企业须符合以下条件：职工人数

800人以下,或销售额15000万元以下。其中,中型企业须同时满足职工人数400人及以上,销售额3000万元及以上;其余为小型企业。

2. 第二次(2013—2017年)

2013年,银监会发布《关于深化小微企业金融服务的意见》(银监发〔2013〕7号)(以下简称《意见》)。《意见》中所指的小微企业按照《中小企业划型标准规定》(工信部联企业〔2011〕300号)的划分标准执行。监管对普惠小微指标的考核口径是向小型企业、微型企业、个体工商户、小微企业主发放贷款。

3. 第三次(2017年至今)

2017年央行发布《关于对普惠金融实施定向降准的通知》(银发〔2017〕222号),2018年银监会发布《关于2018年推动银行业小微企业金融服务高质量发展的通知》(银监办发〔2018〕29号)。至此,监管层对小微贷款单户授信额度提出上限要求,对象包括企业、个体工商户和企业主。在央行标准下,普惠小微贷款单户授信上限为500万元;在银监会标准下,普惠小微贷款单户授信上限为1000万元。其中,央行在定向降准中考核的是普惠金融领域贷款,涉及范围除普惠小微贷款外,还包括三农贷款等。2019年1月,央行发布《关于调整普惠金融定向降准有关考核标准的通知》(银发〔2018〕351号),将定向降准考核中小微贷款口径调整为单户授信小于1000万元。至此,央行对小微企业单户授信上限的口径与银监会的口径保持统一。

1.1.3 企业所得税口径下的小微企业划分标准

从税收视角划分小微企业的主要依据是《中华人民共和国企业所得税法》第二十八条,规定"符合条件的小型微利企业,减按20%的税率征收企业所得税"。在此基础上,国家税务总局针对不同类别的企业出台企业所得税收优惠政策细则。自 2018 年新《中华人民共和国企业所得税法》颁布实施后，从税收视角对小微企业的划分标准也持续在变，主要关注所得税规模、员工数量、资产规模 3 类指标，其中以所得税规模为核心。例如财政部、国家税务总局《关于扩大小型微利企业所得税优惠政策范围的通知》（财税〔2017〕43 号）文件规定，自 2017 年 1 月 1 日至 2019 年 12 月 31 日，将小型微利企业的年应纳税所得额上限由 30 万元提高至 50 万元，对年应纳税所得额低于 50 万元（含 50 万元）的小型微利企业，其所得减按 50% 计入应纳税所得额，按 20% 的税率缴纳企业所得税。

1.1.4　增值税口径下的小微企业划分标准

从增值税口径划分小微企业的主要用途是国家税务总局可针对不同类别的企业出台不同增值税优惠政策。在当前增值税口径下的小微企业认定标准中，主要按小微企业每月的销售规模进行划分，符合条件的小微企业可以享受增值税暂免征收的优惠政策。

2013 年，财政部、国家税务总局《关于暂免征收部分小微企业增值税和营业税的通知》（财税〔2013〕52 号）将每月销售规模低于 2 万元的企业或者非企业性单位划分为暂免征收增值税的小微企业。2014 年，财政部、国家税务总局《关于进一步支持小微企业增值税和营业税政策的通知》（财税〔2014〕71 号）将每月销售规模标准从 2 万元提升至 3 万元。2016 年，《国家税务总局关于全面推开营业税改征增值税试点有关税收征收管理事项的公告》（国家税务总局公告 2016 年第 23 号）规定增值税小规模纳税人销售货物，提供加工、修理修配劳务月销售额不超过 3 万元（按季纳税 9 万元），销售服务、无形资产月销售额不超过 3 万元（按季纳税 9 万元）的，在 2016 年 5 月 1 日至 2017 年 12 月 31 日期间，可以享受小微企业暂免征收增值税优惠政策。

1.2 小微企业发展现状

从各类型企业在国民经济中的贡献来看，小微企业在税收贡献占比中超过 50%，在国内生产总值贡献占比中超过 60%，在技术创新贡献中占比超过 70%，在城镇就业方面贡献占比超过 80%，在全国企业注册数量中占比超过 90%。为支持小微企业发展，政府先后出台了《中小企业促进法》（修订）和《促进个体工商户发展条例》。在政策扶持下，近年来小微企业在"量"和"质"方面都有了长足的发展。

在量方面，截至 2023 年 1 月底，全国登记在册的市场主体数量约 1.7 亿，相比 2012 年底的 5500 万，10 年时间净增约 1.2 亿户，年平均增长率超过 12%。其中，个体工商户 10 年间从 4060 万户增加至 1.14 亿户，迈上历史新台阶，在实体企业中占比超过 90%，带动了近 3 亿人就业。从个体工商户行业分布上看，批发零售业、住宿餐饮业、居民服务业的占比较高，分别超过 54%、12%、5%。

在质方面，"专精特新""小巨人"企业表现出强劲的发展潜力和活力。截至 2022 年底，全国符合"专精特新"条件的企业数量已超过 7 万，"小巨人"企业数量近 9000，这些企业以"专业化、精细化、特色化、新颖化"的特色在各自领域精耕细作，获得发明专利 14 万余项，累计参与制定国家标准 6000 余项，70 余家"小巨人"企业荣获国家科学技术奖，1500 余家"小巨人"企业承担过国家重大科技项目。截至 2022 年底，累计超过 1300 家"专精特新"企业在 A 股上市，在 2022 年全年上市的企业中 60% 是"专精特新"企业，这说明了"专精特新"企业在资本市场上的吸引力。

从总体数量与占比来看，2013 年到 2022 年间，小微企业（含个体工商户）的户数从 5000 万增长至 1.5 亿，在所有企业类型中的占比从 92% 上升至 97%。据企查查公布的数据，我国个体工商户新增注册量逐年稳定增加，并于 2021 年首次突破 2000 万。2020 年、2021 年、2022 年新注册数量分别同比增长 13.3%、6.6%、2.4%，尽管同比增速有所放缓，但新注册量依然稳中有增。

2023 年《政府工作报告》指出，针对企业生产经营困难加剧，需要加大纾困支持力度。根据中国经济信息社与中国建设银行联合推出的普惠金融－小微指数，自疫情以来，小微企业发展指数波动较大，截至 2023 年第二季度依然在荣枯线徘徊。据度小满 2023 年第一季度对小微企业的调研数据，仅有 31% 的小微企业在第一季度的经营情况超过疫情前水平，剩下的小微企业基本未恢复至疫情前水平。

从生命周期来看，小微企业的发展周期基本为 3 年，信贷生命周期通常短于 3 年。在疫情的影响下，小微企业的生命周期受到更大的影响，信贷生命周期也进一步缩短。而市场需求的快速变化、上游原材料的价格上涨、人才短板等因素的叠加，使小微企业的经营风险日益升高。

1.3 小微信贷定义及特征

1.3.1 小微企业的信贷需求及供给

在小微企业的经营发展中，现金流是经营中最为重要的。回款周期长、材料价格上涨、用工成本增加，进一步加剧了小微企业营运资金短缺问题。据统计数据，超过 70% 的小微企业存在融资需求且资金需求在 20 万元以上，用途主要为采购原材料、营运支出及扩大生产。

银行是小微信贷的最大供给方。2017 年，中国银行业金融机构中小微企业贷款余额达31.4万亿元,其中普惠型小微贷款余额仅8.8万亿元。截至2022年底,国内银行业金融机构向小微企业投放的贷款余额达到59.7万亿元,其中普惠型小微贷款余额为23.8万亿元。小微企业贷款余额5年复合增长率达12.3%,普惠型小微贷款余额5年复合增长率达22.1%。预计在未来5年,小微企业贷款余额复合增速将达到18%,普惠小微贷款余额复合增速将达到26%。

如果按规模将企业划分为大型企业、中型企业、小微企业、个体工商户,则国有大行、股份制银行主要服务于大型企业、中型企业,并且凭借资金成本的优势覆盖小微企业、个体工商户中最优的客群;城市商业银行、农村金融机构则主要服务于中型企业、小微企业及个体工商户中的次优客群;民营银行、区域性小贷公司、金融科技公司服务于剩下的长尾客群。随着金融科技技术的发展以及监管对普惠指标的考核压力增加,目前国有大行、股份制银行、城农商行纷纷通过线上小微贷产品进行客群的下探,导致长尾客群也进入红海时代。

在大数据及金融科技高速发展、风控能力提升和监管政策支持等多方因素的助力下,我国小微企业贷款的供给已经实现了较大的增长。但如果以小微企业、中大型企业在GDP中的贡献占比为标准,分别对比小微企业、中大型企业的融资情况,则可以发现小微企业的需求满足度还处于中等水平。2017年,小微企业的贷款需求满足度约为41%;2022年,小微企业的贷款需求满足度约为50%,转换为实际的信贷需求,约有近50万亿户小微企业尚未被满足。若将小微企业中的个体工商户单列出来,可以发现个体工商户的贷款需求满足度仅为约32%,远低于小微企业贷款需求满足度,个体工商户的贷款需求超过20万亿元,但当前实际的供给规模仅约6万亿元,未来金融机构在个体工商户客群上的增长潜力仍然较大。

1.3.2 小微信贷面临的困难和存在的问题

第一，小微企业自身的发展面临高度的不确定性，自身的经营风险较高。注销比是衡量小微企业经营活力的重要指标。据企查查公布的数据，2020 年、2021 年、2022 年小微企业的注销比分别为 2.46、2.25、1.94，表明小微企业的经营活力已呈现持续下降的趋势。在疫情的冲击下，小微企业收入端面临订单锐减、收入锐减的问题，诸如房租、用工等成本却是刚性支出，收支严重不平衡导致可持续经营能力非常脆弱，能实现盈利的小微企业不足半数。据北京大学企业大数据研究中心与蚂蚁集团研究院联合发布的《中国小微经营者调查报告》，当前很多小微企业面临较为严重的资金链危机。其中，近一半（42.7%）小微经营企业的季度营业收入低于 2.5 万元，33.2% 的小微企业现金流可维持时间不超过一个月，超 13% 的小微经营企业已经无法维持运转。

第二，小微金融服务业存在结构性问题。融资难、融资贵是我国小微企业融资的真实写照。金融机构面临获客难、风控难、盈利难困境。传统银行受制于较高的运营成本，以单户的形式拓展小微企业客户，尤其是单户贷款额度低于 100 万元以下的客户，即便不考虑风险，在财务上也不具备可行性，因此在服务对象上会优选有抵押、经营良好且单户规模较大的小微企业。新兴的互联网银行尝试以"互联网+金融科技"的方式解决传统银行面临的投入产出比问题，但由于小微企业经营管理不完善、报表不规范、纳税失真甚至不纳税，也缺乏有效的可以评估小微企业真实经营情况的公允数据。从最终表现来看，新兴的互联网银行在小微信贷上的风控成本高企，以致最终服务的客户依然与传统银行存在较大比例的重叠，对长尾客群尤其是个体工商户的服务覆盖度始终处于较低水平。

1.3.3 小微企业融资困境的解决途径

风控是当下制约小微企业信贷业务发展的主要难点。毋庸置疑，数字化是最有可能解决小微企业融资困境的良方。近年来，随着小微领域的金融科技和各个行业的数字化蓬勃发展，金融机构与金融科技企业积极入局，数字技术已经深入小微企业融资行业，并持续改变着普惠金融的发展方式，具体表现如下。

1）大型商业银行深入推进数字化转型，中小商业银行也积极加快数字化改革，布局数字金融，小微融资服务品种和服务场景日趋丰富，智能风控处理能力和处理效率持续提升，服务客户的广度和深度持续拓展。

2）各类金融科技企业积极入局小微融资科技行业，为商业银行等金融机构提供合作支持。

在行业数字化、金融科技进步的基础上，数字化的风控能力将得到极大的提升，有望将风控成本控制在合理水平，使得金融机构服务小微企业在财务上具备可持续性，逐步进入良性的发展通道。

1.4 小微信贷的主要模式

1.4.1 以抵押、担保为主的信贷模式

传统小微信贷模式的主要流程包括业务申请、业务受理、尽职调查、授信审批、合同签订、贷款发放、贷后管理环节。

- 在业务申请环节，客户向银行提出申请。
- 在业务受理环节，银行指定客户经理受理。
- 在尽职调查环节，客户经理开展实地调研，考察企业的股权结构、财务状况、主要产品及上下游、生产场地及工艺、管

理层、押品信息及企业主个人资信等，收集相关的书面材料，如各类登记证书、经营许可、审计报告、资产权证、合同、流水、授权书等，并对相关资料进行交叉分析，形成调查报告，同时整理相关的内部审批资料。通常而言，实地调研与资料收集可能会有多次。涉及押品时，还会额外有押品的价值评估。

- 在授信审批环节，银行按照企业的申贷金额及内部权限，进行支行–分行–总行的层层审批。
- 在合同签订环节，客户经理按照银行批复的条件与客户签署书面的合同。
- 在贷款发放环节，银行放款审核岗根据书面合同及相关支付要求，审核、发放贷款。
- 在贷后管理环节，客户经理定期或不定期地对客户进行实地走访，收集客户的财务报告等信息。

在传统模式下，小微企业面临的主要痛点如下。

1）申请材料繁多。个人、企业及担保人均涉及大量的书面材料提交要求。

2）增信要求高。金融机构往往要求客户提供包括资产抵押、质押及第三方保证等在内的一种或多种增信措施，并尽可能地压低抵质押的折扣率，以防出现风险后第二还款来源能充分保障本息的回收。

3）流程冗长。从贷款申请提出到贷款发放，往往需要3个月甚至更长的时间，较低的审批效率往往无法满足小微企业短、频、急的用款特征。

4）贷款成本高。涉及第三方担保时会额外增加担保费用支出。

与此同时，银行面临的主要痛点如下。

1）展业成本高。小微企业虽然单户贷款额度低，但从作业流程和作业标准来看，刚性成本与办理大中型贷款的成本几乎是相同的。由于小微企业管理不规范，银行在尽职调查环节投入的精力可能更多但效果有限，因此从投入产出比来看，银行并不划算。

2）风险高。相比银行的其他贷款业务，小微企业的不良率风险较高，银行内部的不良贷款压力较大。

为了有效地平衡展业成本与效益的问题，诸多银行进行了尝试，以专业市场或产业链条为单位，采取联保、互保模式，以期解决小微企业批量获客、批量授信和风险控制的问题，但从实践成果来看，大部分银行不仅未达到预期效果，反而因为模式的漏洞造成了更大的风险。

1.4.2 信贷工厂模式

1. 起源

新加坡淡马锡控股公司在为诸多银行的小微企业信贷业务服务中积累了大量经验，并在此基础上开创了信贷工厂模式，而且首先在印尼进行创新实践。信贷工厂模式是对信贷流程进行功能性的切分，使得银行能像工厂标准化制造产品一样对信贷业务进行处理，以解决小微信贷面临的流程和效率问题。该模式的优点在于效率高，容易形成规模，便于批量复制和控制标准。

2. 核心内涵

在信贷工厂模式下，银行按照工厂流水线的思路，将"客户接触、尽职调查、授信审批、放款、贷后维护、信贷管理、贷款回收"等业务环节进行拆解，并将各个环节的要素做到标准化。流程中的人员只需要负责某一节点，而无须对其他环节的工作负责。随着移动互联网、芯片技术的突破和数字化进程的加速，金融量化、数据工程等工具被广泛应用于金融领域，信贷工厂得以与智能工具相结合，形成了信贷工厂2.0模式。与信贷工厂1.0模式相比，信贷工厂2.0模式在系统方面引入全新的信贷系统、反欺诈系统、审批系统,在数据方面引入场景数据以及其他第三方数据,在决策方面引入先进的算法,例如通过机器学习算法不断提升自动审批效率,使得人工干预率大幅下降,审批效率不断提升,信贷工厂的生命力愈加旺盛。在此背景下,信贷工厂2.0模式在流程标准化、作业集中化、管理规范化以及风险分散化方面有着突出优势。

3. 落地情况

2005年,淡马锡控股公司以14亿美元入股建设银行;2007年10月,建设银行总行指定镇江分行作为试点。2008年2月和2008年9月,中国银行分别在上海和福建泉州开展试点。

4. 不足

在信贷工厂模式下,基础风控依赖于一套理想中的IT系统架构及行业细分策略,而我国地域广阔、区域经济差异巨大,且小微企业纳税、报表严重失真,社会征信体系不健全,导致风控系统的建设难度过大且可靠性严重不足,多家银行试点最终只落得一个信贷流程标准化框架,沦为有形无实的"样子货"。信贷工厂的灵魂不是流水线,而是产品设计与产品本身的技术含量,流水线仅仅是流程实现的部分。

1.4.3 IPC模式

1. 起源

IPC(International Project Consult)模式由德国国际项目咨询公司首创,该公司的主营业务是为银行开展小微信贷业务提供专业化咨询服务。IPC模式最初不是应用在金融领域,德国国际项目咨询公司于20世纪80年代首次将IPC模式应用在小微贷款业务领域,并且在拉丁美洲、东欧、非洲地区的许多项目中都取得了优秀的实施效果。20世纪90年代末,德国国际项目咨询公司以技术出资形式开始发展自营小微贷款业务,经过30多年的发展,该公司目前管理了拉丁美洲、东欧及非洲地区的近30家银行，形成了一套独特的IPC体系。

2. 核心内涵

不同于常规的信贷流程，IPC模式将信贷业务流程拆分为营销、申请、分析、审批、发放、回收六大节点。IPC模式重点考察借款人3个方面的核心信息，包括借款人承债能力、借款人还款意愿、银行内部控制与人力资源管理。

在评估客户承债能力方面，由于小微企业的财务数据不够规范和健全，无法成为评估其承债能力的标准，因此，在IPC模式下，由资深信贷员对借款客户进行实地考察，了解客户的行业、上下游、资金运转、生产运转以及盈利性等，再基于所调查的信息自行编制资产负债表、利润表及现金流量表，分析客户的还款能力，并核定额度。

在还款意愿方面，IPC模式以个人信用状况为核心，考察申请人的社会地位、家庭关系、历史信用、声誉，以及历史贷款记录等。

在银行内部控制方面，IPC模式强调根据小微信贷业务的特点建设内部制度，并将小微信贷业务有机嵌入银行的战略层到执行层。在内部流程方面，围绕降低交易成本建立简单、快捷的小微贷款审批程序。在人力资源及组织设计方面，明确组织架构和责任，并结合短、中、长期的激励机制，保证良好的组织治理。

在IPC模式的激励和约束机制中，最核心的对象是信贷客户经理，他也是IPC模式得以成功的关键所在。IPC模式要求银行建立稳定、密集的客户经理制度，同时在人才梯度层面保证一定数量的资深信贷员，信贷员业绩与其所发放的贷款规模和贷款质量直接相关，并且在责任上实行终身制。这就促使信贷员在贷款发放规模和质量方面做好平衡，在贷前、贷后都足够尽责。

IPC模式也借助模型来对客户展开评价，例如面向企业客户的评价模型主要围绕客户经营经验、客户经营背景、客户经营目的及规划、客户经营纪律、贷款用途等维度进行设计，面向个人客户的评价模型主要围绕个人基础信息、家庭信息、教育水平、社会声誉与地位、婚姻、犯罪记录与不良嗜好等维度进行设计。

3. 国内的实践及成效

2005年，在国家开发银行的支持下，台州商业银行与包商银行开始试点IPC模式在小微信贷业务领域的应用。整个IPC方案由德国国际项目咨询公司根据银行自身的业务特点定制，良好的实施效果使得其他银行纷纷效仿。截至目前，我国包括包商银行、台州商业银行、重庆银行在内的超过20家城商行和农商行与德国国际项目咨询公司开展了合作，引进IPC技术开展小微信贷业务。实际上，全国有近百家银行与小微信贷机构尝试过IPC技术，很多机构还在IPC的基础上进行了本地化改造与升级，其中有台州商业银行、常熟农商行、泰隆银行等，而更多的银行因投入产出不对称、人员培训与管理难度大、战略定性不足等因素放弃了尝试。

客观地讲，在国内极度缺乏信贷技术、战术的情况下，IPC是一套相对完整的信贷管理解决方案，在很大程度上推动了我国银行业小微信贷流程化、标准化、制度化建设的进程。

4. 不足

需要注意的是，IPC有很多优点，但也存在很多不容忽视的短板。一是在审查审批方面，采用单户评估与分析的作业模式，需要大量专业人才的支持，人力资源成本较高；二是在单户评估与分析模式下，业务受制于信贷员的产能，效率低且业务半径小；三是核心决策依据来源于信贷员自身的判断，道德风险与操作风险的防范难度较高；四是获客模式上依赖于地推，无法批量复制及拓展。

1.5 数字化智能风控的萌芽与普及

一般认为,网络支付服务是互联网金融的起源。以网络支付为基础,各种互联网技术开始对传统金融服务模式进行创新。这些新的模式带来了便捷的服务体验,提高了交易效率,甚至对传统金融市场、金融机构造成一定的冲击。2004年,支付宝账户体系开放,我国在网络支付领域开启了新的篇章,为金融数字化拼上了第一块版图。2013年,支付宝推出带有理财属性的余额宝产品,被视为"中国互联网金融的元年"。

而互联网金融中的信贷业务,可以追溯到2005年Zopa的P2P借贷平台在英国上线。2007年,美国次贷危机爆发,Prosper和Lending Club极大地推动了P2P业务的发展。

2007年,我国第一家P2P平台——拍拍贷成立,标志着我国互联网借贷业务正式起步。但由于我国的信用体系不是很完善,移动互联网的普及率不高,金融科技与数字金融均处于早期准备阶段,P2P业务在我国的发展不温不火。截至2011年底,P2P平台数量约20家,成交规模较小。

2012年至2015年,互联网借贷业务进入快速发展阶段,成交规模从200亿元暴增至1.18万亿元,平台数量也超过3000家。2017年,成交规模达到3.89万亿元,平台数量超过7000家。如表1-2所示。

表1-2 2012—2018年国内P2P平台数量与成交额

年代	2012年	2013年	2014年	2015年	2016年	2017年	2018年
平台数量/家	148	523	1854	3844	5500	7257	1021
成交额/亿元	228.6	897.1	3291.94	11805.65	28049.39	38952.75	17948.01

数据来源:互联网收集整理。

经过 10 年的野蛮生长，自融、爆雷、跑路成为 P2P 借贷行业的关键词，以致 P2P 网贷成为"过街老鼠"。自 2014 年起监管部门出手，2018 年出台 108 条 P2P 合规备案检查，2019 年明确取缔所有 P2P 平台，P2P 借贷行业在我国宣告消亡。

P2P 借贷行业对我国的社会和金融稳定造成了恶劣的影响，但不可否认的是，P2P 对互联网金融人才培养、金融科技进步、金融理念乃至监管政策等，都起到了一定的作用。P2P 行业消亡后，小贷公司、消费金融公司、银行业金融机构瞄准互联网借贷业务市场，凭借持牌金融机构更强的资本实力、人才队伍、技术投入和更专业的风险管理能力，衍生出助贷业务、联合贷款业务、自营业务等新兴业务模式，但初期基本都是面向个人提供小额消费信贷服务。

在互联网消费金融业务高速发展的同时，互联网小微信贷在相当长的一段时间都算是金融市场的无人区。2002 年和 2005 年，为扶持小微企业发展，国家先后出台《中小企业促进法》《国务院关于鼓励支持和引导个体私营等非公有制经济发展的若干意见》。在政策的导向下，金融机构纷纷开始探索小微信贷市场，早期多以传统模式、IPC、信贷工厂模式开展作业，平安银行更是借鉴韩国三星经验推出"保障保险+银行贷款"业务模式，在小微信贷领域取得领先地位。

2007 年，阿里巴巴依托生态内的商户交易数据、物流数据、存货数据，与建设银行联合推出首款互联网小微信贷产品——e 贷通，由多家商户组成"联贷联保"联合体共同申请无抵押信用贷款。腾讯、苏宁、京东等纷纷效仿，推出了基于自身场景的互联网小微信贷服务。

2013 年，国务院下发《国务院办公厅关于金融支持小微企业发展的实施意见》，2018 年修订《中小企业促进法》，特别强调了融资促进政策的支持。《关于 2018 年推动银行业小微企业金融服务高质量发展的通知》中首次将普惠小微指标纳入银行的监管考核，迫使银行加速进入小微信贷市场。同年，建设银行"惠懂你"、工商银行"经营快贷"、平安普惠"宅e贷""车e贷"纷纷上线,但受制于各个产品的获客模式、审批模式等,均难以完全成为互联网小微信贷产品。

2017年底,微众银行重磅推出国内首个线上无抵押企业流动资金贷款产品——微业贷,凭借全线上受理(不需要资质材料、线下开户、抵质押)、全线上实时自动审批(最快1分钟审结)、随借随还等功能,解决了传统小微信贷中银行与客户面临的核心痛点,在互联网小微信贷领域一骑绝尘,并实现了传统银行无法实现的长尾客群普惠小微服务。在同一时间,浦发银行、民生银行等纷纷借助税务、发票数据快速推广互联网信贷小微产品并取得一定成效,网商银行、京东、苏宁等基于自身场景快速迭代互联网小微信贷产品。我国的金融科技和金融数字化水平得到快速提升,进一步助推了普惠小微信贷服务的线上化。

1.6 本章小结

本章主要回顾了不同视角下小微企业的定义以及不同定义所对应的背景,不同视角下的小微企业划分标准有着不同的目的,例如统计需求、金融扶持需求、税收优惠需求等。但整体而言,无论在何种口径下,小微企业在国民经济、就业、税收上都有着极高的贡献,也亟须金融政策扶持。小微企业自身存在管理不规范、信息不透明、信用不健全等诸多弊端,在融资需求上又呈现"短、频、急"的特征,导致传统的融资模式难以在满足小微客户需求的同时,保证银行的基本盈利要求。在过去的数十年中,诸多银行尝试用IPC模式、信贷工厂模式解决小微企业融资难题,并有部分银行取得了极大的成功。随着金融科技、大数据的快速发展,数字化智能风控为银行提供了工具和模式创新的基础,更为小微企业融资带来了新的可能。

第 2 章

小微信贷面临的主要风险和防范要点

在了解如何从事小微信贷风控工作之前,我们需要正确认识小微信贷业务面临的主要风险和对应的防范要点。本章从小微信贷面临的不同风险类型出发,深入剖析了各类风险的产生原因,以及对最终信贷资产损失的传导路径和影响程度,并为开展相关小微信贷业务的贷款机构提出了可供参考的风险防范要点和手段。本章所探究的小微信贷风险,是后文风控方法论的研究对象。正确理解本章对于在后文厘清小微信贷模型和策略开发思路具有十分重要的意义。

根据风险产生的原因,我们可以将小微信贷面临的风险分为市场风险、获客风险、欺诈风险、信用风险、流程风险和操作风险6类。

2.1 市场风险

市场风险指的是外部客观环境、从业条件恶化而导致小微信贷资产损失增加的风险。小微信贷的市场风险既包括贷款主体因经济环境恶化而还款能力下降的问题，也包括贷款机构受政策变动导致风控手段弱化以及产品在完全竞争市场中可能遇到的客群质量变动、逆向选择等问题。尽管市场风险通常是由外部因素引起的，具有突发性和不可逆性，但如果能够及时预警并采取针对性的预防措施，在大多数情况下能够得到有效缓解甚至化解。

2.1.1 经济环境变化的影响

经济环境的变化会对小微企业群体的经营状况产生整体影响，从而影响小微信贷客群的还款能力。由于资本和资源有限，小微企业经营存在业态单一、规模小、稳定性差的特点，难以像大中型企业一样进行长期、多元的生产经营规划和投资，成本控制能力、市场把控能力和抗风险能力普遍偏弱。在经济环境不佳时，如果小微企业所依赖的细分市场需求下降，整个市场的利润和收入规模将受到严重冲击。一旦小微企业的收入无法持续负担负债成本，风险会迅速传递到小微信贷市场，表现为特定行业、特定客群的集中性风险。极端情况下，小微企业无法承担生产经营过程中的固定成本时，将面临严峻的生存危机，甚至可能完全丧失还款能力。因此，小微企业在经济环境变化中的容错率相对较低，开展相关信贷业务的贷款机构需要更加谨慎地应对经济环境变化。

笔者在工作实践中发现，小微信贷业务的短期风险走势与经济环境变化存在高度的相关性。当经济环境恶化时，以制造业、批发业为主的小微信贷业务风险控制难以逆势压降；而当经济环境回暖时，即便不进行风控策略调整，小微信贷业务风险也能显著下降。

2.1.2 政策变动的影响

政策变动对小微信贷市场的影响是多方面的。不同类型的政策对小微信贷市场风险的传导路径和影响范围存在显著差异。

按照传导路径的不同，政策变动可以分为供给率先响应的政策变动和需求率先响应的政策变动。供给率先响应的政策变动是指直接导致贷款机构主动调整经营决策的政策变动，最常见的包括指引性政策变动、监管政策变动和带来新增风险敞口的政策变动。其中，指引性政策变动会直接影响贷款机构在小微信贷资金上的投向战略或政策指引，如国家、地区重点扶持的产业，具备政策性补偿机制的特定客群，完成特定的非营利性指标等，这些都是贷款机构在布局一定时期的小微信贷资产投放计划时不容忽视的要素；监管政策变动则可能从任何角度对整个市场或特定类型的贷款机构构成直接影响，如最大利率的限制、机构展业区域的限制等；带来新增风险敞口的政策变动与前两者不同，通常与贷款机构甚至小微信贷市场未构成直接的作用关系，而是通过影响贷款机构风控手段的有效性和准确性来间接发挥作用，如小微企业税费政策调整、财务报表审计标准变动等。需求率先响应的政策变动是指直接影响小微企业通过信贷方式进行融资的意愿的政策变动，最常见的包括利率政策变动和其他融资方式的政策变动。利率政策变动会改变小微企业对小微信贷市场价格波动的预期，从而影响其当前或者未来进行借贷的行为；其他融资方式的政策变动则是通过改变小微企业非信贷融资的便利性和相对价格优势，来影响小微企业是否采用信贷方式进行融资的决策。

按照影响范围的不同，政策变动可以分为影响全局的政策变动和影响局部的政策变动。影响全局的政策变动通常具有易预见性，由整个小微信贷市场的参与主体共同承担，如利率政策变动、指引性政策变动等；影响局部的政策变动因其仅对特定机构、特定客群发生作用,往往容易被忽视,可预见性也较低,如行业政策变动、地区性政策变动等。

2.1.3 市场竞争的影响

在不同的市场竞争环境下,贷款机构信贷产品策略和风控策略的选择可能存在显著差异。这种差异导致不同风险水平的小微信贷客群的出现,进而引起了信贷风险的变化。

小微信贷市场发展至今,经历了从总体供给错配的卖方市场到局部供给错配的买方市场的转变。在早期的不完全竞争市场中,基于成本和风险的考虑,大部分贷款机构对小微信贷市场长期保持着谨慎的态度,对客户的遴选较为严苛,运用各种风控手段追求风险的最小化。因此,大量小微企业的融资需求未被满足,市场需求远大于供给。在这样的背景下,贷款机构的小微信贷资产质量主要取决于自身的风控水平,服务的小微信贷客群相对稳定,受市场竞品的影响较小,信贷产品的额度、利率、期限等要素也多来源于贷款机构自身的偏好,对竞品的参考程度较小。

自2016年以来,在《推进普惠金融发展规划(2016—2020年)》的指导下,我国普惠金融事业迈入了蓬勃发展的阶段,包括小微企业在内的普惠金融人群得到了更充分、更立体、更便捷的金融服务。此后,加大普惠信贷投放的政策力度不断加码,定向降息持续出台。同时,随着互联网金融产业链的快速发展,各家机构的纯线上小微信贷产品如雨后春笋般出现,小微信贷市场供给出现了井喷态势。截至2022年底,银行业金融机构用于小微企业的贷款(包括小微型企业贷款、个体工商户贷款和小微企业主贷款)余额为59.7万亿元,普惠型小微企业贷款余额从2017年底的8.8万亿元增长至2022年底的23.6万亿元,年度复合增长率约为21.8%。在这样的背景下,一方面,小微企业融资的便利性增强,进一步引发其过度融资,从而加大贷款机构风险管理的难度;另一方面,贷款机构为了占据足够的市场份额，不得不在一定程度上采取降价提额或降低风控标准等手段提高产品的市场竞争力，所服务的小微信贷客群也在一定程度上随着产品市场竞争力的变化而变化。由此，小微信贷市场真正进入了一个供需双方以及供给各方相互博弈的阶段，贷款机构从普遍追求风险最小化向追求边际收益最大化转变。

2.1.4　市场风险的防范

突发性和不可逆性决定了市场风险的防范需要侧重于事前的预警和事后的快速响应。对于经济环境变化引发的市场风险，贷款机构一方面要迅速反应，对特定客群采取相对谨慎的信贷投放政策；另一方面要基于社会义务，对存在短期周转困难的客户提供精准的扶持，缓释经济环境变化对相关产业和小微信贷市场的冲击。对于政策变动引发的市场风险，考虑到其传导路径多和影响范围广的特点，贷款机构有必要设立相关的机制进行动态监测和快速响应，尤其是对于可预见性较低的带来新增风险敞口的政策变动和局部性政策变动，可以设置相关的政策专家岗位或外聘政策顾问实现针对性的处置。对于市场竞争引发的市场风险，贷款机构除了需要动态调整市场竞争策略外，还应重视产品差异化竞争优势的建立，尽可能通过技术创新、模式创新或成本优势建立足够的竞争壁垒。

2.2　获客风险

获客风险指的是获客流程的缺陷或获客管理的不到位，导致小微信贷资产损失增加的风险。不管是自主获客还是通过合作机构获客，获客风险管理都是小微信贷风控中的重要一环，也是贷款机构能有效防控小微信贷风险的第一道防线。了解获客风险防范的关键节点，有助于风控人员在各种获客方式和场景中找到需要防控的环节和对象，进而在获客环节充分聚焦目标客户群体，并提高客户质量。

2.2.1 客群前置筛选与信息博弈

由于贷款机构内部信贷管理政策和风险偏好存在差异，不同机构的信贷产品目标客群画像也不尽相同。有的贷款机构在地区、行业上会存在明显偏好，有的贷款机构对企业规模和盈利性有着较高的要求。因此，实现精准目标客群定位，减少对非目标客群的营销，对于提高产品转化效率，降低获客成本具有十分重要的意义。而在信贷产品获客环节进行针对性的客群前置筛选，是初步定位目标客群的重要手段。

客群的前置筛选标准一般是提供给市场的公开信息，便于客户及关联企业选择产品；或者是提供给市场营销人员的半公开信息，让营销人员筛掉一部分明显不符合产品要求的客户。在理想的获客流程中，前置筛选标准能有效过滤掉所有无效申请，以节省风控审批资源。但在实际操作中，多方信息解读上的偏差甚至信息忽视，会让大量非目标客群进入产品申请队列。当出现这种情况时，若申请入口及标准为公开投放，贷款机构需要进一步确认入口的投放是否精准，投放的受众是否与目标客群偏差较大；若主要为营销人员获客，贷款机构需要进一步分析不同人员的转化效率，评估其是否按照要求去展业。

客群前置筛选所提供的信息，通常是贷款机构内部风控策略的子集。对于这一子集的广度，贷款机构需要在产品转化效率和风控策略保密性上做出权衡。信息暴露越多，越便于市场人员进行精准获客，但黑产可能利用该信息通过借壳、养壳等方式进行欺诈；信息暴露越少，欺诈的试错成本越高，但产品转化效率越低，容易影响产品的市场口碑和竞争力。因此，贷款机构在客群前置筛选信息的处理上，与获客市场构成了一个针对效率与风险的双向博弈。博弈的结果受市场的竞争程度、欺诈的活跃程度、贷款机构的风险偏好与风控策略迭代频次等因素影响。为防范风控策略信息的过度暴露，通常相对可靠的做法是，贷款机构向市场提供相对明确的、存在一定认知共识且便于理解的前置筛选信息，同时对其他风控策略保持一定的迭代频次，以期在保证获客效能的基础上，预防可能的获客欺诈。

2.2.2 获客与风控核心数据的隔离

在小微信贷风控中，评价贷款主体的还款能力主要依靠收入数据和负债数据。然而，大部分从事信贷业务的金融机构本身难以直接获得企业较为可靠的收入数据。尤其对于线上小微信贷产品来说，通过第三方合作机构，如税务机构、财务机构、金融科技公司等获取企业的收入数据是一种较为普遍的做法。而作为数据提供方的合作机构，其提供数据的准确性和完整性构成了实现有效风控的基础。

在上述数据合作中，数据提供方为了保证合作的长期性，通常不会对数据进行篡改。但如果贷款机构与数据合作机构还就获客进行合作，该机构将同时掌握风控基础数据和贷款机构的进件审批结果数据。这一方面能一定程度上通过统计分析手段还原贷款机构的风控策略，另一方面在掌握贷款机构一定风控策略的基础上能通过篡改传递给贷款机构的数据来提高其推荐客户的转化率和转化规模，从而获取更多的收入。特别是在特定的产品转化率和转化规模下，小微信贷市场提供获客服务的收益率通常远高于提供数据服务的收益率，这给数据合作机构通过篡改数据套利提供了动机。尤其当合作机构面临经营困境时，篡改动机会被进一步激发，这给贷款机构的小微信贷业务带来预期之外的风险。

因此，为了防范数据造假和篡改的风险，贷款机构应避免和非持牌、经营规模较小、业务集中度较高的数据公司进行合作。如果因业务发展需要无法避免合作，应严格执行数据合作和获客合作的隔离，并且签订竞业协议，以防范合作机构之间的联合欺诈。

2.2.3 虚假宣传与获客成本

当第三方合作机构成为主要的获客来源时，一个无法避免的现象是，为了摊薄获客成本，这些机构通常不会只与一家贷款机构合作。在这种多对一代理模式下，获客机构代理的产品越多，综合边际收益越高。

理想情况下，获客机构会根据客户的需求、信用水平和经营状况为客户选择最合适的产品序列，并根据客户对审批时长、利率、额度和还款方式等需求偏好制定申请顺序，逐一尝试申请，直到至少满足客户的最低需求。然而，在实际的获客流程中，为了尽可能挖掘客户和代理产品的价值，提高获客效率，获客机构更倾向于将代理的所有产品进行打包销售，并有选择性地提供给客户产品信息（通常是按照产品包的最低利率和最大额度），让客户在可承受的申请数量范围内尝试尽可能多的产品，即使最终部分产品要素与客户的实际需求完全不符。而其中相对"劣后"的产品，往往要么客户无法接受而放弃使用，要么成为客户"无奈"之下的短期选择，其从获客到最终收息的转化率较低，导致固定获客成本下的单位收入较低，甚至收入的利益可能无法覆盖获客成本。此外，有些客户可能直到还款阶段才从贷款机构处了解到准确的产品要素，从而引发虚假宣传的投诉等相关问题。

获客成本失控和虚假宣传在小微信贷获客市场中普遍存在。对于以多对一代理获客模式为主的贷款机构来说，为防范此类问题带来的不利影响，它们需要建立一套长效的机制来识别并处理相关问题，例如将获客成本与利息收入绑定、加强产品要素告知力度、建立事中事后惩处机制、限制收入分成条件等，多措并举控制获客成本，以及降低获客机构虚假宣传的动机，提高虚假宣传行为的代价。

2.2.4 场景获客的真实性

开放式获客存在潜在客群质量不确定、转化率和获客成本难以控制的问题，这些问题在场景化获客中得到了很大程度的解决。贷款机构基于供应链中的交易或要约行为，主动接触有资金需求的客户，并结合供应链场景中的数据，更精准地响应客户的需求。然而，值得注意的是，场景获客是建立在供应链场景中的交易或要约行为之上的。如果行为本身不真实，或者撤销成本极低，那么对客户资金需求的判断就会缺乏最重要的依据。当出现大量虚构或撤销行为时，由于场景获客的集中化特征，带来的总体风险甚至会超过开放式获客。

为了保证场景获客的真实性，我们可以从以下几个环节入手。
1）场景中交易行为的付款方需要具备较高的履约能力。
2）如果贷款主体基于要约行为融资，要约的要件必须经过付款方确权。
3）贷款机构应建立完善的交易数据监测和审计机制，最好使用区块链等技术手段来保证数据的安全性和准确性。
4）贷款机构最好可以把控交易行为中的资金流。

2.3 欺诈风险

欺诈风险指的是通过欺骗、伪造等手段恶意骗取贷款，引起小微信贷资产损失增加的风险。集中性欺诈给从事小微信贷业务的贷款机构带来的损失，往往远超于市场风险、信用风险带来的损失。除了带来信贷资产的损失外，集中性欺诈还可能导致监管处罚和声誉受损风险。因此，防范欺诈风险虽然在总体策略中所占比例不高，却是信贷风险管理的重点。具备完善的反欺诈风控体系可以大幅降低信贷资产损失的上限，并且相关策略的投入也具有极高的投入产出比。

小微信贷欺诈的参与主体主要包括贷款主体、信贷中介和专业黑产。在贷款机构已完成充分的主体身份识别的基础上，可能涉及的主要欺诈手段有借壳、养壳和数据虚增3种。

2.3.1 借壳欺诈风险及其防范要点

小微企业信贷中的"壳"，通常指申请贷款时所用的企业。借壳行为从本质上来说，是通过虚构贷款的责任主体（通常为个人经营性贷款中的申请人）及其还款能力、贷款用途的证明主体——企业之间的强关联关系，以误导贷款审批，从而达成骗取贷款的目的。借壳往往需要资质较好的企业进行配合，如进行工商变更，配合出具证明等。虽然这些企业的行为构成了参与欺诈的事实，但从法律层面来说，企业在不作为贷款主体和连带责任主体时，不需要承担还款责任，也没有配合贷款机构进行贷后管理的义务。若借壳为贷款申请人主导，则为影响范围较小的个案；若借壳为信贷中介和专业黑产主导，则容易导致集中性欺诈事件发生。当然，贷款机构在催收过程中寻求企业的配合或保全相关财产时，借壳行为也可能成为企业拒绝配合的说辞，在判断的时候需要注意辨别。

防范借壳最简单的方式是将"壳"纳入债务主体的范围，可以让有还款能力的企业直接作为贷款主体，或者让企业签署连带责任保证合同，从根源上杜绝企业"置身事外"的目的。当然，对于额度偏小的个人经营性贷款产品，以企业作为贷款主体或担保主体会极大地影响客户体验。贷款机构可以通过提高借壳门槛的方式来降低相关的欺诈风险，具体包括延长关联时间、增加关联条件数目、以电核或面签（含远程面签）方式进行核验等。借壳门槛的提高旨在进一步提高欺诈成本以降低欺诈动机，并不能从根本上杜绝借壳欺诈。对于平均额度高的小微信贷产品而言，建议优先采用企业承担信贷还款责任的方式进行动机隔离。此外，贷款机构还需建立起"贷款申请人

+企业"的统一授信管理机制,以防一"壳"多借的事件发生。

2.3.2 养壳欺诈风险及其防范要点

与借壳不同,养壳是倾向于专业黑产的欺诈手段。以经营性数据养壳为例,黑产通过注册一批新公司或收购一批无实际经营业务的公司,对照主要欺诈对象的贷款审批标准,借助关联交易等方式,在一定的时间跨度内构造经营行为数据,以获得一批有稳定经营数据的壳公司,最后再利用这些壳公司集中申请贷款,达到骗取贷款的目的。养壳是相对较难防范的欺诈行为,但由于其面临不低的税务成本、时间成本和贷款机构大幅变更审批策略的风险,市场中的真实案例相对较少。但从投入产出角度来说,只要欺诈的可预见收入大幅超过欺诈成本,黑产便具备足够的动机去实施这一欺诈行为。尤其是在同质化信贷产品不断推陈出新的当下,欺诈的可预见收入可实现倍数增长,而这也为养壳欺诈提供了繁殖土壤。

正如前文所述,养壳是较难防范的欺诈手段之一。越是"完美"的养壳,事先所需付出的成本越大,防范的难度也越大。因此,相关欺诈风险的防范要点包括两个方面:一方面是抓住"不完美"养壳的特征,针对性地建立防火墙;另一方面是进一步提高黑产的欺诈成本,破坏或降低欺诈动机,减少养壳欺诈事件的发生。其中,"不完美"养壳是黑产受限于其能力和资源,或者是在欺诈成本和不确定收益两者权衡下采取的策略,可能的特征如下。

1)"壳"与"壳"之间在基本信息(如地区、主要人员)、交易行为(如下游开票人)信息中存在关联,如某地区 A 公司的某一下游同时为同地区 B 公司的下游。

2)经营过度稳定,即收支周期、收支金额和交易对手具有极强的规律性。

3)信用历史较少,多为征信白户。

4)存在以上特征的客群在短时段内高度集中等。

针对类似特征制定相应的预警策略可以一定程度上提升集中性养壳欺诈事件发生时的响应能力。但相关策略的制定需要高度依赖贷款机构内部知识图谱的建立和对贷款企业经营画像的刻画能力。此外，为了提高养壳欺诈成本，贷款机构还应对产品策略保持适度的迭代频次，或者适度提高与"壳"完全不相关策略的制定标准，增加贷款申请人的综合欺诈成本。

2.3.3 数据虚增欺诈风险及其防范要点

流水、收入等经营类数据是企业日常经营活动产生的，能够直接反映企业的生产经营能力，并且与贷款审批额度和审批结果有较大的关联。为了更容易获得更大额度的贷款，贷款申请人可能在信贷中介的指导下或者自发地在申请贷款前通过虚增流水或收入的方式，以达到扩大贷款成果的目的。以税票收入类数据为例，由于虚开增值税发票存在较大的法律风险，同时构造真实的关联交易需要的要件较多，且需要在贷款审批结果出来前承担额外的税务成本，因此最常见的数据虚增方式是夸大企业最近一期增值税应税销售收入的申报，在实缴前进行贷款申请，放款后再修正申报数据；或者在夸大申报的同时缴足税款，在放款后再以申报错误为由申请退税。数据虚增的欺诈行为给贷款机构带来的是过度授信的风险，放大了风险敞口，而过度授信也可能给贷款主体的还款意愿造成影响，让贷款主体从扩大贷款成果行为转变为骗贷行为。

防范数据欺诈需要小微信贷风控从业者对数据产生的规则和原理有着清晰的认识，并从异常特征入手进行欺诈识别。以增值税应税销售收入的虚增为例，在相关指标的应用策略中，我们可以通过对数据进行处理来剔除欺诈行为带来的异常影响，如计算均值时去掉最大值和最小值以平滑结果数据，计算合计值时仅选取已完成实缴期的收入数据等。在剔除异常虚增数据影响的同时，仍需制定针对性策略对欺诈行为进行识别，如设置最大偏离程度预警类指标和策略等。在识别的基础上，我们可以进行针对性的补充防范，以不断完善反欺诈体系。

2.4 信用风险

信用风险是指在排除欺诈嫌疑的情况下，贷款主体因自身问题无法按时偿还贷款本息的风险。信用风险管理是小微信贷风控的重点，也是小微信贷风控体系中权重最高的部分。根据防控对象进行分类，信用风险可以分为企业主信用风险和企业信用风险。无论是个人经营性贷款还是企业流动资金贷款，企业主和企业的还款意愿和还款能力都是评估信用风险的重要依据。然而，对于不同的贷款额度和企业规模，两类信用风险的管理会存在差异。笔者结合实践经验，建议相关风控从业者可以参考图 2-1 来决策信用风险管理的侧重点。

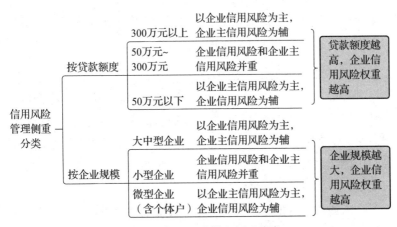

图 2-1 信用风险管理侧重分类

2.4.1 企业主信用风险的表现及防范要点

本书所提到的企业主通常指的是企业的实际控制人，包括企业的法定代表人或持有最大股份的股东。在小微信贷中，他们的角色通常是债务人或担保人。企业主的信用风险主要表现在以下几个方面。

1. 贷款资金未用于指定企业经营

这种风险主要针对个人经营性贷款的情况，即贷款资金没有通过个人借款或其他账目实际入账到指定的企业账户。同时，由于企业内部变动，借款人可能丧失或部分丧失企业的实际控制权或股权。在这种情况下，贷款的实际还款来源将向企业主倾斜，信用风险可能会增大。

为防范此类风险，贷款机构应尽可能准确评估借款人在企业任职的稳定性。一方面，可以通过工商历史信息进行考察；另一方面，可以结合借款人对企业经营情况的了解程度进行判断。对于线下贷款，贷款机构理论上还应全面审查借款人与企业股份相关的其他合同，如创始人协议、代持协议、投资人对赌协议等。此外，为约束个人经营性贷款的借款用途，防范贷款资金被个人挪用，应尽可能保证贷款资金发放至企业账户。

2. 个人履约历史行为较差

无论企业主是作为债务人还是担保人，都承担了贷款偿付的责任。在评估企业主的信用风险时，应重点考察其个人历史履约情况。个人历史履约行为能够一定程度上反映其未来正常履约的可能性及可能履约的时长。较差的个人历史履约行为反映了更高的违约可能性，即更高的信用风险。

个人履约行为的考察主要依据其历史贷款的还款行为，重点关注历史违约行为和延展期等贷款异常状态，并结合异常状态涉及的金额、时长、日期、频次、贷款机构类型、贷款业务品种等因素综合评估个人履约历史方面所反映的信用风险。

3.个人负债结构相对不合理

个人负债结构的合理性是相对于其个人和企业的收入结构而言的，主要包括以下几个方面。

1）收入的正向现金流无法覆盖负债加上其他开支的负向现金流，即已有负债或新增本次负债后企业经营成本已超出企业盈利水平，企业未来可能面临入不敷出的境地。

2）负债的还款方式或期限结构与收入账期错配，如对于账期较长的企业而言，按月等额本息还款会面临短期偿债压力；对于高周转的企业而言，中长期限贷款可能用于非日常经营周转。

3）负债水平可能显著影响企业的正常经营周转，即负债率已明显高于企业所处行业的正常水平，可能导致企业进行市场竞争时面临更大的成本压力。

4）负债类型或负债的发放机构类型与收入水平不匹配，如对于月收入过百万的企业，企业主当前背负了多笔高息小额的消费类贷款。

只要存在以上情况，均可视为个人负债结构相对不合理。此外，为提高相关信用风险评估的准确性，贷款机构应尽可能获取企业主或企业的补充性收入或资产信息（如其他投资企业收入、未抵押的动产/不动产等），以全面评估负债结构的合理性。

2.4.2 企业信用风险的表现及防范要点

企业的营业收入是小微企业信贷最重要的还款来源，对于大多数实行有限责任制度的企业而言，负债的偿还也会严格受限于企业的经营能力。因此，对企业还款能力（即经营能力）的考察是防范企业信用风险的重点。而且，对于绝大多数小微企业来说，以企业作为贷款主体的历史贷款行为较少，企业征信白户在小微企业中占比能达到70%，故大部分小微企业信用风险的评估会高度依赖于对企业经营能力的评估，其次才是企业历史信用情况。

1. 企业经营中的"三性"与信用风险

从防范信用风险的角度出发，评估企业经营能力主要立足于"三性"，即盈利性、稳定性和成长性。

盈利性即企业盈利规模覆盖新增负债利息成本的程度，是评估企业还款能力的基础。盈利性的高低代表了特定企业收入规模下可负债水平的高低。高盈利性的企业不仅更容易获得贷款，也更容易获得更高的贷款额度。企业盈利能力下降，可能表现出来的特征如下。

1）净利润下降或收入规模显著下降。

2）收入规模不变或增长时出现净利率下降。

3）持续盈利时，企业权益资本不断下降（即企业资本不断被剥离），可能的原因为主业利润用于其他主体业务的高成本开支或投资。

4）净资产大幅下降，代表企业负债成本大幅增长，未来的盈利水平可能下降。

稳定性即企业未来收入和盈利的可持续性，是评估企业还款能力的关键。高稳定性的企业不仅更容易获得贷款，也更容易获得相对灵活的还款方式和期限。企业经营稳定性下降，可能表现出来的特征如下。

1）在连续多个完整的经营周期内，收入规模或净利润持续下降，或出现不稳定的上下波动。

2）经营周期变长，账期变长。

3）经营主业、经营的商品品目出现重大变化。

4）法定代表人、股东、高管、经营范围等工商信息短期内出现频繁变动。

5）上下游交易对手短期内频繁变动，尤其是负向的变动。

6)企业资产或负债结构出现大幅变动,如新增固定资产的采购、存货积压、负债结构由长期负债为主向短期负债为主转变等。

成长性即企业未来收入和盈利的可拓展性,是企业还款能力的隐性放大因素。成长性的高低代表了当前及未来可负债水平的高低。高成长性的企业不仅有能力获得超过行业平均水平的负债,也更可能成为贷款机构的长期服务客群。企业成长性变差,可能表现出来的特征如下。

1)所处行业产能严重过剩、市场需求萎缩或存在政策法规限制。

2)生产技术或产品落后。

3)较长时期应收规模、净利润或净资产无增长趋势。

4)较长时期未能拓展新的下游客户。

企业经营的"三性"共同构成了信贷视角下的企业经营能力。贷款机构在评估企业信用风险时,可结合自身目标客群偏好设计"三性"的考察权重,使得客户的信用风险水平与经营目标相适应。

2. 企业历史贷款行为与信用风险

对企业历史贷款行为的考察要点与对企业主的基本一致,即从企业负债中评估该企业是否具有良好的还款历史及负债结构是否合理。对于大部分小微企业而言,如果缺少企业负债历史,或企业负债信息过少不足以支撑相关风险的评估,则贷款机构仍以企业经营能力评估为主。与此同时,如果企业存在隐性负债(如应付款、对外担保等),也需酌情纳入考量。

3. 关联企业与信用风险

当企业发展陷入瓶颈且有足够的盈余公积时,由于主营业务的扩大再生产边际效益已不能满足企业主或投资人的需求,面向主营业务范围之外的多元化投资便成了大多数企业主或股东的选择。而对于超出企业原本经营范围的业务,尤其是跨行业的业务,成立一家新的关联企业作为经营主体是比较常见的做法。

多元化经营在信用风险视角下是一把双刃剑。涉足多元化经营的小微企业,意味着更多的收入来源和成长机会,但也面临着更多的经营风险。小微企业通常没有集团化大中型企业雄厚的财务实力和资本,在追求高回报的同时往往缺少对高风险的抵抗能力。总体来说,对主营业务所处产业的相关业务,尤其是上下游业务进行拓展和投资是一种相对风险更低的做法,反之高投入的跨行业投资,在早期会更容易被视为一种放大信用风险敞口的行为。

对于通过关联企业进行多元化经营的情况,如果关联企业经营状况恶化,无法自负盈亏,将可能侵蚀主业的利润,甚至反过来影响主业的正常经营。在传统的线下企业流动资金贷款审查中,为防范关联企业风险,通常会将相关企业报表合并,综合评估集团经营能力。而在线上小微信贷产品中,由于关联企业的信息获取难度较大,且额度普遍远小于线下流动资金贷款,可以在信用风险审查中适度加入关联企业的评估,从司法、工商等信息中排查可能存在的风险;面对多元化经营程度高的企业客户,尤其客户涉足房产、金融等高投入、高风险行业时,在审批和额度核定上需要谨慎处理。

2.5 流程风险

本书所说的流程风险特指在供应链小微信贷业务中,由于信贷风控依据、资金流向等与供应链特定环节密切相关,相关流程失控可能给信贷资产带来损失的风险。流程风险贯穿于供应链小微信贷的主要组成要素中,包括信息流、资金流和物流。以典型的核心企业订单融资为例,通过合理设计"三流"的流程,可以有效实现核心企业信用向上游供应商的转移。核心企业订单融资业务流程详见图 2-2。

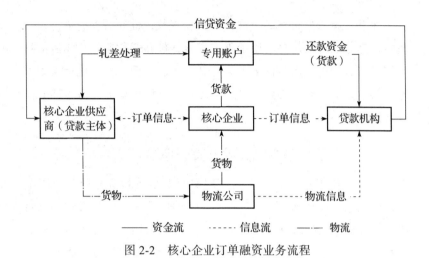

图 2-2 核心企业订单融资业务流程

2.5.1 信息流管理中的风险及其防范要点

信息流产生于供应链小微信贷多主体间交互的各个环节，包括订单的交互、货物的交互和资金的交互。从贷款机构视角出发，信息流管理主要聚焦在贷款机构可以获取的且有利于风险管理的信息。由于贷款机构获取的供应链信息用途为风险管理，所以信息本身应具备真实性和可靠性，即信息产生于供应链中真实的交易场景，且信息提供方对信息的篡改可能性较低。虚假的交易信息或第三方对交易信息进行篡改，可直接导致贷款机构以交易信息为依据的风控手段失效，从而带来与预期不符的风控结果。以核心企业订单融资业务为例，为保证信息流的真实性，贷款机构应尽可能采用标准化的凭证，如经核心企业确权的制式化合同等作为信息的载体，防止虚构交易行为信息；为保证信息流的可靠性，应切断任何贷款主体可篡改信息流的途径，若贷款机构无自有系统记录原始信息，至少应保证信息来源于具有良好信用的核心企业或者第三方物流公司。

当获取了真实可靠的供应链信息，贷款机构便可据此进行信贷风险管理，如订单信息可用于确定贷款金额和贷款期限；物流信息可用于贷后管理，保障资金用途的真实性。甚至，贷款机构积累了同一供应链上足够的历史信息后，还可以设计出更加灵活多样的供应链信贷产品。

2.5.2 资金流管理中的风险及其防范要点

贷款机构视角下的资金流管理实际上是放款资金和还款资金的管理，包括资金流向、账户权限、对账的管理。贷款机构一方面要保证放款资金流向供应链交易场景下的经营用途，防止信贷资金流入非约定用途；另一方面要确保还款资金的来源稳定且能充分覆盖贷款本息，以免因资金不足影响贷款的偿付。以核心企业订单融资业务为例，贷款资金于贷款机构获取贷款主体申请及确认订单信息后发放，由核心企业供应商（贷款主体）直接收取，用于保障其顺利交付货物（向上游采购、成本支出等）或维持其未来订单的生产能力（缩短账期）。还款资金来源于核心企业在验收货物或达到其承诺账期后支付的货款，由贷款机构基于贷款合同约定对专用账户进行本息划扣，对于因期限变动、货物质量影响实付货款等异常情况，贷款机构还应保留对贷款主体的追偿权利，由贷款主体偿还剩余欠款；而对货款超出应付本息的部分，也应由贷款主体进行收取，这个过程中需要通过账户权限和出账流程管理来防范超出轧差范围的资金被贷款主体挪用。

资金流的管理（若存在），通常是供应链小微信贷风控有别于其他小微信贷风控的重点，通过交易行为或核心企业的高信用保障还款资金支付，以大幅降低贷款主体本身信用风险的管理权重。

2.5.3 物流管理中的风险及其防范要点

在以物权或货物的留置权作为增信手段的供应链金融业务中，

有效的物流管理能大幅提升信贷资产的安全性。但银行、小贷公司等专门从事资金融通活动的机构一般没有专业的物流或仓储管理能力，因此在供应链小微信贷业务中，贷款机构对物流的管理主要是从两方面展开。

一方面是从物权上进行管理，将货物作为还款履约能力的一种补充。以核心企业订单融资业务为例，这种方式仅能针对企业收货即支付货款的情形生效——货款支付完成后才能视为货物所有权转移，在此之前如果货款未能支付且贷款主体也不能偿还贷款则货物的所有权由贷款机构享有，极端情形下贷款机构可通过对货物进行处置来垫付还款资金，以此减少信贷资产的损失。

另一方面是对物流动态进行监控。贷款机构虽然无法直接管理物流，但可以通过第三方专业物流或仓储公司基于货物所有权方的授权实现对物流的动态监控。这种方式使得贷款机构掌握了货物的流转动态和物理位置，变相跟踪了订单的完成情况，且能防止物流信息被私自篡改，但需要严格防范物流公司与贷款主体串通进行联合欺诈。完善的物流管理对于供应链小微信贷的贷后管理有着十分积极的作用。

当然，物流管理的具体举措对于不同类型的货物、不同的运输和仓储形式都不尽相同，贷款机构应针对不同类型的业务灵活设计物流管理手段，形成对贷前风险管理的有效补充。

2.6 操作风险

2.6.1 操作风险的来源

操作风险指的是由贷款机构内部管理缺陷和人员操作失误引起的小微信贷资产损失增加的风险。在传统线下信贷业务中，虽然贷款机构对于调查、审查、审批、贷款发放和贷后管理等环节都有严格的规范和作业标准，但个人操作失误或个人道德因素都可能成为操作风险的诱因。如果贷款机构在权责划分上不均衡或实际执行中缺乏复核和质检机制，操作风险发生的概率会进一步增加。

即使在信贷业务普遍线上化的今天，虽然很大程度上避免了个案作业标准不统一和人为主观因素的影响，但操作风险在信贷流程中仍然存在，并且部分环节的影响可能会进一步扩大。特别是在线上化审批策略中，如果风险策略的制定人员以错误的分析结果作为策略制定的依据，或者风险策略的部署人员进行了错误的操作，可能会导致批量错误审批案件出现，甚至引发远超信用风险水平的信贷资产损失。因此，线上信贷业务的操作风险更应引起贷款机构的重视。

2.6.2 操作风险的防范要点

为了尽可能降低小微信贷业务中的操作风险，贷款机构可以从以下几方面着手。

1）实现调查、审查、审批和放款等风险控制岗位的分离，包括人员的分离、管理的分离和考核的分离，以确保各岗位独立发挥职能，防止操作风险在岗位间传导。

2）坚持各岗位权、责、利一致性原则，充分发挥各岗位职能，降低道德风险。

3）调整作业标准和风险策略时，需要建立并遵循严格的评审机制，确保调整有效。

4）在新标准的执行或新策略上线之前，需要进行严格的质检或验收，以缩小可能发生的操作风险的影响范围。

5）如果审批是由人为执行的，可以建立多级复核审批机制，确保审批结果的准确性。

2.7 不同类型的小微信贷风险防范

小微信贷业务面临的风险来源多种多样,不同类型风险的失控都可能导致小微信贷资产不同程度的损失。对于不同获客模式、发展阶段和流程的小微信贷业务,所需侧重防范的风险类型也不尽相同。

1. 不同获客模式的信贷业务风险防范

不同的获客模式决定了进行贷款申请的客群特征和质量。相对来说,获客场景越开放,即客户来源越广泛、参与获客的第三方主体越多、受众客群越广的业务,客群特征越不集中,客群质量越不稳定,就越需要侧重对获客风险和欺诈风险的防范;相反,就需要在信用风险防范上投入更多的精力。例如,中介渠道获客相对于本机构客户经理获客,开放式入口获客相对于以供应链为主的封闭式场景获客,都存在更高的获客和欺诈风险。

2. 不同发展阶段的信贷业务风险防范

不同类型风险在小微信贷业务发展的不同阶段暴露程度存在显著差异。相对来说,获客风险、欺诈风险、流程风险和操作风险等易带来集中批量问题的风险在业务发展早期更容易暴露,而市场风险、信用风险的防范则有赖于长期持续的优化和完善。换句话说,对于运营时间长的小微信贷业务,贷款机构能相对完善地解决早期可能普遍面临的获客、欺诈和风控流程等问题,从而更多地将风控资源投入信用风险防范和市场风险研究中。

3. 不同流程的信贷业务风险防范

在供应链等场景化小微信贷业务中,贷款机构通常会通过信息流、资金流、物流的管控(即重模式或流程化的管理手段)来形成对贷款主体信用风险管理的有效补充,或通过优质企业的信用转移来降低资产总体信用风险，以此变相提高对贷款主体信用风险的容忍度，同时隔绝部分开放式获客可能存在的获客和欺诈风险。因此，类似的小微信贷业务中，贷款机构会更加侧重于流程风险的长期持续管理，而适度放宽对贷款主体信用风险的管控尺度。

2.8 本章小结

全面分析小微信贷业务所面临的主要风险及其防范要点，有助于相关风控从业者正确理解小微信贷风险产生的根源、风险传导的路径、表现的具体特征和解决风险的思路和方法。在具体业务中，特定类型风险呈现出来的特征具备多样性，但背后的成因和解决思路有一定共性和规律可循。

此外，风险的识别也是一个动态的过程，只有掌握了风险产生和传导的基本规律，才能持续、有效地进行甄别，并进行针对性的防范。正确认识风险是防范和化解风险的前提，希望本章内容能为小微信贷风控从业者，尤其是在冷启动孵化相关业务和产品时提供一定的解决思路，或为防范特定的小微信贷风险提供问题解决方向上的参考。

第 3 章　Chapter 3

获客与产品设计

小微信贷风控是立足于具体客户和产品开展的。在进行贷款审批之前，将风控手段嵌入获客管理及产品设计中，是实现全面风控和提高风控资源配置效能的有效手段。本章将从认识不同获客方式的特征和产品设计的主要内容、环节出发，基于客户需求管理、风险与效益管理的双重视角，系统了解将风控与获客管理、产品设计相结合的思路和方法。

在阅读本章内容之前，请确保已阅读完相关章节，尤其是第二章的欺诈风险、获客风险和流程风险部分。

3.1　获客方式

定位客群是开展小微信贷业务的第一步。客群的属性和来源决定了小微信贷产品本身需要具备的要素，以及产品风控和运营的基本思路。在完成目标客群定位的基础上，要解决客群来源的问题，便是结合自身资源决策采用何种获客方式的问题。随着小微信贷市场多方参与主体数量的快速增长和市场竞争的加剧,传统媒体广告或客户经理地推的获客方式已经不能满足贷款机构线上化业务快速扩张的需求,催生了新媒体广告和各类第三方机构参与的获客方式,加快了小微信贷市场的信息流转,极大地改善了买卖双方信息不对称的问题。

按照触达客户途径和对客群特征把控程度的不同,小微信贷市场主流的获客方式可以分为开放式非精准获客、开放式精准获客和封闭式获客。对于不同的获客方式,客户转化模式、客群特征、获客成本、对风险的影响均存在差异。本节将全面介绍3种获客方式,并分析其特征和影响。

3.1.1 开放式非精准获客

开放式获客指的是任何自然人或法人在了解信贷产品推广信息的前提下,都可以通过公开的入口去发起贷款申请行为的获客方式,即贷款申请入口是公开可见的。非精准获客则是相对精准获客而言的,获客过程中基本无法确定客群特征与产品需求是否相符。属于此类的获客途径通常有以下几类。

1)通过报纸、杂志、电视、广播、户外广告牌等受众面广泛的传统媒体进行小微信贷产品推广。

2)通过搜索引擎、网络咨询、网络音视频、社交软件等受众面广泛的网络媒体进行小微信贷产品推广。

3)通过在综合性的线上企业服务平台投放广告进行推广。该类平台包括企业创业服务平台、企业财税服务平台等。

4)通过线上化的专业贷款中介平台进行推广,此处主要指贷款超市。

下面针对以上几类获客途径介绍开放式非精准获客的客群特征、获客转化特征、成本特征、对风险的影响,以及该获客方式本身的优劣势。

1. 客群特征

通过开放式非精准获客获取的小微信贷客群具有不同程度的不确定性特征。大部分推广媒介仅能从推广信息接收者可能的行为框定其大致的单一属性特征，如观看财经频道的观众、主动搜索了解贷款信息的人群、访问代税服务平台的企业主或财务人员等。而客群本身与信贷产品是否存在高度相关的特征，是较难通过获客方式本身去捕捉的。

2. 获客转化特征

由于开放式非精准获客是将推广信息呈现于非交互的载体上，获客转化完全依赖于广告接收者的主动选择。客户不仅要主动消化广告中的信息，尤其是如何进行贷款申请的信息，而且要形成对广告所推荐的信贷产品内容与自身需求相符的认知，才可能按照广告信息所示的申请流程发起贷款申请行为。在申请发起上，如果便利性较差（如需要客户去往线下实体门店进行申请），则可能构成获客转化障碍。

3. 成本特征

开放式非精准获客成本单价一方面取决于推广受众的多寡与受众层次，另一方面取决于媒介本身的权威性和公信力。若按照推广资源占用时长核算，获客成本属于固定的沉没成本，投放后的获客转化效率越高，获客成本就越会被摊薄，因此贷款机构需要重点关注广告受众与目标客群的匹配度，以降低获客成本；若按照推广的最终效果核算，获客成本属于可变成本，与贷款本身的利息收入有较大关联，便于贷款机构进行成本核算与控制。在确定单价的基础上，最终成本可结合推广资源占用时长或推广的最终效果进行核算。

4. 对风险的影响

由于客群特征的不确定性,以及获客转化的自发性,开放式非精准获客在整个获客流程中理论上并不会带来额外的风险,但也并不会降低任何欺诈风险的敞口。

5. 优势

一是受众广泛,尤其是传统媒体和网络媒体,受众基础深厚,覆盖各年龄、地域和职业的人群。

二是不会带来额外的风险。贷款机构所提供的信息是公开透明的,不管是触达客户的途径,还是后续贷款申请行为的转化,都不会带来额外的获客风险。

三是除获客外,部分媒体可显著提高贷款机构知名度和信贷产品品牌力,尤其是知名电视台、广播频道、报刊杂志社等作为从事传媒工作的专业媒体,其自身品牌口碑和市场影响力能一定程度上为推广产品背书,从而快速提高推广产品的品牌力,甚至提高贷款机构的知名度。

四是部分媒体推广门槛较高,可降低客群的共债行为发生概率。对于传统媒体、网络媒体等存在一定进入门槛的推广媒介,仅会与少量的贷款机构进行合作,从而降低被推广客户同时申请多个小微信贷产品的可能性。

6. 劣势

一是转化效率低。在客户自主选择发起贷款申请这一行为过程中,从客户主动掌握信息、确定需求到正确进入申请流程,任意一个环节都可能出现大量的潜在客户流失,且在客户进入贷款申请入口前,贷款机构很难定位潜在客户并进行主动的营销和挽回。与此同时,推广客群特征的不确定性也降低了从贷款申请到贷款通过之间的转化率。

二是事前成本较难核算。对于一次性付费的推广方式，若预推广的信贷产品本身没有相关推广的经验，由于转化水平未知，很难在事前核算出推广费用相对利息收入的成本率，从而不便于进行成本控制。

三是部分推广媒体的准入门槛偏高。大部分知名传统媒体、网络媒体和企业服务平台针对小微信贷产品的推广资源有限，且媒介本身影响力越大，推广资源越稀缺，对贷款机构自身的品牌力和产品的服务能力要求越严苛，导致部分开放式非精准获客方式并非对所有贷款机构的小微信贷产品适用。

3.1.2 开放式精准获客

开放式精准获客是在开放贷款申请入口的基础上，通过数据自动筛选或营销人员人为筛选，实现最终贷款申请客群与小微信贷产品目标客群的高度匹配。属于此类的获客途径有以下几类。

1）贷款机构自有营销人员根据营销要求寻找客户，并直接触达客户进行贷款申请营销。

2）贷款机构与专业从事信贷中介的第三方机构进行合作，由该机构或提供营销服务的合作方安排营销人员根据贷款机构要求寻找客户，并直接触达客户进行贷款申请营销。

3）通过搜集内外部数据，筛选出符合本机构小微信贷产品目标客群特征的客户名单，由自有或外部合作的电话营销团队依据该名单进行信贷产品的电话营销。

4）与用户画像特征和本机构小微信贷产品目标客群特征高度相近的企业服务平台合作，如特定行业的 B2B 信息咨询平台等，在平台上进行产品广告及信贷入口投放。

下面将针对以上几类获客途径介绍开放式精准获客的客群特征、获客转化特征、成本特征、对风险的影响，以及该获客方式本身的优劣势。

1. 客群特征

由于大数据或营销人员的主动筛选行为前置，理论上贷款申请的客群特征会与贷款机构所提供的客群标准或要求高度一致。此外，在营销人员参与的获客过程中，为尽可能满足客户贷款申请要求，营销人员还可能引导客户完善贷款申请资料，如完善企业经营相关报表、优化税务申报数据等。

2. 获客转化特征

在开放式精准获客中，前置的筛选行为会使得客户从贷款申请到审批通过过程中的转化率大幅提升。而在营销人员参与的获客过程中，主动营销会杜绝客户对信息的遗漏，并能主动激发客户的需求，使得从触达目标客户到贷款申请过程中的转化率同样大幅提升。

3. 成本特征

精准获客与非精准获客的标准推广不同，是一项针对贷款机构特有小微信贷产品的定制化服务。该服务的对价通常由获取客群特征与贷款机构需求的匹配度及获客的规模而定，且服务效果还会受贷款机构本身的产品能力和对营销的支持力度影响。因此，精准获客的成本很难在事前通过一个双方都认可的固定价值去衡量，而是需要与最终的营销收益高度绑定，具体绑定包括但不限于以下方式。

1）从贷款最终的实收利息中按照一定比例提取成本。

2）从最终贷款的有效转化发生规模（授信金额、放款金额）中，按照一定比例提取成本。

3）特定时点根据当前的正常贷款余额（剔除逾期贷款余额），按照一定比例提取成本。

4）按照以上两种或两种以上的方式，综合提取成本。

需要注意的是，如果采用培养自有营销人员的方式获客，则要另行考虑人员的固定成本、相关办公场地的开支，以及营销技能的培养费用。当然，贷款机构如果已有成熟的营销岗位设置和营销管理体系，则会极大地减少前期相关的成本投入。

4. 对风险的影响

对于通过数据对可触达范围内的客群特征进行筛选来获取目标客群并进行精准营销的方式，它的效果影响因素一方面是数据质量（即数据的准确性和完整性），另一方面是进行目标客群筛选所用的标准在产品全部准入标准中的覆盖度，筛选标准越接近信贷产品的准入标准，最终获取的客群越精准。而对于目标客群筛选标准的使用，最理想的方式是贷款机构的人员在获取数据后执行，如果需要将筛选标准交付给第三方合作机构，则可能存在重要风控策略泄露给外部的风险，尤其是在贷款机构本身风控策略不完善的情形下，风控策略的漏洞可能会被资质较差的客户或第三方获客机构利用，给贷款机构带来大量的高风险客户。此外，风控策略的泄露还可能导致针对性的借壳和养壳欺诈，提高了欺诈风险发生的概率。

通过营销人员触达客户的精准营销，同样存在目标客群筛选标准信息泄露的可能性。此外，第三方营销人员参与的获客还可能给贷款机构带来诸多额外风险。

（1）客户贷款成本上升，导致客群信用风险水平高于贷款机构预期

第三方营销人员在为客户提供贷款申请相关的服务时，可能会于贷款发放后向客户收取额外的服务费用，导致客户实际的融资成本上升。而基于逆向选择的原理，能够接受更高贷款成本的客户，往往也是信用风险更高的客户。

（2）客群共债行为普遍，导致贷后的信用风险迅速增加

第三方营销机构作为专业从事信贷中介服务的机构，可能会与

多家贷款机构建立合作关系，机构营销人员在进行小微信贷产品营销时，往往会将目标客群相似的产品进行捆绑营销，使得客户同时在多家贷款机构获得贷款。而各贷款机构对客户信用风险的评价是基于客户申请时点的资质，并未捕捉到事后发生的共债行为，导致客群在贷后的实际信用风险高于贷款机构预期。

（3）营销机构掌握信贷产品和客户的资源分配，加重逆向选择和恶性竞争

在同个第三方营销机构同时为多家贷款机构提供小微信贷产品获客服务时，作为多个供给和需求（客户）的中介方，其充分掌握了买卖双方信息，可以选择性地进行买卖双方的匹配，实际承担了一个资源分配者的角色。而第三方营销机构从自身利益出发，一定程度上会优先将客户资源导向使其获利更高（即转化率更高、贷款金额更大）的小微信贷产品，而无法获得贷款的客户会向其他小微信贷产品流转。这种资源配置方式将使风控更为谨慎的贷款机构获得资质更差的客户，而差客户的高风险表现会使得该机构风控更为谨慎，由此进一步加重逆向选择。为了避免陷入这种困境，贷款机构不得不放松风险管控，努力实现相对更高的转化率或贷款金额。在这个过程中，贷款机构间难免形成恶性竞争，难以达到风险管控和贷款规模的双赢。

（4）第三方营销人员的不规范行为给贷款机构带来额外的舆论风险和投诉案件

在理想的小微信贷产品营销行为中，营销人员应当确认客户符合所推介小微信贷产品的基本条件，并让客户完整了解产品要素，在客户自愿的前提下引导客户本人进行贷款申请操作。但在实际操作中，由于贷款机构对于第三方营销人员的管理和监控难度较大，难以全面防范和发现营销过程中的不规范行为。而部分不规范行为将可能给贷款机构带来不同程度的负面影响，具体如下。

1）不顾营销标准，对不符合基本条件的客户推荐产品，或者

直接将贷款申请入口投放于公共平台（常见于线上小微信贷产品），违背了贷款机构精准营销的本意，导致大量不符合基本条件的客户申请贷款。

2）虚假宣传产品要素，使得客户最终获得的贷款利率、期限、还款方式等与营销时承诺内容不符，引起客户投诉。

3）营销人员代理客户进行贷款申请操作，客户据此否认贷款事实。对于线上小微信贷产品，全线上化的贷款申请流程给客户带来了极大的便利，但也给营销人员代理客户进行贷款申请操作带来了可能。贷款机构虽然可以通过完善的产品流程设计和技术手段从法律上举证客户的贷款申请行为出自本人意愿，但相关投诉或诉讼的处理仍可能影响信贷资产的正常回收。

（5）引导客户欺诈或与客户进行联合欺诈，给贷款机构造成损失

营销人员由于掌握了较多的小微信贷产品信息，为了尽可能让客户获得贷款，对于不满足产品准入标准或资质较差的客户，可能会通过引导其进行财务造假、虚假申报等方式来放大企业经营能力，以提高通过可能性或获得更大的贷款额度，从而增加了贷款机构的风险。甚至对于明确没有还款意愿或还款能力的客户，营销人员也可能促使其申请贷款，通过联合欺诈和客户共同获取不当利益，给贷款机构造成损失。

5. 优势

一是转化效率高。相对于非精准获客，精准获客大幅提高了各个环节的客户转化率，减少了非目标客群对贷款机构营销或信贷审批资源的占用。

二是成本核算较为便利。与贷款规模或利息收入高度关联的成本计价，便于贷款机构进行成本控制，能在事前进行更科学的营销决策。

三是可能短期内迅速形成规模。部分市场占有率较高的专业信贷中介机构，或者有过信贷产品合作经验的企业服务平台和电销公司，可能通过同质化的产品合作已积累了大量符合本机构小微信贷产品目标客群特征的客户，因此在营销合作前期可以通过存量客户的需求挖掘快速形成规模，省去大量寻找客户的环节。

6. 劣势

一是可能导致额外的风险。如前文所述，第三方合作机构参与的获客营销，可能在获客流程中放大欺诈风险和信用风险的敞口，甚至可能带来投诉和一系列舆情问题。

二是完全依赖于第三方的获客方式，不利于贷款机构自有获客能力的培养和对整体产品效益的把控。获客作为整个信贷流程的关键环节之一，与产品的整体风险和收益息息相关，如果将获客能力高度依赖于个别第三方合作机构，不仅等同于丧失了获客能力培养空间，而且弱化了对产品整体效益的把控。

三是相关获客资源同质化严重。一方面，信贷中介市场的同质化严重，同一个客户可能出现被多个营销机构触达的情况，营销人员也可能在多家营销机构间流转；另一方面，贷款机构的营销机构合作方同质化严重，不同营销机构间的客户资源大量重复。

3.1.3 封闭式获客

在小微信贷市场中，封闭式获客指的是仅对满足特定条件的客户开放贷款申请入口，除此之外的其他客户无法发起贷款申请。而实现贷款申请入口管控的机制一般有名单制和场景制。

名单制的封闭式获客是指基于确定的潜在客户名单，仅对名单范围内的客户开放贷款申请入口的获客方式，具体为客户必须满足进入名单的条件，并在贷款机构后台核准后才能获得贷款申请的资格。此类名单的常见来源如下。

1）贷款机构历史业务中积累的存量优质客户名单。

2）核心企业的优质供应商或经销商名单。

3）特定的产业协会企业会员名单等。

场景制的封闭式获客是指从某种非信贷业务的企业交易或经营场景中获得目标客群的方式。通常，这种获客的场景本身有一定的准入门槛，贷款机构只对在该场景内进行交易或发生相关经营活动的客户开放贷款申请入口。潜在客户范围会随着场景中用户数量的变化而变化。在进行贷款申请入口开放和风控时，贷款机构通常会利用场景中的相关数据。常见的此类场景如下。

1）企业采购类场景，包括原材料的采购、设备的采购、服务（如运输服务、人力资源服务等）的采购。潜在客户为在采购场景中达到一定采购规模、行为频次或与特定供应方发生交易的企业。

2）企业销售类场景，包括对企业线上线下的销售场景。潜在客户为在销售场景中达到一定销售规模、行为频次或与特定购买方发生交易的企业。

3）企业生产类场景，包括生产类耗材、耗能、技术运用等。潜在客户为在生产场景中相关数据符合特定产业特征、生产行为稳定或具备相对生产优势的企业。

4）企业支付类场景，包括银行间流水和第三方支付流水。潜在客户为产生一定规模或稳定经营流水的企业。

下面针对以上几类获客来源和场景介绍封闭式获客的客群特征、获客转化特征、成本特征、对风险的影响，以及该获客方式本身的优劣势。

1. 客群特征

采用封闭式获客方式的贷款机构通常会根据封闭客群的特征进行一定程度的产品定制，或者在选择名单或选定场景时已经充分考虑了本机构小微信贷产品的目标客群特征。因此，封闭式获客的客群特征与目标客群特征高度相似。由于掌握了名单的入选标准或场景的进入标准，贷款机构可以通过客户来源确定客户至少一项共同特征。

2. 获客转化特征

由于封闭式获客客群特征与目标客群特征的高相似性，客群在贷款申请到审批通过环节的转化率相对开放式非精准获客方式的转化率更高。但在从触达客户到客户发起贷款申请环节，如果没有主动营销动作，或者客群的生产经营特征决定了对信贷融资的需求较少，该环节的转化率可能偏低。

3. 成本特征

不同场景或名单的客户价值在小微信贷视角下难以用一个固定成本衡量。客群的贷款需求、特征匹配度、信贷产品的定制化程度（影响转化率）等都是获客成本的影响因素。因此，封闭式获客的成本通常也是基于贷款规模或贷款利息收入计量的，与开放式精准获客有一定相似性。

4. 对风险的影响

根据名单或场景来源于贷款机构内部还是外部，封闭式获客对风险的影响存在较大区别。如果名单或场景来源于贷款机构内部，即贷款机构能自主把控名单的有效性或场景的真实性，则该获客方式不仅不会带来额外的风险，还能通过内部数据的筛选，一定程度上降低客群的信用风险和欺诈风险。例如，以内部存量优质客户作为名单来源，这些客户由于已存在一定的还款行为，能极大程度地缓释开放式获客可能面临的恶意骗贷、借款养壳等欺诈风险。如果名单或场景来源于贷款机构外部，即第三方合作机构，在能够充分保证合作方名单有效性或场景真实性的情况下，同样可缓释开放式获客下的欺诈风险。但如果合作方存在名单造假或场景内数据造假的可能，欺诈风险将由分散的客户个体集中到合作方，即欺诈风险由大样本下的一定概率发生事件转变为单个样本的 0-1 事件。合作方欺诈的概率大于开放式获客下的欺诈风险损失概率时,放大了整体的欺诈风险;反之,降低了整体的欺诈风险。

此外,对于场景制的封闭式获客,如果能够将场景内的企业交易或其他经营行为与信贷产品放款、还款等流程相结合,如供应链金融中通过核心企业应付账款锁定还款来源等,还可以进一步降低信用风险。

5. 优势

一是成本计量便利。封闭式获客同样更易采用根据贷款规模或利息收入核算成本的方式。

二是在能够有效把控名单有效性或场景真实性的情况下,可以一定程度上降低欺诈风险。

三是可以将信贷产品流程和部分场景结合,优化信用风险管理。

6. 劣势

一是贷款规模增长有限。封闭获客的贷款规模会受限于名单或场景本身,两者的进入门槛决定了客群范围,且进入门槛标准越高,名单或场景下的客户越稀缺,越不利于贷款机构在短期内迅速拓大贷款规模。

二是自主风控的范围可能受限于客户资源的提供方。在第三方合作机构提供名单或场景的封闭式获客方式下,由于名单和场景资源的稀缺性,越是优质客户资源的提供方,越可能占据合作中的主导地位,并对贷款机构的产品设计和风控尺度有着一定的要求,影响贷款机构自主风控工作的开展。

3.2 贷款机构视角下的获客管理

如果获客流程没有其他人员或机构的参与,仅仅是客户自发的行为,那么贷款机构所能把控的首次与客户的接触环节就是贷款申请环节，因此不存在获客环节的管理。所以，从贷款机构的角度来看，获客管理实际上是对人员的管理和对合作机构的管理（如果有的话）。本节将详细介绍获客管理的思路和方法。需要说明的是，本节所介绍的获客管理的目标不仅仅是防范和化解获客风险，而是从尽可能完善小微信贷产品获客能力的角度（包括其他各类风险防范、成本控制等）出发，介绍具体的思路和方法。

3.2.1 获客人员管理

获客人员不仅指触达客户进行小微信贷产品营销的人员，还包括从开始营销到客户发起贷款申请前整个过程中参与了客户信息提供和派发、营销人员管理等工作的相关人员。其中既有贷款机构自己的员工，也有合作机构的员工和其他关联人员。理想的获客人员管理是穿透到获客全流程中把控每个相关岗位或人员的行为规范，但对于链条越长、流转越复杂的多方参与的获客流程，贷款机构实际上越难实现穿透式的全面管理。本书在介绍获客人员管理时，为便于读者理解，将把可能涉及的获客人员简单归纳为"裁判员"和"运动员"两类。其中，"裁判员"指的是不直接与客户发生交互，但能够不同程度地把控营销的作业标准、作业范围或利益分配的管理人员；"运动员"指的是真正触达客户，完成最终营销动作的营销人员。一个完整获客链条上的"裁判员"节点可能有多个，但"运动员"节点通常仅有1个。

1. "裁判员"的管理

贷款机构对获客环节管理人员的管理，本质上是对不同类型管理权限的制约和监控，防范可能出现的权限失控、利益输送等问题。

一般来说，贷款机构最恰当的做法是将所有的管理权限由自有正式员工掌握，尤其是在作业范围设置和利益分配等重要权限上。作业范围是指营销的区域、行业等，甚至是具体客户，往往决定了营销人员所能创造的最大营销体量和营销的难度。利益分配则直接影响了整个获客链条上相关人员或机构的单位收益水平。两者在很大程度上能影响贷款机构最终的获客成本。在实际业务开展中，为迅速响应业务需求变化和市场环境变化，管理人员必须灵活变更管理策略来实现获客资源和效能最大化。为了避免管理过程中利益输送行为的发生，建议贷款机构参考以下原则对此类"裁判员"进行管理。

1）所有管理人员应不参与直接营销，即不能既当"裁判员"又当"运动员"。

2）作业范围管理人员的考核范围应与其管理范围相一致，即其收入若与获客规模挂钩，则应始终与所管辖范围的整体获客规模挂钩。

3）利益分配管理人员自身不应参与利益的直接分配。

在此基础上，进一步做好管理人员的行为监控，则能很大程度上建立起利益输送的防火墙。

2. "运动员"的管理

营销人员的构成较为复杂，除了贷款机构内部员工和合作机构的人员外，还可能是通过分裂式营销等方式产生的大量间接参与、无直接授权的第三方人员。对营销人员的界定越广，贷款机构实现全面和追踪管理的难度就越大，能实现有效管理的程度也就越低。因此，明确管理范围和实际的管理对象，是进行营销人员管理的前提。

贷款机构如果不能实现对每个营销人员的"穿透式管理"——了解每个触达客户人员的信息，并能直接对其作业行为和利益分配施加影响，至少应能把控相关人员的直接上游，即能对此"运动员"直接施加影响的上一级"裁判员",并将该"裁判员"视为"运动员"进行管理,若仍不能实现对该人员的有效管理,则应继续向上游拓展。换句话说,贷款机构应根据客户来源,以该来源链条上所能施加有效管理的人员范围为限,找到与最终营销人员最近的人员节点,并将其纳入"运动员"的管理范畴。

在明确"运动员"范围后,我们可以从营销人员和客户发生的交互行为上确定管理的思路。

(1)表明身份

表明身份是营销人员开展营销工作的第一步。该环节可能出现的问题是,部分外部营销人员在未获得贷款机构书面授权的情形下,以贷款机构所属员工身份自居,为其营销工作提供便利。该人员后续若有不当行为,可能导致贷款机构形象受损甚至带来投诉。贷款机构对相关人员应明确禁止身份的冒用,同时在事后做好对客户的相关解释工作和涉及人员的惩处。

(2)产品信息宣传

产品信息宣传管理的重点是确保营销人员向客户宣传的小微信贷产品信息符合实际,并且不得在权限范围外给予客户虚假承诺。贷款机构一方面要对营销人员做好充分的宣贯和培训,另一方面需要在贷款申请和审批流程完成后保留直接向客户展示或发送产品信息的途径,扩充客户获取正确信息的来源。

(3)协助办理贷款申请

在客户明确贷款意愿后,应由其本人发起和完成贷款申请流程,营销人员仅在客户需要时进行协助和指导,或在贷款机构要求下帮助客户补充申请要件。贷款机构需严防在该环节可能出现的营销人员代客操作,尤其在线上小微信贷产品中持客户手机发起和操作贷款申请的行为,并且可以通过远程视频面审、人脸活体识别中新增贷款信息提示等方式强化客户知情程度。

（4）审批结果通知和提款营销

若营销人员非贷款机构自有员工，原则上应由贷款机构另行主动告知客户审批结果和审批通过后的提款方式等信息，重点通过自主运营加强审批通过后的客户联系，畅通客户自主申请提款的通道，以避免营销人员参与其中可能导致的对客额外收费、代客操作提款等问题。

此外，在所有的营销交互环节中，客户回访都是一项事后抽查营销人员是否存在不当行为的重要方式。贷款机构可以酌情善加利用。

3.2.2 获客合作机构管理

从法律意义上来说，获客合作机构是与贷款机构约定了合作权利、责任和义务的主体。贷款机构可以根据合作协议中的责任和义务条款来对其进行管理。当然，相关条款的拟定需要双方的共同认可。贷款机构在追求自我保护的同时，也要认可获客合作机构的价值创造，才能实现合作双赢。因此，获客合作机构管理的目标并非单纯地最小化获客风险或获客成本，而是在不触碰风险底线的前提下实现获客效益的最大化，即要同时进行风险管理和效益管理。下面从获客合作机构所处的不同合作阶段，系统介绍如何进行风险管理和效益管理。

1. 准入阶段的管理

作为经营风险的金融机构，贷款机构应对与业务相关的任何形式的合作机构建立规范的核准机制，尤其是对获客合作机构这样的直接关联方。基于风险管理和效益管理的视角开展获客合作机构的准入工作，实质上是对机构的经营水平和获客资源进行评估。相关评估工作的思路可以参考表3-1。

表 3-1 获客合作机构准入评估思路

评估对象	评估准入依据	评估要点	评估具体内容
经营水平	自身经营合规，具有可持续的经营能力，借由获客合作来投机或欺诈的动机较低	经营合规性	1.经营资质健全，具备开展相关合作业务的工商资质 2.具备完善的组织架构和内部管理制度 3.有固定长期的经营场地和经营设施 4.获客流程和相关业务的管理制度符合贷款机构要求
		经营可持续性	1.正常经营已有一定年限 2.合作机构及其股东、董监高人员信用状况良好，无重大违法违规、涉诉纠纷和舆情 3.财务状况良好，营收稳定，无严重亏损和资不抵债情形
获客资源	有丰富的营销获客业务经验或有大量的储备客户，开展获客合作的前景较好	获客业务经验	1.有和其他贷款机构小微信贷业务获客合作的经验 2.在与其他贷款机构的获客合作中，合作的历史效果已满足贷款机构业务开展需求
		客户储备资源	与贷款机构小微信贷产品目标客群特征相似的客户数量储备满足本机构业务开展需求

2．合作中的动态管理

在获客合作机构完成准入并具备合作业务开展条件后，贷款机构便进入了合作中的动态管理阶段。同样基于风险管理和效益管理视角，该阶段可分为风险预警和处置管理，以及效益的正负激励管理。

（1）风险预警和处置管理

在与获客合作机构的合作过程中，为防范因获客合作机构自身经营状况恶化给合作业务带来潜在负面影响，或因不当行为给贷款机构带来信贷资产或声誉上的损失，贷款机构有必要对获客合作机构自身的基本经营情况和获客业务的开展情况进行持续的监控，对风险的苗头进行预警，对已经造成不利后果的人员也要进行适当的处置。

对于可能影响获客业务开展的风险，贷款机构通常会有一个从预警到重点监控或督促整改的过程。适于风险预警的情形如下。

1）获客合作机构存在重大负面变动，如股东、高管或大量员工流失，变卖资产等。

2）获客合作机构经营状况恶化，如收入或利润持续下降、市场份额下降等。

3）获客过程中偶尔出现或多次出现不当行为，如向客户额外收费、虚假宣传等。

以上情形均可能影响未来获客合作业务的正常开展，贷款机构可对获客合作机构进行警示并督促整改。

对于风险预警后无整改行为的，或合作过程中已经发生严重影响获客业务开展的情形，贷款机构都应当进行风险处置。适于风险处置的具体情形如下。

1）持续反复发生风险预警，没有明显好转或改善趋势的。

2）经营状况恶化导致无法正常开展获客业务的，如工商状态异常、严重亏损、持续拖欠外部款项等。

3）获客过程中出现严重不当行为，如引起舆情、批量投诉等。

根据需处置的风险等级的高低，常见的风险处置手段包括限制合作范围、扣减服务费（需合作协议支持）、暂停合作和终止合作等。贷款机构可灵活运用各种手段，在有效防控风险的前提下尽可能保障获客合作业务的正常开展。

（2）效益的正负激励管理

获客的效益并非完全由获客合作机构自身的获客能力决定，还与贷款机构的产品竞争力，以及产品和获客合作机构所营销客群的适配性有关。双方可以通过合作过程中的磨合和能力优化来协同提升获客效益。因此，获客效益管理是一个长期、动态的过程，站在贷款机构的视角，它是一个激励和保留获客效益相对更高的合作机构，同时减少和清退获客效益相对更低的合作机构的过程。

获客合作机构获客效益的评价综合了合作规模、单位获客成本和客群风险水平 3 种因素。获客规模越大、单位获客成本越低、客群风险水平越低，该获客合作机构创造的效益规模越大。贷款机构可围绕这三种因素，结合自身的权重偏好建立一套周期性的获客合作机构评级体系，对于评级较高的获客合作机构，可对其采取正向的激励手段，进一步扩大获客效益，如对获客规模更大或单位获客成本更低的获客合作机构给予更高的服务费率，对客群风险水平更低的获客合作机构营销客户定制更高的贷款额度和通过率等；而对于评级较低的获客合作机构，可对其采取负向的激励措施，以限制其当前效益水平下的营销规模；对于持续评级较低的获客合作机构，甚至可以考虑进行业务限制、暂停、退出等处置。

3. 退出管理

不管是风险因素、效益因素导致获客合作机构被动退出，还是获客合作机构主动退出，为了防止退出后部分遗留问题或潜在风险无法得到有效解决，贷款机构应建立完善的退出审查机制进行可能的风险排查，并且对于合作期间的相关客户，可保留在必要情形下要求获客合作机构配合进行问题处理的权利。

3.3 产品设计

为了更好地服务本机构的目标小微客群，并进行针对性的有效风控，除了确定符合目标客群来源和特征的获客方式外，做好与目标客群需求相适应的产品设计同样重要。而确定对什么样的客户提供什么类型的服务，对什么样的产品流程采用什么样的风控手段，都是在进行产品设计时需要考虑的重点。因此，本节将从更好服务客户和更有效风控两个视角出发，围绕产品要素设计和产品流程设计两个重点，介绍小微信贷产品设计的基本思路和方法。

3.3.1 产品要素设计

产品要素是小微信贷产品对小微信贷市场提供的公开信息，也是构成产品市场竞争力的关键因素之一。常见的小微信贷产品要素包括授信额度上限、授信有效期、额度循环方式、贷款利率范围、贷款期限、还款方式等。根据客群特征和需求的不同，以及贷款机构风险偏好的不同，这些要素可以构成不同类型的组合。

1. 产品要素与客群需求

小微信贷客群在部分产品要素需求上具有一致性。例如，在可承受范围内，他们都希望获得尽可能高的授信额度；在同样的授信额度下，他们都希望获得更低的贷款利率，只是利率敏感性不同。然而，对于不同贷款用途和经营特点的小微信贷客户而言，他们对部分产品要素的需求和偏好存在差异。表 3-2 和表 3-3 分别介绍了几种不同类型贷款用途和经营特点小微客群的信贷产品要素偏好，为读者在进行产品要素设计时提供参考。

表 3-2 不同类型贷款用途下小微客群的产品要素偏好

产品要素	贷款用途类型		
	大型设备采购等长期投资	款项垫付等短期拆借	日常经营周转
额度上限	偏好高额度		
授信有效期	偏好中长期限	无明显偏好	偏好中长期限
额度循环方式	无明显偏好	无明显偏好	偏好可循环额度
贷款期限	偏好中长期限	可接受较短期限	根据具体经营特征
利率敏感性	相对更高	相对更低	
还款方式	无明显偏好	偏好先息后本	
是否可提前还款	偏好可提前还款		
提前还款成本	偏好提前还款无成本		

表 3-3 日常经营周转用途下不同经营特点小微客群的产品要素偏好

经营特点		产品要素		
		贷款期限	利率敏感性	还款方式
下游结算方式	分期付清	无明显偏好	无影响	无明显偏好
	到期一次性付清	无明显偏好	无影响	偏好先息后本
下游结算账期	短	可接受较短期限	相对更低	无明显偏好
	长	偏好中长期限	相对更高	偏好先息后本

（续）

经营特点		产品要素		
		贷款期限	利率敏感性	还款方式
行业利润率	低	无明显偏好	相对更高	无明显偏好
	高	无明显偏好	相对更低	无明显偏好
收入稳定性	低	偏好中长期限	相对更高	偏好先息后本
	高	无明显偏好	相对更低	无明显偏好

2. 产品要素与风险偏好

如前文所述，除了目标客群的需求会影响贷款机构对于小微信贷产品要素的设计外，贷款机构自身对于风险管理的偏好也会制约产品要素的选择范围。换句话说，针对同一类小微客群，不同风险偏好的贷款机构可能会设计出完全不一样的小微信贷产品。这是因为，在特定的客群和风险管理水平下，每一项产品要素的差异都可能从整体上影响客群最终的风险表现或去除损失后贷款机构的利息收入水平。下面介绍几种主要的产品要素与风险或效益的关系。

（1）额度上限

额度上限的变化仅会对少部分期望额度或风控核定额度在变化范围以内的客户产生实际影响。从风险敞口来说，额度上限下调会导致该部分客户的风控核定额度降低，实际风险敞口减小，更有利于信贷资产风险的分散，反之则会提高风险敞口和风险集中度。从客群质量和贷款规模来说，额度上限下调会导致期望额度较高的客户放弃对本机构贷款的申请，若客户的收入水平、经营规模等特征与期望额度和风险呈正相关，则贷款机构可能因此丧失少部分较为优质的客户及其带来的资产。因此，额度上限的高低设计从不同角度来说均同时存在利弊，贷款机构需结合自身偏好进行合理的设定。

（2）授信有效期

授信有效期限制了客户获得额度后的提款时间窗口。授信有效期越短，对客户提款的时限要求越严。对于大部分本身有提款需求的客户来说，授信有效期的长短并不会影响其风险水平，但如果给予客户较长的授信有效期,则客户提款越靠后,其风险水平自授信通过后发生变化的可能性越大,越需要贷款机构加强贷中管理,结合客户近期的情况评估提款的可行性。

(3)额度循环方式

为了凸显可循环小微信贷产品灵活支用、随借随还的优势,额度循环方式通常是和长授信有效期结合出现的。可循环和长授信有效期的特性,对贷款机构的贷中风控能力提出了更高的要求——需要始终有效拦截风险恶化客户的提款行为,动态限制风险升高客户的风险敞口(通过降低授信额度,限制额度使用率等方式),定期清退风险水平已高于容忍度的客户等,以避免客户逾期前通过再次提款行为给贷款机构带来更大的损失。总体来说,对于贷中风控能力不够完善的贷款机构,需要谨慎对待产品额度循环方式的设定。

(4)贷款期限

在设定贷款期限这一产品要素的原则上,基于贷款机构风控的视角和客户需求的视角具有一致性(即贷款期限的设定需与客户的贷款实际用途和经营特征相适应),贷款期限不能过短以加重客户的还款压力,也不能过长使得客户将贷款用于非约定用途。但在真实的信贷行为中,由于客户的负债结构和实际贷款用途比较复杂,难以精准核定完全适配的贷款期限。贷款机构会一方面结合客群资质,认为资质越好的客群,能够正常还款的期限相对越长,于是对其设定更长的贷款期限;另一方面会结合自身的期限结构偏好,比如希望在当前经济环境下配置相对长期的小微信贷资产,于是对产品设定更长的贷款期限。当然,产品要素层面的贷款期限设定更多还是基于市场的信息,贷款机构可以拟定一个较大的范围,具体再通过后续的风控策略进行精准的决策。

(5)还款方式

在贷款机构风控的视角下,各类还款方式的主要差异在于还款期内除利息外,本金的偿付是相对靠前还是靠后。在本金偿付相对靠前的情形下，如等额本息、等额本金等还款方式，风险敞口会随着贷款账龄增长而快速减小，但同时产生的利息收益也会越来越少；在本金偿付相对靠后的情形下，如按月付息到期还本、一次性还本付息等还款方式，风险敞口随贷款账龄增长缓慢而减小或维持不变，但同时生息的基数较大，利息的收益比较稳定。相对风控保守的贷款机构，越偏好采用本金偿付相对靠前的还款方式，反之更看重利息收入的客户，可以加大本金相对靠后还款方式的小微信贷资产的占比。通常来说，相对折中的一种做法是给相对优质的客群，以及贷款期限较短的客群提供更多的本金偿付相对靠后的还款方式，这样既能减少逾期客户导致的损失，也能在短期内减缓生息信贷资产规模的缩小。

（6）提前还款

无费用的提前还款对于各类客户来说是一项有利于贷款成本控制的手段，也是相对资质更好的客户更容易使用的一种产品功能。然而，对于贷款机构来说，过多的提前还款会导致生息信贷资产规模大幅下降，尤其是优质客群资产的下降。此外，按照贷款规模计算获客成本还会导致获客成本率的大幅上涨。因此，贷款机构可以结合自身的成本考量，决定是否设定提前还款的最低期限或费用要求，以减轻成本压力和解决资产规模快速下降的问题。

产品要素的确定最终是在满足买方需求（目标客群偏好）和卖方需求（风控和效益偏好）程度上的权衡。如果仅考虑目标客群偏好，贷款机构在实现资产规模的同时可能会面临较大的风险；如果仅考虑自身的管理偏好，贷款机构可能丧失大量目标客群甚至带来逆向选择。因此，贷款机构需要在两相权衡下慎重对待产品要素的设计。

3.3.2 产品流程设计

贷款机构进行产品流程设计的目的是在保证流程充分满足合规要求的前提下，收集用于风控的必要信息，并尽可能提高客户体验。因此，除了必须满足的合规要素外，产品流程的设计也是一个权衡问题，需要适应客户需求和满足贷款机构的风控管理要求。

为了更加清晰地介绍产品流程中各环节需要关注的重点，本节将围绕较为常见的线上化开放式获客的小微信贷产品流程框架展开介绍。该流程框架见图 3-1 和图 3-2。

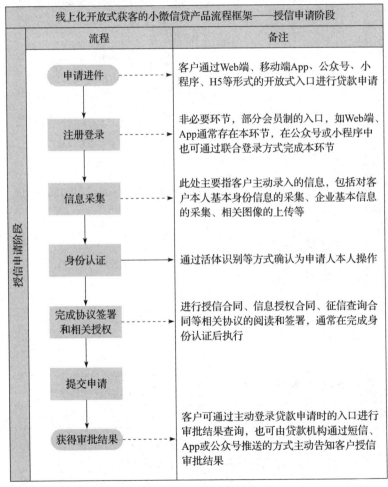

图 3-1　线上化开放式获客的小微信贷产品流程框架——授信申请阶段

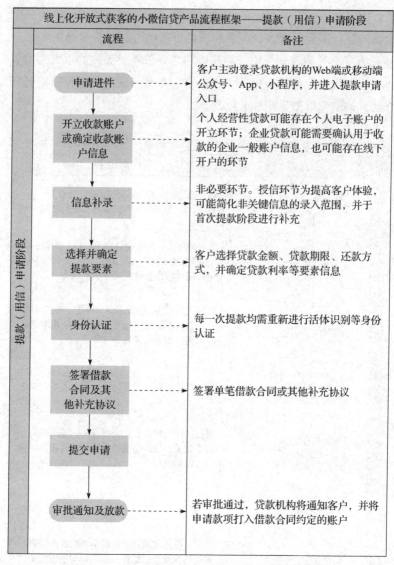

图 3-2　线上化开放式获客的小微信贷产品流程
框架——提款（用信）申请阶段

下面基于优化客户体验和有效风控两个目的来看待产品流程中

的各个关键环节。

（1）申请进件环节

从优化客户体验来说，将贷款申请入口通过公众号、小程序或以 API 接入其他应用等客户触手可及的形式进行投放，可以省去客户主动访问或 App 下载等操作，轻量化客户的申请流程，有利于提升从客户触达到客户申请过程中的转化率。但从有效风控来说，App 可以集成更加复杂的功能，更加精准和完整地采集客户的设备、GPS 定位（基于客户授权）等信息，能够为后续风控提供更多的素材，而其他轻量化的入口则在功能的完整性上相对受限，尤其以 API 形式接入其他应用的方式，贷款机构是无法实现自主采集申请过程中的设备、定位等信息的。

（2）信息采集环节

从优化客户体验来说，额外采集的信息越少，客户的申请效率越高。但从有效风控来说，采集的信息越多，后续风控的可参考素材相对越多。当然，通过客户自主录入获取的信息，从有效性上通常不及通过内部或外部权威征信机构获取的信息，尤其是在贷前风控的应用上（更多客户信息可能为贷后催收环节提供更好的抓手）。因此，为兼顾客户体验和信息采集需求，贷款机构可以在客户授权前提下，将部分对风控有效的信息改为从外部第三方征信机构获取，或者将部分信息采集后置到提款申请流程中，以减少授信申请阶段因复杂的信息采集而使客户流失。与此同时，贷款机构可以持续观察各类采集信息的风控应用效果，对于非必要采集且风控实际应用效果较差的信息，可以酌情从采集环节去掉。

（3）身份认证环节

身份认证除了是一项贷款申请流程中最基本的合规要求外，也是防范欺诈风险的重要风控手段之一。为了防范营销人员代客操作、第三人顶替客户申请等非本人申请的行为，建议贷款机构从以下方面完善产品流程，确保身份认证的有效性。

1）在贷款申请提交前任一环节退出并重新进入申请流程时，均需要重新完成身份认证动作，防范流程断点后变更申请操作人员的行为。

2）如果采用线上活体识别的方式进行身份认证，需确保活体采集技术的有效性，并确保活体信息为通过设备镜头实时采集。

3）身份验证环节及其前后操作（包括确认进入活体识别的确认操作、活体识别通过后进入下一环节的确认操作）的等待耗时如果过长，可能存在第三人参与操作，需贷款机构对相关环节进行监测。

（4）收款账户及贷款发放环节

将贷款资金发放至贷款申请主体名下的银行账户是完成整个债务关系闭环的关键。在线上小微信贷产品中，即便存在受托支付，通常也会先将放款打至贷款主体名下账户后再另行打款，以防范第三方代理操作下的贷款资金挪用风险。

值得注意的是，对于产品流程各环节的优化工作而言，埋点监控是一个有效评价工作效果的手段。其中，各节点之间转化率的下降、客户流失或断点率的上升、占用耗时过长都可能是该环节设计问题的表征。贷款机构可以充分利用埋点监控快速迭代产品性能和优化产品流程。

3.4 本章小结

获客和产品设计中的风险管理是很多小微信贷产品在进行风控体系建设时容易忽视的环节。然而，在特定的获客方式和产品流程下，合理嵌入风控手段不仅能有效减轻后续的贷前审批和贷中管理压力，还能对产品整体风控能力的建设起到事半功倍的效果。本章介绍了各类获客方式和产品流程中的主要环节，旨在让相关风控从业者在关注审批类风险策略制定的同时，将风控的视野拓宽到小微信贷产品的更多环节。

　　需要注意的是，本章的大部分内容是基于笔者长期从事小微信贷风控工作的实践认知和经验所谈，在当前的小微信贷市场中具备一定的参考价值。然而，随着市场竞争环境的变化和信贷领域技术的进步，未来可能会出现全新的获客方式和更加创新的产品流程，随之也会带来新的风险类型或更加有效的风控手段。因此，建议相关风控从业者在未来的风控实践中，结合市场环境和最新技术做出明智决策。

第 4 章

小微信贷智能风控基础设施建设

在制定小微信贷风控策略和建立模型之前,我们需要了解小微信贷智能风控的基础,即数据和变量,以及常用的系统。了解这些基础的目的是学习风控的基本依据,了解风控能力的上限;同时,了解常用系统的目的是学习风控流程的原理,了解风控策略和模型发挥作用的途径。如果你从事小微信贷全面风险管理或负责冷启动孵化小微信贷产品的风控工作,那么深入阅读本章并了解小微信贷智能风控的基础设施建设将更有必要。

本章将围绕小微信贷风控数据和变量能力搭建的全流程、小微信贷智能风控常用系统的功能建设和系统架构等内容,从风控从业者的视角全面介绍如何建设小微信贷智能风控的基础设施。

4.1 数据及变量

数据是小微信贷产品风控的基础,变量是在应用前对数据进行特征化表示。前者决定了风控策略或模型的预测能力上限,后者决定了对前者预测能力的概括程度,两者共同构成了风控策略的"地基"和"框架"。在制定风控策略之前,搭建基础的数据和变量能力是极为关键且必须经历的步骤。本节将围绕认识数据到衍生变量的各个环节,介绍如何搭建小微信贷产品的数据和变量能力。

4.1.1 小微信贷产品中的数据探寻——认识数据

在进行数据能力建设之前,我们面对的问题是,需要什么样的数据。

从需求角度来看,如果我们需要用于小微信贷风控的数据,那么数据能力建设的最终目的必然是解决特定小微信贷产品可能面临的各种风险。因此,我们可以结合小微信贷产品中普遍涉及的风险来认识数据,找到所需的目标数据类型。这里会涉及第 2 章所梳理的小微信贷产品风险类型,具体思路详见表 4-1。

表 4-1 解决小微信贷产品中各类风险所需的数据类型

风险类型	风险来源	需要的数据类型
市场风险	经济、政策及监管环境变化	公开数据
获客风险	获客过程中的违规或欺诈行为	获客参与方的数据 客户来源数据 客户贷款申请过程中采集的数据
欺诈风险	身份欺诈	客户贷款申请过程中采集的数据 个人身份核验类数据 个人附属信息(银行卡、地址、手机号、职业等)校验类数据 工商数据

(续)

风险类型	风险来源	需要的数据类型
欺诈风险	行为欺诈	个人行为类数据 企业收入类数据 企业经营行为数据
	关联欺诈	贷款机构内部数据 工商数据
企业主信用风险	贷款资金挪用	企业经营行为数据 获客场景（若有）内数据
	历史信用行为较差	个人涉诉类数据 个人征信类数据
	收入负债状况较差	个人收入类数据 个人征信类数据
	资产薄弱	个人资产类数据
企业信用风险	经营盈利性差	企业收入类数据
	经营稳定性差	企业收入类数据 企业经营行为数据 工商数据
	经营成长性差	企业收入类数据 企业经营行为数据
	历史信用行为较差	企业涉诉类数据 企业征信类数据
	收入负债状况较差	企业收入类数据 企业征信类数据
	资产薄弱	企业资产类数据
	关联企业风险	工商数据 企业涉诉类数据
流程风险	场景欺诈	场景内数据

此时，基于风控的用途，我们得到了所需的数据类型清单。对同质的数据需求进行整合后，最终的数据需求类型包括但不限于以下几种。

1）公开数据。

2）获客数据，包括获客参与方的数据、客户来源数据和获客场景内数据。

3）产品数据，即客户贷款申请过程中采集的数据。

4）个人验证类数据，包括个人身份核验类数据和个人附属信息校验类数据。

5）工商数据。

6）行为类数据，包括个人行为类数据和企业经营行为数据。

7）收入类数据，包括个人收入类数据和企业收入类数据。

8）涉诉类数据，包括个人涉诉类数据和企业涉诉类数据。

9）征信类数据，包括个人征信类数据和企业征信类数据。

10）资产类数据，包括个人资产类数据和企业资产类数据。

11）内部数据，即贷款机构内部与贷款主体相关的数据。

4.1.2 正确锁定数据来源——获取数据

在找到需要的数据类型后，我们可以进一步锁定各类数据的具体来源，并通过合法合规的方式从内外部数据源中获取数据。

1. 公开数据

公开数据包括宏观经济数据、政策数据、行业数据等，常见来源有国家统计部门、政策部门、市场和行业监管部门、公开交易市场等。贷款机构可以通过内部整合性质的信息平台收集可能对信贷产品展业规范和目标客群还款能力产生影响的数据；也可以与外部相关专业信息咨询机构合作，由其负责按本机构要求收集数据甚至直接形成对信贷产品展业的指导意见。

2. 获客数据

获客数据的来源与贷款机构采取的具体获客方式有关。首先，信贷产品的投放入口通常会带有客户来源的数据；其次，在有第三方获客合作机构参与的情况下，部分获客数据可能由合作机构提供；在有场景获客的情况下，部分获客数据同样可能来自场景的参与方。在获取获客数据的过程中，贷款机构应尽可能穿透到客户触达层的数据。

3. 产品数据

产品数据来源于客户在使用信贷产品各项功能时，产品自身采集到的各类数据。需要注意的是，采集数据的方式和范围需满足合规要求且充分征得客户授权。

4. 个人验证类数据

个人身份核验类数据用于对客户的姓名、身份证等身份信息进行校验，除了来源于客户主动提供的身份证件等信息外，只能来源于官方的居民身份信息管理部门。而个人附属信息校验类数据来源相对广泛，地址类数据可来源于房产相关部门，职业类数据可来源于社保、税务等部门，手机号数据可来源于手机运营商，银行卡数据可来源于开户银行或银联等。鉴于个人附属信息的隐私性和复杂性，贷款机构在获取相关数据时可优先接入重要程度更高的附属信息数据。

5. 工商数据

工商数据来源于国家企业信用信息公示系统。但由于信息的公开性，市场上存在较多的第三方数据机构将工商数据进行整合加工后作为更适于应用的数据产品进行销售，所以实际的工商数据来源较为广泛，且来源之间的同质化程度较高。

6. 行为类数据

个人行为本身具有极宽的范畴，囊括了自然人在社会生活中的方方面面。但从小微信贷风控的视角看，与信贷风险强相关的个人行为数据相对有限，其中最能直接反映个人还款能力的是与个人资金相关的支付、消费等行为，如第三方支付数据、购物/出行/通信相关的消费数据等；其次是能侧面反映个人行为画像的数据，如短信数据、社交画像数据、移动轨迹数据等。在框定具体行为数据范围后，对应的数据来源可参考表4-2。

表 4-2 重点个人行为类数据及对应数据来源

个人行为分类	二级分类	数据来源
支付行为	—	支付清算机构
消费行为	购物类消费行为	购物平台
	出行类消费行为	网约车平台
	通信类消费行为	通信运营商
手机短信	—	移动设备授权
移动轨迹	—	移动设备授权
社交行为	—	社交类 App、网站

企业经营行为数据是小微信贷风控中的关键数据之一,包括采购行为数据、生产行为数据和销售行为数据。具体数据涉及行为发生的日期、对象、规模等。理论上,相关数据可以全部由申请贷款的企业提供,但为了保证数据的客观性和真实性,贷款机构倾向于从外部权威机构获取。其中,采购和销售行为数据可来源于税务机构、企业代账机构、供应链平台、上下游核心企业、招投标平台等;生产行为数据可来源于电力供应机构、仓储机构等。

7. 收入类数据

严格来说,收入类数据是行为类数据的一个分支,但由于其在小微信贷风控中的重要性和独立使用的高度有效性,此处将其作为一个单一的数据类型进行处理。收入类数据仅需要包含收入发生的日期和规模便可投入使用。个人收入类数据可来源于社会保障管理机构、住房公积金管理机构、税务机构等;企业收入类数据可来源于企业的利润表、税务机构、企业代账机构、供应链平台等。

8. 涉诉类数据

涉诉类数据与工商数据同样作为可公开查询的数据,获取来源较为广泛,可从各行政区域的法院公告或裁判文书网中获取,也可由整合涉诉信息的数据公司提供。需要注意的是,由于个人重名的可能性，贷款机构在获取个人涉诉类数据时应选择精准的数据来源，避免因重名获取错误的信息。

9. 征信类数据

征信类数据特指与企业主或企业借贷行为相关的数据，也可视为小微信贷风控视角下行为类数据的一个重要分支。在国内，征信类数据的最重要来源是中国人民银行征信中心出具的个人信用报告和企业信用报告。报告汇总了全国范围内公共征信服务机构和商业征信服务机构上报的信息，其中最核心的借贷信息是贷款机构信贷风控的重要依据。此外，随着企业融资方式的增多以及民间借贷的普遍存在，市场上仍充斥着大量未上报到征信机构的借贷行为，此类数据一部分由发放贷款的主体提供，一部分根据客户的其他行为如账户明细数据、短信数据等推测而来。

10. 资产类数据

资产类数据在小微信贷风控中通常作为评估贷款主体还款能力的补充数据使用。由于资产类型多样，资产类数据的来源十分丰富。常见的有形资产数据包括房产、设备等固定资产数据。此类数据通常来源于房产登记机构或企业内部的固定资产档案；常见的无形资产数据包括专利、商标、著作权等公开可查询的知识产权数据，既可来源于国家知识产权管理机构，也可来源于对相关数据进行整合产品化的第三方数据服务机构。此外，企业的资产负债表也是企业资产类数据的重要来源。

11. 内部数据

贷款机构在长期开展各类贷款业务过程中积累了大量与贷款客户相关的数据，包括客户的历史借贷行为、还款表现以及客户历史时点的各类数据。内部数据尤其是客户历史还款行为数据的使用可以极大地提高欺诈风险和信用风险的管控效能，是每家贷款机构内部十分宝贵的数据资产。

4.1.3 综合评估数据价值——筛选数据

在确定需要的数据类型和来源范围后，贷款机构需要考虑如何将特定类型和来源的数据应用到小微信贷产品中。筛选数据的过程实际上是对数据价值进行评估和排序的过程。从贷款机构的角度来看，它需要综合考虑数据的合规性、准确性、稳定性、覆盖程度、预测能力和获取成本。

1. 数据的合规性

确保数据获取过程的合规性是使用数据的必要前提。具体要求包括：数据本身不能包含法律法规明确禁止或限制采集的个人隐私信息；数据采集方式必须合法合规；数据采集必须征得客户本人的同意，并告知其使用目的。我们可以参考中国人民银行 2021 年公布的《征信业务管理办法》了解更多法规要求。

2. 数据的准确性

受数据采集方式、时间和范围的影响，贷款机构实际获取的数据可能存在内容错误、时效滞后或部分缺失等问题，从而影响数据的准确性。数据的准确性决定了其在风控中的置信程度。准确性越低，风控结果的正确性也就越差。为确保特定来源数据的准确性，贷款机构可以在评估数据过程中通过其他来源（最好是可信度较高的官方来源或原始出处）获取同类数据进行交叉核验，计算出数据的准确率，以决定其是否可用于风控以及用于风控时的置信水平。

3. 数据的稳定性

小微信贷业务的开展具有持续性要求，尤其是线上小微信贷产品，甚至能够实现 24 小时不间断服务。为满足业务开展的需求，小微信贷产品需要具备持续稳定的风控能力，而用于风控的数据最好要具备稳定供应的特点。数据的稳定性体现在其全天候的持续供应能力上，暂停或切断供应的概率较低，能保障小微信贷风控工作的持续开展。另外,数据的准确率需要长期稳定在可接受水平,从而避免不同阶段的风控效果出现较大的偏差。稳定性高的数据往往能够作为必需数据被长期且频繁地使用,而稳定性差的数据即便能用于风控,也只能作为附加或非必要数据使用。

4. 数据的覆盖程度

获取数据过程中可能存在客户少部分数据无法获取的情况。这种缺少数据的情况可能源于客户本身并没有产生该类数据,如零资产客户的资产类数据为空;也可能源于客户有该类数据,但在某一来源下无法成功获取。排除所有无法获取的数据的情况比例后,我们便可确定该类数据对于小微信贷产品目标客群的覆盖程度。覆盖程度越高,该类数据越可能作为通用或必要数据使用,否则只能局限于针对特定的部分客群评估使用。

5. 数据的预测能力

数据的预测能力是指基于数据所加工出来的特征变量、策略或模型对于小微信贷目标客群违约风险的预测能力,即用于风控的效果。这是决定数据能否用于风控的关键因素。但在数据价值评估环节,要确定数据的预测能力,必须建立在贷款机构已经拥有一定数量的历史目标客户样本及其违约表现的基础上。通过回溯相关样本历史时点的拟评估数据,分析得到数据对历史样本的预测能力(具体分析方法可参考第 5 章和第 6 章相关内容),由此近似得出数据对未来目标客群违约风险的预测能力。贷款机构如果没有历史样本参考,则只能通过一定时期的数据试用,在有足够违约风险表现样本的未来再行检验其预测能力。

6. 数据的获取成本

除少量非营利性质的外部数据外,绝大部分外部数据存在不同程度的获取成本,且可获取的来源越少,预测能力越强,相应的获取成本也越高。从计费方式来说,数据的获取有按查询计费、查得计费或业务规模计费的按量付费,也有按月、年等固定周期的预付费方式。相对来说,数据使用量越大,越适合采用预付费的包干方式以尽可能降低单位成本;数据使用量偏小或不确定时,适合选择按量付费的方式,以便计量成本。

数据价值的评估是为了让贷款机构正确选择适用于其小微信贷产品的数据,而价值的最终体现是数据6个方面的特性共同作用的结果。在实际的数据筛选过程中,除合规性是必要前提外,贷款机构可基于不同类型数据的预设使用场景,对不同来源的数据在准确性、稳定性和覆盖程度上设定一个最低预期,筛选出同时满足三类最低预期的数据;然后测算得到不同数据在单位获取成本上的预测能力,并据此对剩下不同类型间和同类型下不同来源间的数据进行排序;最终筛选出成本相近但预测能力明显更强的数据。

4.1.4 数据的规范与整合——清洗数据

在将数据转化为特征变量应用之前,贷款机构还需要对数据进行结构化处理,即数据清洗。数据清洗的目的是从数据应用的角度优化数据的存储逻辑,从而降低后续特征变量的衍生复杂程度,提高变量的开发效率。以企业发票数据为例,风控策略在应用数据上通常只需要观察到月份级,因此可以按照发生月份对原始数据进行汇总,形成新的数据存储结构供变量开发人员使用,省去对每个变量都需要完成的按月汇总计算步骤。

此外,当需要在同一类型数据上同时接入多个来源时,贷款机构可能会面临不同来源下数据结构不统一的问题。为了保证特征变量衍生逻辑的一致性,减少操作风险,贷款机构通常会设计一套标准的数据存储结构,将不同来源的数据按照统一的存储结构进行映射和清洗,并提供给变量开发人员使用,从而大幅提高下游变量开发环节的工作效率。

当然,对于数据的规范与整合,相关执行人员需要对数据背后的业务含义和内在逻辑有着清晰的认识，否则可能会在该环节对数据信息进行错误的表达，降低了后续应用环节的数据准确性，甚至给风控效果的评估带来严重误导。

4.1.5 数据的应用化与特征化——衍生变量

数据应用到风控策略或模型中，还需要经历衍生为变量的过程。在小微信贷风控中，衍生变量过程是利用获取的数据加工出用于风控的指标，以对客户与信贷风险相关的特征进行描述。如果说数据决定了风控策略或模型对信贷风险预测能力的上限，那么基于数据衍生的变量决定了对数据预测能力的概括程度，最终再应用于策略或模型中，以最大限度逼近预测能力的上限。

1. 衍生过程中的变量分类

根据衍生变量过程中数据应用、计算手段、取值类型等方面的差异，我们可以自然地将变量划分为不同的类型。

按照逻辑构造方式的不同，衍生变量可以分为经验衍生变量和暴力衍生变量。经验衍生变量是根据风控人员对业务场景或客群特征的认知，人为确定衍生方向和构造逻辑的变量。这种方式衍生出的变量通常具有一定的业务解释性，是风控人员经验的概括和体现。然而，它受限于个体的经验范围，并且衍生的效率较低。暴力衍生变量是由计算机按照预设的算法，如加减乘除、笛卡尔积等，从特定范围的数据及基础特征中进行随机组合构造出的变量。这种方式的好处是能够快速生成大量变量，但大部分变量不具备较好的业务解释性，且变量间的相关性较高。通常，这种方式衍生出的变量需要结合风控人员的经验做进一步筛选：一方面剔除不具备业务解释性甚至与业务解释性相悖的变量；另一方面从高相关性的变量组中剔除预测能力较差的变量。

按照所依赖的数据来源数量的不同，衍生变量可以分为单一数据源变量和跨数据源变量。单一数据源变量是指仅依赖一处来源的数据所衍生出的变量，跨数据源变量是指依赖两处及以上来源的数据所衍生出的变量。跨数据源变量由于运用到多个来源的数据，在数据源间数据非完全同质化的情况下，可以通过组合叠加的效果提升单个衍生变量的预测能力，甚至可能超过其中单一数据源的预测能力上限。但是，当变量应用的任一数据源出现问题时，跨数据源的变量效果就会受到影响。相反，单一数据源变量虽然预测能力上限更低，但不同数据源间的变量效果是完全独立的，即一个数据源的失效不会对其他数据源的变量效果造成影响。

按照构造变量的数据类型数量的不同，衍生变量可以分为单维度变量和多维度变量。单维度变量是指仅依赖一种数据类型，即单一维度所衍生出的变量。多维度变量是指依赖两种及以上数据类型所衍生出的变量。例如，要得到客户收入负债率的相关变量，则需要使用收入类数据和征信类数据作为组合进行衍生。多维度变量由于运用了多种类型的数据，能够包含更多的信息，理论上对特定数据预测能力的概括程度更高。然而，多维度变量构造的复杂程度相对单维度变量构造的复杂程度高，且可衍生的范围随维度的增加呈指数级增长。多维度变量的衍生需要相关从业者对业务场景或客群特征有着高度清晰的认知，或者通过暴力衍生方式进行大批量的探索。

按照计算方式的不同，衍生变量可以分为统计型变量和逻辑型变量。统计型变量是对数据进行量化处理的结果，如求和、求平均值、求中位数、排序等。计算得到的离散或连续数值可以直接在风控策略和模型中做进一步使用。逻辑型变量是基于特定的判断条件和输出结果之间的映射关系计算得到的离散数值或字符。逻辑型变量通常需要在风控策略和模型中做进一步判断或映射使用。

2. 衍生过程中的数据处理

数据本身存在的不准确、不稳定等问题，可以在变量衍生过程中进行优化处理。这样，在出现问题时，贷款机构可以快速定位，尽可能减小对小微信贷业务风控工作的影响。其中，最重要的是对数据缺失和异常情况的处理。

(1) 数据缺失的处理

在获取数据进行变量计算的环节，数据缺失的情况大致可以分为两类。

一类是成功获取后的数据为空，即客户本身没有产生贷款机构所需要的数据或者数据供应方没有该客户数据。对于此类数据缺失情况，贷款机构可采用以下任一方法进行缺失值处理。

1) 缺失值标识。缺失值标识是对缺失情况进行识别后，给变量附加一个特殊值（通常是无法计算得出的值）作为标识。这样做有助于风控策略在应用时识别该情况并采取相应处理措施，例如触发人工排查或跳过执行等。

2) 缺失值填充。缺失值填充有几种方法。首先，从风控策略或模型应用的角度，给变量赋予一个固定的填充值，例如，当资产类数据获取失败或结果为空时，资产总价值这一变量仍需参与到风控策略或模型计算中。为了得到计算结果且尽可能避免产生额外风险，我们可以将该变量置为 0。其次，根据规律性的认识，在不同情况下给变量赋予不同的固定值。例如，当需要使用客户增值税的税负率，但部分增值税实缴金额缺失时，贷款机构可以根据客户所在行业的经验性平均税负率进行填充。再次，根据数据之间的勾稽关系（如果有），计算得到一个值进行填充。例如，已知收入类数据中的收入规模和成本规模，但需要使用的利润规模缺失时，可以使用收入规模减去成本规模的差值进行填充。最后，采用插补运算后的值，如中位数、平均值、回归预测值等进行填充。例如，当需要使用的客户今年某月份的收入数据缺失时，贷款机构可以通过计算近 3 年内同月份收入数据的平均值作为填充值。

另一类是数据获取失败导致的数据缺失，即客户有相关数据且数据供应方具备提供的能力，但数据获取及传输过程中的技术问题导致无法正常获取。对于此类缺失情况，贷款机构首先应能实现自动化识别，并在识别的基础上建立重复尝试的机制，若为偶发的技术或通信问题，一般多次尝试获取便能解决；若为一定期间持续性技术问题，贷款机构还应建立超时响应机制，对于已经尝试超过最大容忍时限的，可按照第一类数据缺失情况，进行缺失值标识或填充处理。

（2）数据异常的处理

数据异常指的是数据的取值明显不符合规范或正常的认知范围。其中，不符合规范的情况包括数据的类型错误和数据的长度超限等；不符合正常认知范围的情况包括数据取值超过理论最大值或理论最小值，以及不在约定的枚举值范围内等。

对于数据异常的处理，最重要的是进行识别。在构造变量衍生逻辑时，贷款机构可以将数据异常的不同情况赋予特殊的标识以进行识别，尤其要避免变量衍生直接使用异常数据，以免产生错误的输出结果。

对于数据的异常值，贷款机构同样可以采用数据填充的方式进行覆盖。具体填充的方式与缺失值的处理基本一致，此处不再赘述。

4.2 小微信贷智能风控常用系统

在了解完小微信贷风控中的数据和变量后，我们有了小微信贷智能风控的基础素材。这些素材将被应用于小微信贷风控的全流程。然而，在这个过程中，我们需要相应的系统来支持变量的动态管理、策略和模型的上线和运行，以及整个小微信贷贷前、贷中、贷后全流程的智能化实现。本节将围绕小微信贷智能风控中的常用系统，从风控从业者的视角，介绍如何从系统功能上实现小微信贷风控智能化。

4.2.1 变量管理系统

顾名思义，变量管理系统是对变量的全生命周期进行管理的系统。该系统功能可充分支持变量的设计、开发、上线、验证、维护、效果分析和效果监控等。

1. 系统功能需求

变量管理系统对风控的功能化支持主要体现在以下几方面。

一是变量库及其检索功能。变量库对变量间的要素集成统一管理,能够有效支持多个风控人员的协同工作。变量的唯一识别标识、名称、所依赖的数据源、构造逻辑、取值类型、开发状态、使用去向、变更记录等要素,既是风控人员认识变量的基础,也是进行变量检索的关键条件。变量库及其检索功能的实现,能有效提升小微信贷风控人员在制定风控策略和开发风控模型时筛选变量的效率。

二是实时和离线计算功能。变量计算是变量管理系统最重要的功能,而计算又可以分为实时计算和离线计算两种。其中,实时计算功能集成了计算数据的调用、计算执行、将计算结果响应至变量调用服务等环节,下游的变量使用方仅需要向变量管理系统发送获取指定实时计算变量的指令即可。离线计算功能是使用离线存储的数据进行变量计算的功能。在完成新变量开发后,需要基于历史样本评估新变量效果,离线计算功能可以针对已表现成熟的数据样本,使用历史数据计算得到样本在贷款审批时点的变量结果,供风控人员进一步评估新开发变量对历史样本违约风险的预测能力。

三是可配置的监控分析功能。在完成变量开发并上线应用后,风控人员仍需要对数据和变量的使用情况进行一系列的监控,具体监控指标如下。

1)应用方调用变量服务的次数、成功获取变量的次数及占比。

2)数据源的调用次数、调用成功次数及占比。

3)变量缺失值、异常值的占比。

4)变量值(非缺失值和异常值)的统计分布等。

监控是为了分析得到数据和变量的使用效果,以更好地改进变量逻辑或替换效果更好的变量。对于变量监控分析,变量管理系统应能提供可配置的监控手段,即可以由风控人员自行配置监控的时间范围、对象、指标等,以提高变量优化和迭代的效率。

2. 系统架构

变量管理系统既是上游数据的风控级应用方,也是下游决策系统的数据提供方,承担了一个数据加工中台的角色。如图4-1所示,变量管理系统基于外部的变量应用请求,或系统内部离线分析的需求,从数据网关(提供外部数据交互服务)接入的外部实时数据、内部实时数据、内部数据库的大批量离线数据中获取所需的数据,再通过内嵌的计算引擎和变量衍生逻辑计算得出变量结果,并返回给需求的发起方。

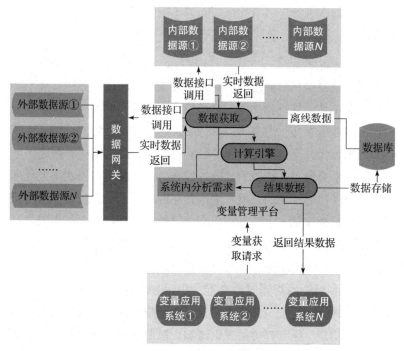

图 4-1 变量管理系统架构

3. 优化方向

变量管理系统未来的优化方向是在变量开发环节完全脱离传统的硬编码方式，转为配置化的，甚至智能化的快速批量开发。系统可根据风控人员设定的应用数据类型、应用数据源数量、变量效果要求（基于离线数据算得）等条件，利用集成的算法实现自动化的变量探寻，从而实现变量设计和开发一体化，并大幅提升变量衍生的工作效率。

4.2.2 风控决策引擎

风控决策引擎是基于变量的输入，按照风控策略或模型的设定规则进行运算并输出决策结果的系统。一套完善的风控决策引擎可以协助风控人员进行策略和模型的全生命周期管理，快速高效地实现策略和模型迭代，并降低开发成本。

1. 系统功能需求

风控决策引擎对风控的功能化支持主要体现在以下几方面。

一是高性能的计算功能。小微信贷风控策略和模型的设计逻辑中往往包含了多样化的逻辑运算，以及各类复杂算法的运用，当短时间内出现大并发量的计算任务时，要实现快速的响应。因此，风控决策引擎必须具备高效的计算处理能力。计算能力固然很大程度上是由硬件性能决定的，但系统本身在内嵌计算处理逻辑和通用算法上的规范和优化，也能大幅提高计算效率。从这一方面来说，对于采用硬编码实现策略和模型计算逻辑的风控决策引擎来说，相似算法规则下编码的不统一可能会影响计算效率。

二是多层级的规则管理功能。将风控策略的逻辑转化为风控决策引擎的部署规则，并配置于指定的信贷产品，是风控决策引擎的最基本功能。随着部署的规则增加，按照规则的基本要素，如所属信贷产品、所应用的场景、所应用的变量类型、防范的风险类型等进行分类管理,能有效实现规则的快速检索和配置,以及规则运行过程中的问题定位。此外,规则作为决策引擎中解释风控策略的最小单元,在具体应用于某一产品或某一类特定风险防控时,可以组合为规则集进行模块化的配置。同时,模块间或模块与规则间可以进一步构成决策流。这种多层级的规则管理模式,可以将信贷产品复杂的风控策略集合在执行层面并转化为结构清晰的决策运行流程,在策略迭代时,快速找到对应决策流、规则集或规则进行修订,也能够在一定程度上降低策略配置环节出错的风险。

三是多版本的分流管理功能。当存在多套风控策略或模型方案,或者需要进行大规模的部署调整时,将样本在多版本的风控策略或模型中按固定比例随机分流执行,或者对变动较大的新版本进行模拟运行测试(仅产生运行结果数据,但运行结果数据不在信贷风控中生效),是比较常见的一种做法。因此,风控决策引擎应当具备多版本决策的分流管理功能,并能主动进行分流比例的调整。

四是强兼容的模型管理功能。模型在算法、变量的使用上通常较策略更为复杂,采用硬编码方式进行开发不仅更加耗费人效,而且开发环节一旦出现问题,上线后定位的难度也较大。为解决这一问题,风控决策引擎需要充分兼容多种算法的风控模型编码,甚至可以以标准化配置的形式进行模型部署,由此实现对入模变量、计算过程和模型结果的全面穿透式管理。

五是自助式监控分析功能。风控决策引擎作为风控策略和模型的执行者,可以实时或离线产生大量执行结果数据。离线结果数据可以交由其他系统进行获取和处理,但实时结果数据的查询或统计依然需要风控决策引擎进行支持。相关的监控内容如下。

1)单个样本的决策结果,以及特定规则、规则集、决策流的执行和命中明细。

2)某一样本集合的决策结果统计,以及特定规则、规则集、决策流的执行和命中结果统计。

3)单个样本的模型结果、模型的入模变量结果明细。

4)某一样本集合的模型结果统计、模型的入模变量结果统计等。

监控的目的是及时发现风控策略和模型执行过程中的问题,保证风控决策引擎中的部署内容与风控需求一致。当某一样本集合决策结果的统计性指标与预期严重偏离时,风控人员可以通过在风控决策引擎中抽样查看个别样本的决策明细进行问题的快速定位。这种自助式监控分析功能可以大幅缩短规则部署问题的暴露时长。

2. 架构

如图 4-2 所示,风控决策引擎的所有输入必须依赖于变量管理

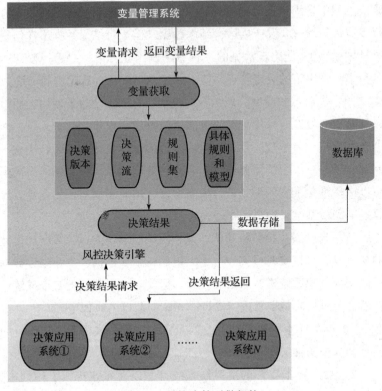

图 4-2 风控决策引擎架构

系统。如果不存在变量管理系统，风控决策引擎则需要兼容变量管理系统的功能。系统功能的执行也需要由下游应用系统触发。在获取变量后，风控决策引擎需按照内设的决策版本、决策流、规则集、具体规则和模型，完成多层级的计算执行和结果输出。同时，将执行结果反馈给需求方，并将相关的执行数据和结果数据按照预设的规则入库。

3. 优化方向

风控决策引擎未来重点的优化方向是实现实时的策略和模型效能诊断分析、预警，甚至智能化的自动调优（在设定的范围内）。这将大幅减少风控人员常态化的小幅策略迭代工作，以将节省下来的人效投到重点风控问题的攻坚克难中。

4.2.3 人工审核系统

对于部分小微信贷产品，为了加强贷款审批的全面性，形成对自动化审批策略的有效补充，小微信贷审批人员会参与到贷款审核环节（即人工审核环节）。而在线上小微信贷产品中，人工审核环节的实现必须要依赖于人工审核系统。一套完善的人工审核系统可以高效地助力审核人员掌握客户信息和完成审核流程，在保证审核质量的同时缩短审核时间。

1. 系统功能需求

人工审核系统对风控的功能化支持主要体现在以下几方面。

一是分级审批的流程管理和权限管理。由于人工审核可能涉及复杂的信息消化和处理，为提高审核效率，尽可能减少个人主观因素的过度影响，分工协作、分级审核是人工审核中最常见的一种作业机制。在系统层面实现这一点，一方面要根据不同层级的审核职能配置不同的审核信息、审核工具和处理权限，确保各级审核人员聚焦本级职能，减少非必要信息的暴露和越权操作的发生；另一方面要合理实现各级审核人员的作业流转机制，保证审核流程与风控目标相适应。

二是简洁全面的信息可视化功能。人工审核系统的主要使用者是信贷审核人员，正确完成审核作业的前提是充分掌握审核信息。但是，相较于自动化规则并行处理信息而言，人为的信息消化效率是极低的。为尽可能提高审核人员信息接收的效率，人工审核系统必须具备简洁全面的信息可视化界面，不仅要全面呈现可用的风控信息，而且呈现的结构清晰、突出重点，便于审核人员进行操作。

三是对各类审批工具的高兼容性。人工审核环节除了需对已获取信息的审阅和审核结果的处理，还可能涉及额外的与外部交互的操作，如主动查询未获取的信息，通过电话、远程视频等方式与客户、营销人员进行交互等。这些行为都需要依托相关的审批工具实现，包括外部数据查询接口、外呼工具、远程视频工具等。而人工审核系统集成的审批工具越多，对其稳定性和兼容性的要求也就越高。因此，人工审核系统需要具备对各类审批工具的高兼容性。

四是自定义的路由配置功能。对于进件高并发的小微信贷产品，如果审核人员数量有限，审核排队的情形很容易出现。为合理控制单个客户排队时间，尤其是重要客户的排队时间，人工审核系统需要实现基于预设规则的派单机制，比如等待时间越长、贷款金额越高的客户优先进入审核。具体的路由要素可基于产品需求进行配置，并根据效益最大化的原则实现审核资源的最佳配置。

2. 系统架构

人工审核系统实质上是一个辅助人发挥风控决策引擎作用的系统。如图4-3所示，人工审核系统需要从变量管理系统、风控决策引擎、内外部数据源和内部数据库中收集尽可能多的风控信息，满足综合化的人工审核需求,并最终由审核人员产出决策结果作为重要输出。人工审核是整个产品风控流程的子环节,触发仍然是由风控决策引擎根据预设规则发起的。当然,如果存在其他非风控场景的人工审核需求,其他系统也可能发起人工审核系统的调用,如客户上传资料环节的人工审核、开户环节的人工审核等。

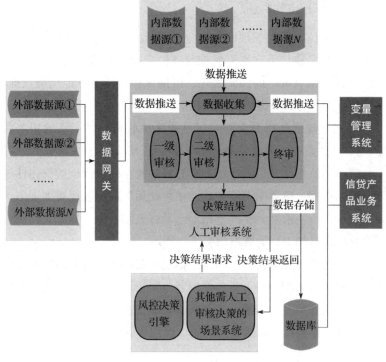

图 4-3 人工审核系统架构

3. 优化方向

人工审核系统的优化方向是在审批工具上进行持续的拓展,以及在使用体验上进行不断的完善。作为一个辅助人为操作的系统,不同的贷款机构和信贷产品可能会朝着不同的定制化方向发展。然而，从智能化风控发展的角度来看，如果人的经验能够被总结并替代为自动化的规则，或者相对规范的审核流程能够被机器模拟，那么在整个风控流程中，人工审核系统的作用应该随着智能化风控的发展逐步削弱，而不是在相关系统上持续投入过多的开发资源。

4.2.4 数据分析系统

应用于信贷风控领域的数据分析系统是一个工具，用于收集、统计加工和可视化呈现所有风控信息。它能够支持风控人员查询、评估和预测信贷资产的风险表现，帮助风控人员更好地理解数据，发现数据的趋势，并做出改善风控的决策。

首先，数据分析系统需要尽可能多地收集信贷产品的相关数据，并对数据进行清洗、整理和转换，以形成便于快速载入、加工和建模的数据结构。其次，数据分析系统会通过集成的描述性统计、数据挖掘、机器学习等方式，按照使用者的配置逻辑加工出需要的数据内容。最后，在此基础上，通过表格、图表的方式，利用可视化模块对加工后的数据内容进行展示。

数据分析系统是贷款机构内与信贷产品相关的各类岗位在日常工作中的基本决策分析工具，使用者不限于风控人员。因此，在相关数据和报表的开放权限上，贷款机构应根据不同岗位职责分开设立，以免因不当授权造成数据泄露、滥用等问题。

4.2.5 客户运营系统

客户运营系统是在小微信贷环节实现对存量客户价值挖掘、营销等运营动作的系统。客户运营系统虽然主要侧重于贷中环节的客户运营管理，而不是直接用于贷前和贷中的风控流程，但由于运营的相关策略很大程度上基于风控决策的结果，因此在设计上仍然需要充分考虑对风控的支持。

1. 系统功能需求

客户运营系统对风控的功能化支持主要体现在以下几方面。

一是与风控标签的互相反哺。运营对象的确定通常要根据风控标签进行筛选。这些标签可能来源于风控策略或模型对客户近期风险水平的评估，或者近期还款表现的总结。运营营销会偏好于风险水平更低、近期还款表现良好的客户。在贷中运营过程中，通过与客户的接触，同样能一定程度上了解客户近期的风险情况和资金需求，并形成运营标签库。这些标签也能对贷中风控进行反哺，成为客户贷中风险评估的依据之一。因此，客户运营系统需要打通与风险标签库的读取和写入通道，以形成风控和运营互相反哺的机制。

二是运营工具的使用管理。客户运营中使用的诸多工具，如利率折扣、额度提升、还款计划变更等，都是可能影响客户未来的风险表现。因此，相关工具具体使用时，比如利率折扣的最大比例、额度提升的最大金额、还款期限变更的最长期限等，都需要通过风控策略进行评估和具体决策。最常见的做法是，风控策略或模型根据对客户的风险评估形成风险标签。不同的风险标签可能对应不同的利率折扣范围、额度提升范围、还款期限变更范围等。客户运营系统再通过此标签对相应的客户运营工具的使用范围进行限制，即在系统功能层面形成面向客户的运营工具使用权限管理。

2. 架构

客户运营系统独立于特定的风控流程之外，主要与存有客户数据的数据库或者基于风控决策引擎实时调用的特定风控策略或模块发生交互。如图4-4所示，客户运营系统在进行相关运营任务派单前，需要调用特定数据库中离线存储的客户风险标签，或者调用风控决策引擎的风险标签评估模块，获取风险标签结果，然后根据基于标签设定的运营规则，形成最终的任务派单，并交付给对外执行的模块或系统使用。

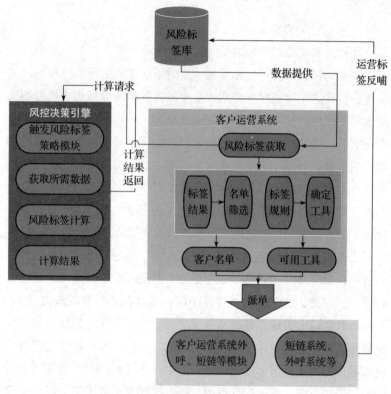

图 4-4 客户运营系统架构

3. 优化方向

客户运营系统未来的优化方向是与人工智能技术结合；通过智能外呼，模拟真实客服与客户进行交互，并不断完善客户画像；围绕不同的客户，打造全天候的精细化运营体系。

4.2.6 贷后催收系统

贷后催收系统是用于预催收、催收等贷后风控场景的系统，旨在为贷后催收相关风控人员提供作业辅助。一个完善的贷后催收系统可以帮助催收人员及时了解入催客户的情况，并做出催收策略决策，从而提高催收效率和催回概率。

1. 系统功能需求贷后催收系统对风控的功能化支持主要体现在以下几方面。

首先，贷后催收系统应具备自动化的入催派单功能。该系统需要与信贷产品的业务系统对接，将入催派单功能与业务系统实时产生的还款数据进行联动；同时，结合获取的风险标签、历史还款表现等数据，按照预设的派单规则，形成自动化的入催派单机制。这样可以对不同风险水平和不同催收难度的客户匹配不同的催收手段和拥有不同催收专长的催员。

其次，贷后催收系统支持标准化的API接入。在存在外部催收合作机构协助催收的情况下，为了综合分析委外催收情况和自主催收情况，贷后催收系统必须实现委外催收数据的及时交互。因此，贷后催收系统需要向外部催收合作机构提供标准化的API规范和相应的接入支持，以协助内部催收风控人员实现对委外催收案件的分类管理和催收进度追踪监控等。

再次，贷后催收系统与贷前、贷中的风险标签相互反哺。类似于客户运营系统，贷后催收系统作为一套独立的风控环节流程管理系统，一方面可以利用贷前、贷中的风控数据为贷后催收策略提供支持；另一方面能将从催收环节获取的数据形成独立的标签，反馈到贷前、贷中的风控策略制定中。

最后，贷后催收系统具备对各类催收工具的高兼容性。贷后催收环节涉及多种催收工具的使用，包括主动查询外部信息、触达客户、语音识别（用于质检等）等工具。因此，贷后催收系统需要具备集成多项功能模块的高兼容性。

2. 架构

贷后催收系统与其他常用的风控系统最大的区别在于其管理任务仅有触发部分——由客户在业务系统的还款行为触发，而不需要响应反馈。最终的催收管理成效仍然需要由业务系统进行单方面的终止。因此，如图4-5所示，贷后催收系统的架构是一个仅包含单方面请求或信息同步的架构，系统本身侧重于对任务的跟踪管理和辅助决策。

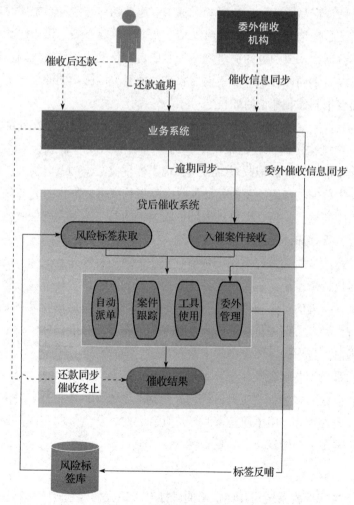

图4-5　贷后催收系统架构

3. 优化方向

贷后催收系统未来的重点优化方向在于完善法诉集成功能。通过与相关的调解或诉讼服务机构合作，实现自动化整合法诉材料，并实现线上的一键式诉讼。这样可以大幅提高法诉的效率，抓住催收的先机，提高催收效果。

4.3 本章小结

数据和变量能力的建设对风控策略或模型的最终效果至关重要。在数据和变量能力的建设过程中，每个环节都不容忽视。从正确认识数据、锁定数据来源，到评估数据价值、优化数据结构并凝练成可用的变量，每个步骤的实施都为后续风控策略的制定和模型的建立打下了坚实的基础。小微信贷风控从业者，尤其是风控策略的制定者，应全面参与数据和变量能力的建设工作。

小微信贷智能风控常用系统时刻为小微信贷风控工作提供支持，甚至发挥着核心作用。每一项功能的补充和完善都可能大幅提升风控人员的工作效率，节省大量人力成本。对于大部分贷款机构而言，无论自主研发还是外部采购相关系统，小微信贷风控从业者作为主要使用者，都应主动参与到对应系统的需求评估工作中，助力风控工作高效化、便利化开展。

第 5 章

小微信贷风控模型

随着大数据和人工智能的发展，利用人工智能相关算法构建的基于大数据的模型越来越精准，应用场景也越来越广泛。在金融信贷领域，得益于科技的进步，传统风控正在快速向智能风控转变，风控效率从早期的以天为单位发展到现在的以秒为单位。在传统风控中，风控主要依赖人工审核和专家经验；而在智能风控中，风控主要依赖基于大数据和算法训练出来的自动化审批模型和规则。在智能风控阶段，模型起着非常重要的作用。本章主要介绍模型在小微信贷风控领域的应用。

5.1 风控模型定义

从宏观层面讲，模型是对现实事物或事物运动规律的抽象，可以是概念性的思维模型，也可以是刻画事物运动规律的量化模型。一言以蔽之，模型可以被视为一种向人们提供世界运动规律的范式。

在金融风控领域，模型是金融机构针对特定风控场景的风控问题点的解决方案。基于一定的前提假设，模型将历史经验总结为一种具体的范式（如专家评分卡模型），或者通过运用统计学习和最优化方法从历史数据中求解出一种最优参数的范式。换句话说，我们可以将风控模型看作解决某个特定问题的范式，这个范式可以更好地帮助风控人员解决风控问题，并快速进行风控决策。

5.2 风险模型体系搭建

如图 5-1 所示，风控模型主要由风险模型、运营模型和功能模型构成。风险模型主要用于预测客户在未来一段时间内是否会逾期；运营模型主要是指为精准定位运营客群、提升运营效率而开发的模型；功能模型主要是指除风险和运营模型之外的其他模型。常见的风险模型有申请评分卡（Application Score Card，即我们常说的 A 卡）模型、行为评分卡（Behavior Score Card，即我们常说的

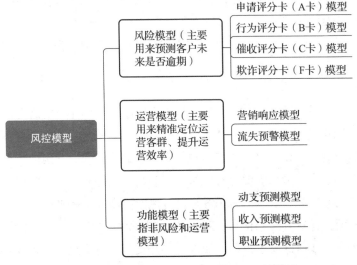

图 5-1　风控模型框架及一些常见的风控模型

B卡）模型、催收评分卡（Collection Score Card，即我们常说的C卡）模型、欺诈评分卡（Fraud Score Card，即我们常说的F卡）模型等。常见的运营模型有营销响应模型（预测营销后客户是否响应）、流失预警模型（预测未来一段时间客户是否流失）等。常见的功能模型有动支预测模型（预测未来一段时间客户是否发生支用）、收入预测模型（预测客户收入）、职业预测模型（预测客户职业）等。

在风控领域，我们开发的绝大多数模型是风险模型，因此如何搭建风险模型体系是我们重点关注的问题。金融机构在搭建风险模型体系时，通常需要回答以下几个问题，只有这些问题得到解答，才能确保风险模型体系的清晰性。

1）问题1：在开发风险模型时，对于同一类模型（如A卡）往往要开发多个才能满足风控需求，那么我们在开发这些模型时是否需要分主次，并基于模型主次确定模型的应用场景？

2）问题2：对于同一类风险模型，若这些模型有主次之分，主模型和非主模型的定义及区别是什么？

3）问题3：在进行建模的时候，如何合理选择建模方法，提升风控效率？

上述3个问题可以用8个字来回答：一主多辅，先简后繁。

5.2.1 一主多辅

一主多辅是指在搭建风险模型框架时，需要有主次之分。在开发同类模型（如A卡、B卡、C卡）时，应开发一个主模型和多个辅模型。主模型是考虑了客户各个维度的风险指标开发的综合模型，属于大模型，需要耗费大量时间和精力进行开发。辅模型是对主模型的补充，可以只考虑客户部分风险维度的指标来开发，属于小模型，耗费时间和精力相对较少。在实际生产中，可以根据具体情况决定如何开发主模型，如可以先开发多个辅模型，然后对辅模型进行融合来构建一个主模型；也可以在各个维度的风险指标构建完成后直接开发主模型，然后再开发辅模型。

确定了一主多辅的风险模型框架后，同类模型中辅模型的开发数量越多越好吗？当然不是。新开发的辅模型与已有模型的线性相关系数不超过 0.75 才建议部署上线进行风险决策。如果新开发的模型与已有同类模型的线性相关系数过高，就等于开发了一个重复的模型，没有必要浪费资源进行部署上线。

风险模型开发完成后，最终需要交付给风控策略人员使用。基于一主多辅的模型定位，主模型主要用于客群分层、风险审批、定额定价、调额调价、客群质量监控等；辅模型主要用于风险审批，辅助主模型进行风险管控。如果在开发同类模型时不分主次，那么在开发了多个模型并交付给风控策略人员后，他们使用起来会很麻烦，甚至会感到困惑，需要对比分析多个模型后才能确定不同模型的使用场景。

一主多辅主要用来回答上面的问题 1 和问题 2，问题 3 主要由"先简后繁"来回答。

5.2.2 先简后繁

在回答问题 3 之前，先来介绍一下在统计学领域比较有名的奥卡姆剃刀原理。奥卡姆剃刀原理又被称为"奥康的剃刀"，它是由 14 世纪出生于英国奥卡姆的威廉（William of Occam）提出的。这个原理认为"如无必要，勿增实体"，即凡事都要遵从"简单有效"的原则。正如威廉在《箴言书注》中所说：切勿浪费较多东西去做那些用较少的东西同样可以做好的事情。奥卡姆剃刀原理告诉我们在处理事情时，把握事情的本质，解决最根本的问题，尤其要顺其自然，遵循自然规律，不要把事情人为地复杂化，这样才能更快、更有效率地把事情处理好。

在这里，先简后繁是指在选择模型开发方法时，要遵循奥卡姆剃刀原理，即在进行建模的时候，能用简单的方法取得比较好的模型效果,就没必要大费周章地用非常复杂、看起来高大上的方法去建模。这样即使模型效果有微弱的提升,但是由此带来的开发、部署、维护成本也会大幅上升,由此增加的边际效益可能是负值。只有当简单的模型开发方法难以取得较好的模型效果时,才建议去尝试复杂的建模方法,如开发多个子模型后,将子模型作为入模变量进行二次建模等。

5.3 风控模型全生命周期管理

如图 5-2 所示,一个完整的风控模型全生命周期包括模型的开发、评审、部署、监控、迭代、下线环节。上述环节构成了风控模型全生命周期管理闭环。在实践中,上述每个环节都需要按照相应的标准进行管理,以确保模型的稳定性和有效性。

图 5-2 风控模型全生命周期管理

5.3.1 模型开发

在实际生产中,我们开发的绝大部分风控模型是有监督模型

[即在模型训练时需要提供目标字段（标签字段）的模型]，较少涉及无监督模型（即在模型训练时不需要提供目标字段的模型）。本节以有监督模型的开发为例，阐述模型开发涉及的10个步骤。

1. 业务理解

风控模型的开发都是由业务驱动的，即模型是为业务的顺利开展服务的。基于什么样的数据开发什么样的模型，要解决什么问题，主要是由业务人员（如风控策略人员）提出的，模型人员基于业务人员的需求进行模型设计和开发。例如，风控策略人员在贷前授信审批时需要识别高风险客群并拒绝此类客群的进件，就会提出A卡的开发需求；在贷中拦截风险交易并对存量客群进行风险评级时，就会提出B卡的开发需求；在贷后识别逾期客群在未来一段时间催回可能性时，就会提出C卡的开发需求。模型人员根据详细的需求设计模型开发方案并进行模型开发。

总而言之，在建模之前必须充分理解业务需求，遵循业务指导建模的原则，确保模型为业务服务。

2. 确定数据来源

数据对于模型的重要性就像食材对于厨师一样，数据的好坏在很大程度上决定了模型的上限。在建模过程中，选择适当的算法只是逼近这个上限，因此数据对最终的模型结果具有至关重要的作用。

在充分理解业务需求后，我们需要清楚地知道有哪些可用的数据，包括但不限于数据来源、数据维度、数据量和数据时间跨度等。在对数据现状有足够的了解后，我们可以基于数据情况筛选建模样本，确定目标字段，构建特征工程等，为后续模型拟合做准备。

3. 目标字段定义和建模样本筛选

在进行有监督模型开发时，我们需要确定目标字段。以风险模型为例，它主要用来预测客户未来的表现，即我们需要明确在什么时间点预测未来多久客户会变坏。此时预测的时间点就是我们常常提到的观察点。观察点前后分别是观察期和表现期。观察期是观察客户行为的时间区间,通常不超过 2 年。我们在进行变量衍生的时候通常将变量加工的时间切片跨度控制在不大于观察期的范围,如最近 1、3、6、9、12、18、24 个月的贷款审批查询机构数。表现期具体定多长,需要结合业务情况和数据分析结果确定(基于业务经验,很多小微信贷产品的表现期为 6～12 个月),通常不建议太短或太长。表现期太短,建模时虽然能够用距离表现期结束时间点较近的样本信息,但客户风险还未完全暴露,目标字段标记的坏客户是不足的,模型识别到的大多是比较早逾期的客户,对于中长期逾期客户不能较好地识别;表现期越长,客户风险暴露越彻底,但也意味着观察点离表现期结束时间点越远,用于提取样本特征的历史数据越陈旧,在应用模型时出现偏差的可能性也越大,模型预测的准确性可能会比较差。所以,合理选择表现期至关重要。图 5-3 是一个简单的观察期和表现期的示例。简单来讲,观察期是构造特征变量的时间跨度,观察点是观察期和表现期的分割点,表现期反映观察点后多长时间客户风险会彻底暴露。

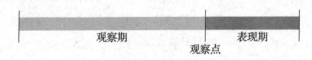

图 5-3　观察期和表现期示例

如何确定什么样的客户是坏客户以及表现期的时间跨度?通常需要结合迁徙率(或者滚动率)分析和 Vintage 分析。迁徙率分析用于确定客户的好坏程度,Vintage 分析用于确定合适的表现期。

在介绍迁徙率之前,我们需要引入逾期阶段的概念。根据逾期天数的不同,可以将客户分为 M0～M7 等 8 个阶段。没有逾期的是 M0，逾期 1~29 天的是 M1，逾期 30~59 天的是 M2，以此类推，逾期 150～179 天的是 M6，逾期大于或等于 180 天的是 M7。迁徙率就是处于某一逾期阶段的客户转移到下一逾期阶段的比例。虽然划分了多个逾期阶段，但是在实际生产中，往往逾期超过 30 天回款的概率就比较低了。表 5-1 是某小微信贷产品在 2022 年 5 月至 2022 年 10 月笔数口径下的迁徙率。从表中可以看到，处于 M2 及以后逾期阶段的样本基本上会向下一逾期阶段迁移，即 M2 及以后逾期阶段的样本可以定义为坏样本。

表 5-1　某小微信贷产品笔数口径下的迁徙率示例

阶段	2022 年 5 月	2022 年 6 月	2022 年 7 月	2022 年 8 月	2022 年 9 月	2022 年 10 月
M0 → M1	0.7%	0.7%	0.7%	0.7%	1.1%	0.6%
M1 → M2	78.1%	73.1%	65.6%	72.9%	67.8%	57.0%
M2 → M3	94.7%	97.3%	88.5%	91.0%	91.1%	89.7%
M3 → M4	95.1%	95.5%	99.2%	98.2%	98.1%	95.9%
M4 → M5	99.4%	99.4%	95.3%	97.3%	99.0%	100.0%
M5 → M6	98.6%	99.6%	99.5%	99.6%	97.3%	98.1%
M6 → M7	100.0%	100.0%	100.0%	99.8%	99.9%	99.0%

滚动率与迁徙率有相似之处，可以反映从某一观察点前一段时间的逾期状态向观察点后一段时间的逾期状态的发展变化情况。表 5-2 展示了另一个小微信贷产品笔数口径下的滚动率数据。表中将逾期阶段划分为 5 个等级，其中 M3+ 表示 M4 及以后的逾期阶段。观察点设定为 2023 年 1 月 1 日，此次选取了观察点前 3 个月的大盘样本，并分析了这些样本在观察点后 6 个月所处的逾期阶段变化情况。可以看出，处于 M2 及以后逾期阶段的样本在表现期内大部分会恶化，即向下一逾期阶段滚动。因此，可以将处于 M2 及以后逾期阶段的样本定义为坏样本。

表 5-2　某小微信贷产品笔数口径下的滚动率示例

阶段	M0	M1	M2	M3	M3+	总计	好转率	保持率	恶化率
M0	98%	2%	0%	0%	0%	100%	—	98%	2%
M1	55%	12%	33%	0%	0%	100%	55%	12%	33%
M2	5%	8%	17%	70%	0%	100%	13%	17%	70%
M3	2%	2%	4%	8%	84%	100%	8%	8%	84%
M3+	1%	1%	2%	3%	93%	100%	4%	3%	93%

在介绍了基于迁徙率和滚动率确定坏样本的方法后，接下来结合 Vintage 分析确定坏样本的表现期。Vintage 一词来源于葡萄酒行业。Vintage 分析主要用来评估不同年份产的葡萄酒的品质随着窖藏时间的推移而发生的变化。窖藏一定年份后，葡萄酒的品质会趋于稳定。借鉴葡萄酒的 Vintage 分析，风控的 Vintage 分析不仅可以用来分析不同时间段放贷资产在未来不同账龄（Moth On Book，MOB）的风险表现情况和风险充分暴露所需的时间，还可以用来分析不同时间段风控的有效性等。总而言之，风控 Vintage 分析的核心思想是对不同时期的放贷资产分别进行跟踪，按照账龄的长短进行横向和纵向对比，从而了解不同时期放贷资产的风险情况及逾期样本趋于稳定的时间，这个时间对应的就是我们提到的表现期。

假设我们基于迁徙率分析或者滚动率分析确定了处于 M2 及以后逾期阶段的样本为坏样本，那么坏样本的表现期定为多久合适呢？图 5-4 为某个最长借款期限为 24 期的小微信贷产品 M1+（逾期 M2 及以后阶段）样本的 Vintage 曲线示例。可以看到，在 MOB11 及之后，Vintage 曲线逐渐走平，可以认为在 MOB11 及以后坏样本基本上完全表现出来了。表现期可定为 11 期，即 11 个月。

在做完上述分析后，我们将迁徙率或滚动率分析的结果以及 Vintage 分析的结果结合起来定义目标字段。样本经过 11 期表现期后，逾期状态为 M1+（逾期大于或等于 30 天）的样本为坏样本，逾期状态为 M0 的样本为好样本，逾期状态为 M1 的样本为灰样本。

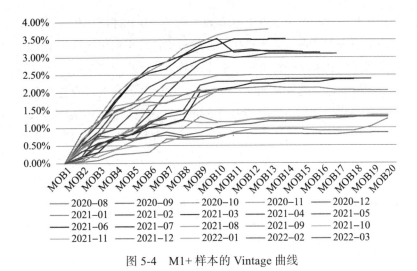

图 5-4　M1+ 样本的 Vintage 曲线

在建模时，我们往往会剔除灰样本，只选择好、坏样本建模。需要补充说明的是，还有一些样本表现期不足 11 期，即样本还未成熟，无法定义好坏，也就是不确定样本。这些样本通常是会被排除在建模样本之外的，但也不是绝对的，如果在真实建模时坏样本不足，也可以适当将一些表现期不够的坏样本纳入建模样本，以增加坏样本数量，提升模型识别坏样本的能力。

在建模时，我们通常需要筛选一部分样本用于训练和测试模型，同时预留一部分跨时间段的样本来验证模型的有效性。因此，我们需要基于数据量、坏样本量等指标合理地对样本进行划分，以确保在模型训练、测试和验证阶段预留的样本充足、有效，并且样本间的差异在可接受范围内。这可以通过观察不同样本中坏样本占比是否相差过大来实现，通常情况下建议不要相差太大。此外，不同建模样本集中的坏样本量通常也不能太少，否则得出的结论可能会出现偏差。只有合理划分建模样本，才能得出比较准确的建模结论。

4. 构建模型变量池

构建模型变量池的过程其实就是我们常提到的特征工程，即在建模前要设计和衍生足够多且有效的变量，这样才能比较有效地支撑模型的开发。在实际生产中，金融机构往往会衍生出成千上万的变量供模型和策略分析使用，变量的效能往往决定了最终的风控结果。如何构建模型变量池呢？其实很简单，我们在进行变量衍生之前要先想清楚评估一个小微企业的风险状况需要哪些维度的变量，在想清楚后从这些维度进行变量衍生或三方数据源引入即可。小微企业的风险通常包括企业主的风险与企业本身的风险两部分。在确定了与企业主和企业相关的风险维度后，结合时间切片和相关算子从上述维度进行变量衍生。在进行变量衍生时，建议多考虑变量的业务解释性，不建议一开始就批量暴力衍生变量。表 5-3 是小微企业风控变量衍生维度示例。

5. 变量分析和筛选

变量分析和筛选的过程其实就是我们常提到的特征选择的过程。在构建完建模变量池后，我们需要从中挑选出效果好的变量进行建模。变量分析和筛选主要从变量描述性统计分析、变量效果分析和变量稳定性分析三方面展开。

变量描述性统计分析主要对变量进行概览，并从中剔除建模无法使用的变量。变量描述性统计分析主要从变量的集中趋势、离散程度和分布情况三大维度进行。常见的描述变量集中趋势的指标有众数、中位数、分位数、平均数（均值）等，描述变量离散程度的统计指标有极差、异众比率（非众数占总样本量的比例，异众比率越大，证明非众数的比例越大，众数的代表性越差）、四分位差、方差、标准差、离散系数等，描述变量分布情况的指标有偏态系数和峰态系数。在进行变量描述性统计分析时，若分析的变量是数值型变量，主要分析变量的缺失率、取值个数、众数、众数占比、最大值、最小值、均值、四分位差、方差、标准差、离散系数、偏态系数、峰态系数等指标；若分析的是分类型变量，主要分析变量的

表 5-3 小微企业风控变量衍生维度示例

序号	数据主体	变量衍生一级分类维度举例	变量衍生二级分类维度举例	变量衍生三级分类维度举例	变量衍生算子举例
1	个人	反欺诈	身份认证	身份证、手机号、银行卡、地址	1）利用统计学方法结合时间切片求和、积、商、众数、最大值、最小值、均值、方差、标准差、倒数、分位数、对数、同比、环比、斜率、离散系数等 2）基于业务经验设计变量、识别风险等 3）简单或者已有的一些指标不做加工直接使用等 4）基于机器学习方法自动衍生变量等
2			黑灰名单	欺诈、失信、涉诉、负面名单	
3			关联关系	联系人命中黑/灰名单、客户关联设备数、客户关联手机号数、客户关联IP地址数、客户关联关系人数、设备关联客户数	
4			欺诈行为识别	设备异常、行为异常、电信诈骗、网络诈骗、养卡行为	
5			反欺诈评分	反欺诈评分（已有的综合评分也可以作为变量入模）	
6		信用	基本信息	性别、年龄、教育、婚姻、户籍、职业	
7			资产信息	房、车、资金财富	
8			收入信息	社保、公积金、个税、交易流水、收入预测	
9			负债信息	车贷、房贷、贷款负债、贷记卡负债、相关还款责任	
10			行为偏好	出行行为、设备行为、申请行为、消费行为	
11			信贷历史	开户时长、新开立账户、使用年限、放款行为、账户信息	
12			履约历史	逾期行为、还款行为	
13			违法涉诉	司法涉诉	
14			行政奖惩	行政奖惩	
15			综合评分	信用评分	
16	企业	反欺诈	企业身份认证	企业是否存续、企业经营期限到期	
17			人企交叉验证	客户是否企业法人、客户是否企业股东、客户是否企业高管	

（续）

序号	数据主体	变量衍生一级分类维度举例	变量衍生二级分类维度举例	变量衍生三级分类维度举例	变量衍生算子举例
18	企业	反欺诈	黑/灰名单	企业欺诈名单、空壳团伙、傀儡公司、套牌公司、僵尸企业、无实际经营、借壳经营、经营地址存疑、失信、老赖、限高、犯罪	1）利用统计学方法结合时间切片求和、积、商、最小值、最大值、均值、方差、标准差、倒数、分位数、对数、同比、环比、斜率、离散系数等 2）基于业务经验设计变量、识别风险等 3）简单或者已有的一些指标不做加工直接使用等 4）基于机器学习方法自动衍生变量等
19			关联关系	关联企业命中黑/灰名单、关联企业主命中黑/灰名单、关联企业主过多、关联设备过多、关联电话过多、关联IP地址过多、企业主关联企业过多	
20			欺诈行为识别	税票异常、流水异常	
21			反欺诈评分	反欺诈评分	
22			基本信息	工商信息、企业资质、股权信息、对外投资、受益人、行业信息、企业变更信息、商标信息、知识产权	
23			违法涉诉	司法涉诉	
24		信用	经营信息	纳税信息、财务信息、成本信息、商品信息、物流信息、用水/用电信息、销售信息、招投标信息	
25			资产信息	流动资产、固定资产	
26			收入信息	应收税销售收入、进项信息、应收账款	
27			负债信息	应付账款、销项信息、流动负债、长期负债	
28			行政奖惩	免税免租、监管处罚	
29			信贷历史	申请行为、放款行为、账户信息	
30			履约历史	逾期行为、还款行为	
31			综合评分	企业主评分、企业资质评分、企业信用评分、人企综合评分	

缺失率、取值个数、众数、众数占比等指标。在进行描述性统计分析时，可以把缺失率过高（如超过 90%）或众数占比过高（如超过 95%）的变量剔除，因为这些变量包含的信息往往是较少的，没必要用来建模。

变量效果分析是评估一个变量包含多少信息的过程，也可以认为是评估变量与目标变量相关性程度的过程。通常，变量包含的信息越多，变量与目标变量的线性相关系数越高，变量效果越好。变量效果分析通常属于有监督分析，可以计算变量的 IV（Information Value，信息价值，IV 越高，说明变量包含的信息越多，越有可能被选为入模变量）、信息增益比（Information Gain Ratio，取值越大，效果越好）、与目标变量的线性相关系数等指标，也可以基于随机森林等算法计算变量的重要程度。在完成变量的描述性统计分析后，将筛选的变量与目标变量进行有监督分析，如计算变量的 IV，从中筛选出 IV 大于或等于 0.02 且小于或等于 0.5 的变量进入下一轮筛选。变量 IV 小于 0.02，说明变量包含的信息过少，不适合用来建模；变量 IV 大于 0.5，说明变量包含的信息过多，可以用来将样本拆分成不同的集合分别建模。

变量稳定性分析主要是对变量效果分析筛选出来的变量做进一步分析，从中筛选出相对稳定的变量用来建模。众所周知，金融风控追求的一向是稳定和有效的风控结果，若风控结果不稳定，可能会引起较大的系统性风险，所以若用来建模的变量不稳定，会导致模型结果不稳定。而不稳定的模型结果会导致决策结果不稳定，进而可能引起不好的结果。变量稳定性分析主要是以训练集为基准，计算变量在测试集和验证集上的 PSI（Population Stability Index，群体稳定性指标）值，从中筛选 PSI 值相对稳定的变量来进行模型拟合。需要说明的是，在计算完变量 PSI 后，通常筛选 PSI 值小于或等于 0.2 的变量进行模型拟合。

6. 模型拟合

在基于筛选的变量进行风控模型拟合时，常用的有监督算法包括决策树、逻辑回归、随机森林、XGBoost 和 LightGBM 等。在实际生产中，需要根据数据情况和各个算法的优缺点选择合适的算法进行模型拟合。通常采用冠军挑战的思想，使用至少两种算法拟合模型，并从中挑选出效果最好的模型来使用。在选择上述算法进行模型拟合时，通常会遇到以下两个问题。

（1）缺失值如何处理

合理地处理缺失值有助于提升模型拟合效果。常见的缺失值处理方法包括特定值填充（如统一填充为 -7777777）、均值、众数、中位数填充，基于预测算法对缺失值进行取值等。具体处理方法需要结合缺失值缺失的原因来合理选择。

（2）分类模型拟合时好、坏样本不均衡

在开发风险模型时，经常会遇到好样本远多于坏样本的情况，即样本不均衡。如果直接使用这种不均衡的样本进行模型拟合，由于样本中大部分是好样本信息，会导致模型学习到"好"远多于"坏"的先验信息。基于此模型，会将绝大多数样本预测为好。这样的模型对坏样本的预测就不准确了。因此，在遇到样本不均衡时，通常需要采取措施使好、坏样本之比在 1 ~ 10 之间，以提升坏样本的权重。常用的方法包括对好样本欠采样以降低好样本的数量，或者对坏样本过采样以增加坏样本的数量等。

此外，对于分类模型来说，拟合完成后输出的结果通常是预测客户风险程度的概率（概率取值范围为（0，1]，值越大，风险越高）。然而在实际生产中，最常见的风控模型是 A 卡、B 卡、C 卡、F 卡这些评分卡模型，它们的输出结果是可读性更强的模型评分。因此，在完成建模后，我们通常需要将概率值转换成具体的模型评分供其他风控人员使用，这就需要进行模型评分的转换。

7. 模型评分转换

在开始介绍模型评分转换相关内容前,我们先讲讲 Odds 和逻辑回归算法表达式,这些是模型评分转换的理论基础。

假设在自变量 $x_1, x_2, \cdots, x_n$($n=1,2,3\cdots$)的作用下,某事件发生的概率为 P,不发生的概率为 $1-P$,$P/(1-P)$ 为发生概率和不发生概率之比(即 Odds),若对 Odds 取自然对数,就得到了我们熟知的逻辑回归算法表达式:

$$\ln \text{Odds} = \ln \frac{P}{1-P} = \text{logit}(P) = \beta_0 + \sum_{i=1}^{n} \beta_i x_i (n=1,2,3\cdots)$$

由上式可知,逻辑回归实际上是以发生比的自然对数为因变量的线性回归模型(详细的推导过程此处不再赘述)。根据上述公式的变换,评分卡的最终分数通常可以表示为发生比自然对数的线性表达式:

$$\text{score} = A - B \times \ln \text{Odds}$$

在上面评分卡分数的计算公式中,A 和 B 是常数,A 为补偿分数,B 为刻度,负号可以使得概率值越低得分越高,这与我们的认知是相符的,即低分代表高风险,高分代表低风险。欺诈评分属于特例,刚好是相反的,评分越高表示欺诈可能性越高,评分越低表示欺诈可能性越低。在上式中,可以通过两个假设计算 A 和 B 的值:1)当 Odds 为 θ_0 时,对应的分数为 P_0;2)当 Odds 翻倍时,对应的分数为 $P_0 - \text{PDO}$(PDO 为 Odds 翻倍时对应的分数变化)。基于上述两个假设,可得以下两个公式:

$$P_0 = A - B \ln \theta_0$$
$$P_0 - \text{PDO} = A - B \ln(2\theta_0)$$

联立基于假设得到的两个方程,求解可得:

$$B = \frac{\text{PDO}}{\ln 2}$$

$$A = P_0 + B\ln\theta_0$$

虽然我们求出了 A 和 B 的解,但是在实际生产中,仍需要再基于两个假设确定 A 和 B 的具体数值。举个简单的例子,假设:1)当客户对应的 Odds 取值为 1/30 时,$P_0 = 600$;2)当 Odds 翻倍后,PDO 对应的分数变化值为 20,即最终客户的评分每下降一个 PDO,违约概率将翻倍。将假设结果代入 A 和 B 的解,计算可得 $A=501.8622$,$B=28.8539$,即 score=501.8622−28.8539×ln Odds。需要说明的是,Odds 的取值通常可结合业务实际情况合理确定,如金融机构放贷客群中,坏客户和好客户之比是 1∶30,则 Odds 可近似设置成 1/30,确定 Odds 后 P_0 和 PDO 的值设置合理即可,比较常见的是 P_0 取 600,PDO 取 20。

在模型结果输出概率值后,为什么还要将其转换为模型评分呢?原因有以下几点:1)模型评分具有强可解释性,能够构建符合业务逻辑的评分体系;2)通过设置相同的评分卡刻度,可以方便地比较不同模型评分在同一维度下的表现,从而直观地判断优劣;3)模型评分的确定与客户的违约概率密切相关,每降低一个 PDO,违约概率将翻倍。

8. 模型效果评估

在模型拟合完成后,我们可以通过比较模型预测结果与真实结果来评估模型效果。如果开发的是回归模型(目标字段是连续的数值),可以使用 RMSE(均方根误差)、MAE(平均绝对误差)和 MSE(均方误差)等指标来评估模型效果。如果开发的是分类模型(目标字段是具体的类别),则主要从准确性和区分度两方面评估模型效果。在实际生产中,我们开发的绝大多数风控模型都是二分类模型,接下来主要讲解如何评估二分类模型的效果。

二分类模型输出的结果是连续的概率值(在应用前会转换为具体的模型评分),反映的是预测为每个类别的概率。在实际应用中,我们更关心预测为正例（在风险模型中，正例通常指坏样本）的概率。为了确定哪些样本被预测为正例，哪些样本被预测为负例（在风险模型中，负例通常指好样本），我们需要确定一个阈值，通常是 0.5。如果预测的概率大于这个阈值，则划归为正例；小于或等于这个阈值，则划归为负例。当然，我们也可以将阈值减小，如减到 0.4。这样虽然能识别出更多的正例，提高了识别出来的正例占所有正例的比例，但也将更多的负例当作了正例，降低了预测的准确性。根据模型预测的类别和真实类别之间的关系，我们可以构建如表 5-4 所示的二分类模型结果混淆矩阵。在评估模型效果时，很多指标的计算都需要用到混淆矩阵。

表 5-4 二分类模型结果混淆矩阵

	预测为正例	预测为负例
真实为正例	TP（True Positive，真正例）	FN（False Negative，假负例）
真实为负例	FP（False Positive，假正例）	TN（True Negative，真负例）

在评估模型效果时，常用的评估模型准确性的指标有准确率（Accuracy）、查准率（Precision）、查全率（Recall）、F1 值、AUC（Area Under Curve）值等。其中，最常用的指标是 AUC 值。

（1）准确率

准确率是指模型预测正确的正例和负例占总样本的比值。在好、坏样本不均衡尤其是好样本远多于坏样本时，模型的准确率天然会比较高，但这并不代表模型效果好，所以准确率通常在好、坏样本均衡的前提下使用。准确率的计算公式如下所示：

$$\text{Accuracy} = \frac{TP + TN}{TP + FP + FN + TN}$$

（2）查准率

查准率是指预测为正例的样本中，真正为正例的样本占比。在风险模型中，查准率越高，模型对精准查找坏样本起到的作用越大。但是，只看查准率是不够的。若模型只预测出很少的正例，查准率可以很高，但是还有很多坏样本是没识别到的，还需要尽可能地找全坏样本。所以，既找准又找全坏样本的模型才算是好模型。查准率的计算公式如下所示：

$$\text{Precision} = \frac{TP}{TP+FP}$$

（3）查全率

查全率又称召回率，是指真正的正例样本中，模型预测为正例的样本占比。在分类模型中，查全率和查准率是一对既相互补充又此消彼长的指标。相互补充是指单纯看一个指标往往意义不大，需要两个指标同时考虑才行。提高查准率能更准确地找到坏样本，但这往往需要牺牲查全率；同理，提高查全率能识别到更多的坏样本，但这往往是以牺牲模型精度为前提的，所以不管是查准率还是查全率，都是偏片面的指标，需要结合起来看。此消彼长是指要提高两个指标中的一个指标势必会降低另一个指标，不存在同时提高两个指标的情况。查全率的计算公式如下所示：

$$\text{Recall} = \frac{TP}{TP+FN}$$

（4）F1值

F1值是查准率和查全率的综合，其值接近两个指标中取值较小的一个，所以相较于单独看查准率或查全率，F1值更能反映模型效果，F1值越大，模型效果越好。F1值的计算公式如下所示：

$$F1 = \frac{2 \times \text{Precision} \times \text{Recall}}{\text{Precision} + \text{Recall}}$$

（5）AUC值

在讲解AUC之前，我们先学习一下什么是ROC曲线（Receiver Operating Characteristic Curve，也被称为受试者工作特征曲线）。ROC曲线是以FPR（假正率，FPR=FP/（FP+TN））为横坐标，以TPR（真正率，TPR=TP/（TP+FN））为纵坐标绘制的曲线。每确定一组 FPR 和 TPR 值，会在二维坐标中得到相应的点，将这些点连起来就得到了 ROC 曲线。AUC 值是 ROC 曲线下的面积，取值范围为 [0，1]，取值越大说明模型效果越好。通常情况下，若 AUC 值在 0.7 以上，说明模型有效；若 AUC 值小于 0.5，说明模型效果比随机分类还要差；若 AUC 值接近 0.5，说明模型效果和随机分类差不多。图 5-5 为 ROC 曲线及 AUC 值示例，标签为 Train 的曲线是 ROC 曲线，标签为 Random 的虚线是 AUC 值为 0.5 时的 ROC 曲线，模型在训练集上的 AUC 值为 0.76。

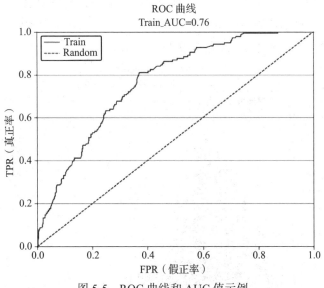

图 5-5　ROC 曲线和 AUC 值示例

在评估模型效果时，最常用的评估模型区分度的指标是 KS（Kolmogorov-Smirnov）。KS 值反映了模型对好、坏样本的区分程度，即模型的好、坏样本分得越开，KS 值越大。在对模型样本评分后，对评分进行升序排列，可以得到累计的坏样本占比和累计的好样本占比这两对序列值。对这两对序列值进行差运算后取最大值，就得到了 KS 值。KS 值的范围为 [0，1]。若模型有效，KS 值通常不低于 0.3。在一定范围内，KS 值越大，说明模型对好、坏样本的区分度越好。但是，如果 KS 值超过了 0.9，说明模型对好、坏样本分得过开了，即好、坏样本的评分分布不是正态分布。这样的模型通常是不建议使用的。需要注意的是，KS 值只是反映了模型对好、坏样本的区分能力，与模型的准确性关系不大。即使模型的准确性不高，也可能出现 KS 值很大的情况。

图 5-6 为 KS 曲线和 KS 值示例。图中的横坐标为模型评分，左边的纵坐标为不同评分对应的样本占比（对应柱形图），样本占比之和为 1。右边的纵坐标为累计好、坏样本占比及对应差值（对应曲线）。对累计的坏样本与累计的好样本占比之差取最大值，就得到了 KS 值。图中的 KS 值为 0.44。

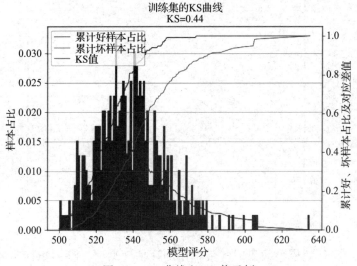

图 5-6　KS 曲线和 KS 值示例

除了上述常用的评估模型效果的指标外，我们通常还需要关注模型分箱后（通常等频分 10 箱）不同分箱对应的 Badrate⊖

⊖　Badrate= 分箱中坏样本量 / 分箱中总样本

是否单调，以及不同分箱对应的 Lift[⊖]（某个分箱的 Badrate/ 全量样本的 Badrate）是否区分度足够好。通常，若模型效果好，模型 10 等频分箱后不同分箱对应的 Badrate 应该是单调的，且最低分段累计 10% 的样本对应的 Lift 值不低于 3。

在评估模型效果时，通常会要求上述指标在训练集、测试集、验证集上均有效，这样才能说明模型效果是比较好的，是可以上线使用的。

9. 模型稳定性评估

模型稳定性评估主要是在模型拟合完成后，评估模型评分在训练集、测试集和验证集上的分布是否持续稳定。评估指标与评估变量稳定性使用的指标是一样的，即以训练集模型评分分箱（通常 10 等频分箱）为基准，计算模型评分在测试集、验证集上的 PSI 值。表 5-5 是模型评分对应的 PSI 取值范围与模型稳定性之间的关系。当模型评分不稳定时，我们需要寻找引起模型不稳定的原因并做出相应的调整。

表 5-5 模型评分对应的 PSI 取值范围与模型稳定性之间的关系

PSI 取值范围	模型稳定性	建议
PSI<0.1	模型比较稳定	无须调整
0.1 ≤ PSI ≤ 0.2	模型不是很稳定	结合业务情况评估是否需要调整模型，若是客群正常波动引起的，则可不调整模型
PSI>0.2	模型非常不稳定	必须调整模型

10. 撰写模型开发报告

在模型开发完成后，我们需要撰写模型开发报告。模型开发报告其实就是对前面讲述的模型开发过程的总结。通常，一份标准的

⊖ Lift= 分箱对应的 Badrate/ 全量样本对应的 Badrate

模型开发报告需要包括以下 10 部分内容。

1）模型概述。模型概述需要说清楚模型开发的背景、要实现的风控目标、使用的数据源和算法以及算法优缺点等。

2）目标字段定义及建模样本划分。该部分内容需要讲清楚目标字段的确认过程以及模型训练集、测试集和验证集的划分情况。

3）模型变量。该部分内容主要展示建模时使用的变量维度及具体的变量。

4）变量效果分析和筛选。该部分内容主要对建模变量进行分析和筛选，挑选效果好的变量进行模型拟合。

5）模型拟合。该部分内容主要展示模型表达式、模型参数、模型变量系数、模型变量显著性、模型变量共线性等。

6）模型评分转换。对于分类模型，我们需将模型输出的概率值转换为模型评分。模型评分转换内容需包括评分卡刻度、评分转换公式等。

7）模型效果评估。该部分内容主要基于模型效果评估指标评估模型在训练集、测试集和验证集上的效果。

8）模型排序性评估。对于分类模型，模型排序性评估是以训练集为基准对模型评分进行分箱，评估训练集、测试集和验证集样本在分箱下的风险排序性及区分度。

9）模型稳定性评估。该部分内容主要评估模型评分的稳定性，若模型评分不稳定，必要时需要重新拟合模型。

10）模型存在的不足及使用建议。在模型开发完成后，模型开发人员需要从专业角度指出模型存在哪些不足，同时给出模型使用建议，如模型评分风险排序性一般，只建议使用模型做极差拒绝，不建议使用模型做客群资质监控。

在实际生产中，很多人会觉得模型开发完成后详细地撰写模型开发报告比较占用时间，其实在确定模型开发报告模板后，我们可基于 Python 的 xlsxwriter 包自动输出标准化的模型开发报告。基于 Python 的 xlsxwriter 包自动输出分析结果的代码可参考冯占鹏和姚志勇撰写的《Python 金融风控策略实践》一书，书中对 xlsxwriter 包的使用方法有详细的案例。

待模型开发报告撰写完成后，我们可基于该报告进行模型评审。待评审通过后，模型才能部署上线。

5.3.2 模型评审

为保障模型上线的质量，模型开发完成后需要由专业的模型评审小组对模型进行评审。在很多金融机构中，模型评审小组由 CRO、至少一名模型专家和至少一名业务专家组成。其中，CRO 担任评审小组组长并主持评审会。另外，CRO 还会指定一名副组长，以便在自己不便时代为行使职权。同时，评审小组往往会设立秘书处，由秘书处负责组织和处理评审会的日常事务。

模型评审会一般实行按需召开制。如果需要召开评审会，模型开发人员需要提前与秘书处进行沟通，并由秘书处与评审小组成员确定评审时间。在评审时间确定后，模型开发人员需要在会议召开前一天提交完整的模型评审报告至秘书处，由秘书处转发给评审小组进行提前审阅，以便加快评审进度。

在模型评审时，评审结果采用表决制。原则上，如果"同意"的票数达到表决票数的 2/3，则视为评审通过。如果评审未通过，模型人员需要参考评审小组成员的意见和建议重新开发或调优模型，并在修改完成后重新发起评审。需要注意的是，如果评审通过但评审小组成员提出了一些现场无法回答的问题，需要在会后 3 天内回复。

评审完成后，秘书处还需要牵头做好模型相关评审文档的存档管理，以便后续查阅。

5.3.3 模型部署

在模型评审通过后，我们需要将离线开发的模型部署到线上。线上部署的模型验证通过后，可供风控策略人员构建风控策略并进行实时的风险决策或监控客群质量等使用。我们平时部署的模型主要是二分类模型，二分类模型部署通常分为以下两种情况。

（1）简单的模型可直接部署到决策引擎进行决策

若开发模型使用的是简单的决策树或逻辑回归算法，我们可直接将模型部署到决策引擎，输出模型评分。决策树其实就是由从根节点到叶节点的一系列 if...else... 的互斥规则构成的，规则执行完成后输出预测的概率值，然后再将概率值代入评分卡转换公式即可输出模型评分。逻辑回归是我们最常用的构建评分卡模型的算法。该算法结合评分卡转换公式可获取每个入模变量取不同值时的评分，然后将常数项对应的基础评分和入模变量对应的评分进行加总即可得到最终的模型评分。上述两个算法构建的模型部署起来非常简单，这里不再赘述。

（2）复杂的模型基于 PKL 或 PMML 文件部署后供决策引擎调用模型结果进行决策

若开发模型使用的是复杂的机器学习算法，如 SVM、随机森林、XGBoost、LightGBM 等，则模型部署起来会相对复杂。通常是先将模型结果保存为 PKL 文件或 PMML 文件，然后基于模型部署平台调用上述文件和入模变量进行打分，并将打分结果传给决策引擎进行实时调用和决策。

PKL 是 Python 独有的文件格式。若建模完成后将模型结果保存为 PKL 文件，则在部署模型时主要基于 Python 环境调取 PKL 文件进行打分，并将打分结果传给决策引擎进行决策。PMML 是预测模型标记语言，它用 XML 格式来描述生成的机器学习模型，并可实现跨平台的机器学习模型部署。在将模型结果保存为 PMML 文件后，通常是利用 Java 将 PMML 文件载入模型部署平台，并调用相关入模变量输出模型评分，然后将评分传递给决策引擎进行决策。

在模型部署上线后，我们还需要对模型部署的准确性进行验证，验证通过后才能放心使用。通常的做法是在线调用模型进行空跑，待积累一定量（通常不低于 500 笔）的模型变量（在验证时需确保模型变量是准确的）和模型打分结果数据后，基于模型变量线下打分。若线下和线上打分结果一致，则说明模型部署是准确的，可基于模型结果进行风险决策。

5.3.4 模型监控

在模型部署上线决策后，我们需要持续监控模型效果，若模型效果变差，则需要对模型进行迭代。在监控模型效果时，通常按日、周、月的时间跨度进行监控，具体按何种维度监控要考虑样本量的多少，若样本量比较少，可加大监控的时间区间。模型监控主要包括以下 3 个维度。

（1）模型效果监控

模型效果监控与模型效果评估使用的指标是一样的，主要监控模型上线后的效果变化。监控的样本是申请通过且有风险表现的样本。需要说明的是，如果模型上线后进行了极差拒绝，那么基于样本监控模型效果时，模型的效果相较模型开发时肯定会有一定程度的下降，因为模型拒绝了最能提升其效果的差客户。

监控模型效果时，主要监控模型的 AUC 和 KS 等指标随着时间的推移的变化情况。通常，KS 应该在 0.2 以上，同时 AUC 应该在 0.6 以上，才能说明线上运行的模型效果是比较好的。如果 KS 和 AUC 的取值达不到上述标准，我们可以根据实际情况评估是否进行模型迭代。

（2）模型排序性监控

模型排序性监控主要是对有风险表现的样本分箱（通常对样本

等频分10箱)后监控不同分箱对应的Lift值(分箱对应的Badrate/所有样本的Badrate)是否单调,对好、坏样本的区分度是否足够好。若模型有效,评分越低的分箱对应的Lift取值应越大,评分越高的分箱对应的Lift取值应越小,且最低分对应分箱的Lift值通常不低于2,否则说明模型效果已经变差,需要对模型进行迭代。

(3)模型稳定性监控

模型稳定性监控主要是监控模型上线后评分分布是否稳定,监控的是所有被模型打分的样本,监控指标主要是PSI。在进行模型稳定性监控时,通常以建模时的训练集为基准对模型评分进行分箱(10等频分箱),然后基于此计算模型上线后不同时间段PSI取值的变化情况。若PSI<0.1,说明模型比较稳定,保持正常关注即可;若$0.1 \leqslant PSI \leqslant 0.2$,说明模型不是很稳定,需寻找模型不稳定的原因,若模型不稳定的原因符合业务逻辑,则可暂不对模型进行迭代;若PSI>0.2,说明模型非常不稳定,必须对模型进行迭代。

5.3.5 模型迭代

在进行模型效果监控时,如果发现模型效果变差,我们需要对模型进行迭代。模型迭代包括两种情况:一种是使用旧模型正在使用的变量,基于新样本重新开发模型(这种方法可以快速完成模型迭代);另一种是引入更多的变量,使用新样本重新开发模型(这种方法进行模型迭代的周期会更长)。在完成模型迭代后,我们同样需要对新开发的模型进行评审(在进行模型评审时,需要证明新模型的效果优于旧模型)。模型评审通过后才能部署上线进行风险决策。

在完成模型迭代后,我们需要对比新旧模型的效果,要证明新模型的效果优于旧模型才能上线新模型,否则新模型就没有必要上线了。如何证明新模型的效果优于旧模型呢?除了常规的比较新旧模型的准确性、区分度和模型分箱后的排序性外,我们还可以从风控策略应用的角度对新旧模型进行 Swap Set 分析。

在对新旧模型更替时，我们可基于风控策略分析新旧模型的 Cutoff（拒绝客群模型评分临界点，通常模型评分小于该 Cutoff 的客群会被拒绝）。新旧模型会分别圈定相应的通过和拒绝客群，这些客群两两交叉就形成了图 5-7 所示的 Swap Set 矩阵。基于该矩阵，新旧模型将客群划分为了 4 个不同的子客群。不同子客群对应的含义如下所述。

旧模型		新模型			
		通过	拒绝	合计	
旧模型	通过	A	B	A+B	All in
	拒绝	C	D	C+D	Swap in
	合计	A+C	B+D	A+B+C+D	Swap out
					All out

图 5-7　新旧模型的 Swap Set 矩阵

1）All in（A）：矩阵中字母 A 对应的格子，指同时被新旧模型通过，审批状态没有变化的客群。

2）Swap in（C）：矩阵中字母 C 对应的格子，指旧模型拒绝但新模型通过的客群，即换入客群。

3）Swap out（B）：矩阵中字母 B 对应的格子，指旧模型通过但新模型拒绝的客群，即换出客群。

4）All out（D）：矩阵中字母 D 对应的格子，指同时被新旧模型拒绝，审批状态没有变化的客群。

结合图 5-7 的 Swap Set 矩阵，在通过率相同的情况下新旧模型更替可以换入更多的好客户，换出更多的坏客户，用坏客户交换好客户，从而降低整体的坏账率，或者在坏账率相同的情况下，可以有更高的通过率，这是新模型效果优于旧模型效果的最直接体现。当然，若能在提升通过率的同时降低坏账率，无疑是最好的结果。

假设基于新旧模型的 Swap Set 矩阵，我们得到如图 5-8 所示的模型更替结果。由图 5-8 可知，采用新模型后的审批通过率为 40%，通过客群的坏账率为 7.25%，旧模型的审批通过率为 38%，通过客群的坏账率为 8.16%，新模型无论是通过率还是坏账率都优于旧模型，所以是可以用新模型替代旧模型的。

		新模型		
		通过	拒绝	合计
旧模型	通过	3400	400	3800
	拒绝	600	5600	6200
	合计	4000	6000	10000

a）样本量

		新模型		
		通过	拒绝	合计
旧模型	通过	34%	4%	38%
	拒绝	6%	56%	62%
	合计	40%	60%	100%

b）通过率

		新模型		
		通过	拒绝	合计
旧模型	通过	250	60	310
	拒绝	40	650	690
	合计	290	710	1000

c）坏账量

		新模型		
		通过	拒绝	最终值
旧模型	通过	7.35%	15.00%	8.16%
	拒绝	6.67%	11.61%	11.13%
	最终值	7.25%	11.83%	10.00%

d）坏账率

图 5-8 新旧模型通过率和坏账率 Swap Set 分析结果

在实际生产中，旧模型拒绝的客群其实是无法知晓其最终风险表现的，所以在进行 Swap Set 分析时面临一个难题：如何获取旧模型拒绝客群的风险表现？通常有以下两种拒绝推断的方法。

（1）设计 ABtest 评估新旧模型效果

在设计风控策略时采取 ABtest 方法，在保证其他规则相同的前提下，A 组（实验组，通常选取 2%～5% 的样本作为对照组）同时执行新旧模型且只打分不决策，B 组（对照组）调用旧模型正常决策。待 A 组积累一定量的通过样本（通常不低于 2000 个）且样本有风险表现（坏样本通常不低于 30 个）后，可基于 A 组样本对新旧模型进行 Swap Set 分析，分析结果可近似认为是新旧模型更替后的结果。基于分析结果，若新模型效果优于旧模型，则可用新模型替代旧模型进行风险决策。

虽然基于 ABtest 方法可以近似评估新旧模型更替带来的影响，但是评估周期太长，不利于项目风险的快速管控。

（2）近似评估新旧模型效果

寻找策略中执行顺序在旧模型之前且对坏客户区分度高的其他风控规则，如其他风控模型评分、多头规则，基于风控规则使用的变量近似评估旧模型拒绝客群的风险，如基于上述多头变量确定一个 Cutoff，被拒绝的客群可近似认为是坏客群。我们可以以此来近似评估被旧模型拒绝客群的风险表现，进而近似评估新旧模型效果及模型更替带来的影响。

近似评估新旧模型效果的方法虽然不够精准，但评估周期短，有利于新模型的快速上线及项目风险的快速管控。

5.3.6 模型下线

在对旧模型完成迭代后，通常需要对效果不佳的旧模型进行下线。毕竟，维护模型的正常运行是需要花费成本的。至此，一个模型就走完了开发、评审、部署、监控、迭代和下线的全生命周期。

虽然旧模型走完了全生命周期，但是因旧模型效果不佳而迭代的新模型正处于其全生命周期的某个环节。因此，模型的全生命周期管理不是直线式的管理，而是环环相扣的闭环管理。

除了上述因旧模型效果不佳而下线的情况外，若信贷业务不开展了也会涉及模型下线的情况，但是这种情况通常极少，这里不再赘述。

5.4 风控模型常用算法

在开发风控模型时，最常用的算法可以归为四大类，分别是简单算法、集成算法、融合算法和图算法。其中，简单算法既可以被单独用来建模，又可以作为集成算法的基础来构建集成算法。同时，简单算法和集成算法通过各种组合又可以构成融合算法。图算法主要在反欺诈场景识别欺诈团伙时使用，因应用场景相对偏窄，本节不做过多说明。接下来主要从应用的角度对简单算法、集成算法和融合算法进行简单的介绍。

5.4.1 简单算法

简单算法主要以逻辑回归和决策树为代表，其中逻辑回归算法是典型的用来构建评分卡模型的算法，决策树算法是最具有业务解释性的算法。

（1）逻辑回归算法

逻辑回归是一种广义的线性回归分析模型，主要被用来解决二分类和多分类问题，其中二分类逻辑回归在风控建模中应用非常广泛，多分类逻辑回归在风控建模中很少使用。二分类逻辑回归主要被用来预测某件事情发生的概率，变量取值只有"是"和"否"两个值（通常标记为1和0），若模型预测某件事情发生的概率P大于某个阈值（通常为0.5），我们就认为事件会发生，否则认为事件不发生。逻辑回归算法常被用来构建 A 卡、B 卡、C 卡、F 卡。在基于逻辑回归算法构建评分卡模型时，具体的模型拟合步骤如下。

1）变量预处理。变量预处理包括数据清洗、数据转换、剔除包含信息较少的变量等步骤。数据清洗主要包括对错误的数据进行处理（如纠错、删除等）；数据转换主要包括对数据格式进行转换、数据标准化等；剔除包含信息较少的变量是指在数据分析过程中，若发现变量的缺失占比或者众数占比过高，通常认为变量包含的有效信息过少，从建模变量中剔除该变量。

2）变量分箱。在分箱时，通常会将缺失值单独分为一箱。接下来主要讲解针对非缺失样本进行的分箱操作。若进行分箱的是分类变量，当变量类别数小于或等于 5 且某个类别只有好样本或坏样本时，该变量类别需和 Badrate 相近的其他类别进行合并，直到合并后的所有类别既包含好样本也包含坏样本为止。对于此类变量，通常不会要求分箱后的 Badrate 单调；若变量的类别数大于 5，通常会用不同分类的逾期率替换该分类变量，即进行 Badrate 编码，因为后续我们对变量进行有监督分箱时，通常要保证变量分箱数量不超过 5。超过 5 类的分类变量用 Badrate 编码后，会和数值型变量一起进行分箱，在分箱过程中会对变量进行合箱操作，将数量最大控制为 5。对于数值型变量，常用的分箱方法有卡方分箱、决策树分箱、Best-KS 分箱等。这些分箱方法会将相似的数值分到同一箱。在分箱过程中，通常会要求不同分箱对应的 Badrate 是单调的（对于某些变量，若 Badrate 不单调但业务上解释得通也是可以的），若不单调需减少分箱数量，直至单调；在分完箱后，最小箱的样本占比通常不低于 5%。

3）基于变量分箱结果计算 WOE 值和 IV。在对变量完成分箱后，我们需基于分箱结果结算不同分箱对应的 WOE 值和 IV，以及变量的总 IV，然后基于变量的总 IV 进行变量筛选，筛选 $0.02 \leq IV \leq 0.5$ 的变量进入下一轮分析。

4）用变量的 WOE 值替换原变量。在逻辑回归构建评分卡的过程中，我们会用变量不同分箱对应的 WOE 值替换原变量进行建模。使用 WOE 值替换原变量后，我们可降低原变量中异常值对模型结果带来的干扰，使模型结果更稳健。

5）变量相关性分析及筛选。在使用 WOE 值替换原变量取值后，对 WOE 值替换后的变量进行两两线性相关性分析，若两个变量线性相关性大于 0.75，则剔除 IV 较小的变量，剩余的变量进入下一轮分析。

6）变量共线性检验。在完成变量相关性分析和筛选后，我们需要对剩下的变量进行 VIF（Variance Inflation Factor，方差膨胀系数）检验，确保变量间不存在多重共线性。VIF 是专门用于衡量变量多重共线性严重程度的指标，若 VIF 值大于 10，说明变量间存在多重共线性，否则不存在多重共线性。VIF 检验的具体实现方式可自行网上搜索，此处不再赘述。

步骤 1～6 被认为是基于逻辑回归构建评分卡模型的变量分析和筛选过程。

接下来基于筛选的变量进行模型拟合。

7）模型拟合。基于逻辑回归算法拟合后，我们需确保入模变量系数取值全为负或者全为正（在计算 WOE 值时，若 WOE 值取的是好坏比，入模变量系数需全为负，即 WOE 值越大，模型最终取值越小；若取的是坏好比，入模变量系数需全为正，即 WOE 值取值越大，模型最终取值越大，需确保风险趋势与业务理解一致），另外需确保入模变量系数是显著的（即 P 值通常不超过 0.05）。在模型初次拟合完成后，若存在入模变量系数方向不一致或者不显著的情况，通常需要再对模型进行逐步回归，剔除效果不显著的变量，直至模型变量相关指标达到预期为止。

8）模型评分转换。具体可参考 5.3.1 节的"模型评分转换"内容。

9)模型效果分析。具体可参考 5.3.1 节的"模型效果评估"内容。

10)模型稳定性分析。具体可参考 5.3.1 节的"模型稳定性分析"内容。

在讲完基于逻辑回归算法构建评分卡模型的步骤后,接下来讲解逻辑回归算法的优缺点。逻辑回归算法的优点主要包括实现简单,对数据中存在的小噪声鲁棒性好,解释性强等;缺点主要包括容易欠拟合、准确性不高,数据特征有缺失或者特征空间很大时拟合效果不好等。

(2)决策树算法

决策树(Decision Tree)是功能强大的分类和预测模型,因实现起来比较简单且输出结果为一系列简单易懂的规则集,解释性非常好,所以在金融风控领域应用广泛。同时,决策树也是很多集成算法(如 Random Forest、GBDT、XGBoost、LightGBM)的基础,所以掌握决策树的原理十分必要。决策树算法的衍生历史中出现了比较多的版本,最有代表性的是 ID3、C4.5、CART(Classification And Regression Tree,分类与回归树)等。其中,CART 决策树属于二叉树,在生产中应用最为广泛。

图 5-9 是基于 Python 的 sklearn 包中自带的鸢尾花数据集使用 CART 算法构建的一棵多分类决策树结果示例(决策树生成代码比较简单,此处不再展示)。由图 5-9 可知,决策树结果呈倒立的树状,最顶端是根节点,最底端是叶节点,根节点到叶节点的每一条路径构成了一条规则,路径上内部节点的特征对应着具体规则的条件,叶节点代表着最终的决策结果,从根节点到叶节点的一条条路径构成了决策树的规则集。决策树的规则集具有互斥且完备的性质,即最终每一个实例都只被一条规则覆盖。决策树从根节点到叶节点的决策路径与人脑决策时的思维方式非常类似,所以决策树产生的结果很容易被人理解,可解释性较好。

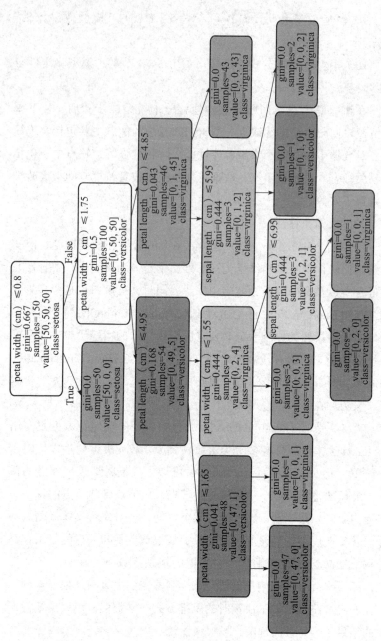

图 5-9 决策树结果示例

决策树具有易于理解和解释、计算速度快、决策效率高等优点，也有容易过拟合、预测精度不高等缺点。在实际生产中，因为决策树预测精度不是很高，所以我们很少单独基于决策树构建模型使用，但是基于决策树进行多维度规则挖掘、客群分层应用广泛。

5.4.2 集成算法

集成算法的思想很简单。集成算法是构建多个简单的弱学习器，再通过一定的策略对这些弱学习器的结果进行组合，当弱学习器的结果被正确组合时，得到更精确、鲁棒性更好的强学习器。按照对弱学习器组合方式的不同，集成算法主要分为 Bagging、Boosting、Stacking、Blending 四大类，其中 Bagging 和 Boosting 算法用得比较多，Bagging 算法的典型代表是随机森林，Boosting 算法的典型代表是 GBDT、XGBoost、LightGBM 等。

在构建金融风控模型时，我们很多时候不再一味地追求模型的业务解释性，对模型的准确性要求越来越高。虽然很多集成算法的业务解释性不是很好，但是因为其有较好的预测准确性被越来越广泛地应用。在实际生产中，应用广泛的集成算法主要有随机森林、XGBoost 和 LightGBM。

1. 随机森林

顾名思义，随机森林算法即运用随机抽样的方法并行生成多棵彼此没有依赖关系的决策树。这些随机生成的决策树就组成了森林。

随机森林构建步骤如下。

1）每次从原始数据中以有放回的方式随机取样得到 N（N 通常小于原始样本数）个训练样本构成训练集。

2）从训练样本集中随机选择 K（K 通常小于原有特征总数）个特征构建决策树。

3）不断并行地重复步骤1和2构建多棵决策树，应用每棵决策树来预测结果，并且保存所有预测的结果。

4）若随机森林要解决的是分类问题，基于每棵决策树的决策结果进行投票，选择得票最高的结果作为最终决策结果；若要解决的是回归问题，取所有决策树预测结果的均值作为最终的预测结果。

随机森林算法有什么优缺点呢？随机森林具有以下几个比较突出的优点：1）相较于一些常见的简单算法，准确率更高；2）在建模时由于引入了随机性，所以不容易过拟合，且具有很好的抗噪声能力；3）擅长处理高维数据（特征较多的数据）、特征缺失较多的数据和样本不平衡的数据，且模型准确性较好；4）训练速度快，能够得到变量重要性排序。随机森林的缺点：1）在某些噪音较大的分类或回归问题上会过拟合；2）对于小样本数据或者低维数据，模型效果往往不会很好。

2. XGBoost

在讲解XGBoost算法前不可避免地要先介绍GBDT（Gradient Boost Decision Tree，梯度提升决策树）算法。GBDT算法是一种采取了Boosting方法的加法模型，该算法使用的基础学习器为CART算法，在训练模型时每轮迭代都产生一个弱学习器且每个学习器都在上一轮学习器残差的基础上进行训练，通过不断地训练达到降低残差、提升模型精度的目的。虽然GBDT算法使用非常广泛，且通过对弱学习器训练结果的相加往往能取得很高的模型精度，但是GBDT算法在构建时使用的弱学习器相互依赖，难以并行训练提升执行效率。

XGBoost（eXtreme Gradient Boosting）是陈天奇等人开发的一个开源机器学习项目。该算法是一种极端梯度提升算法，它通过对GBDT算法进行优化，使模型执行效率和效果均得到了很大的提升。该算法的核心同样采用了 Boosting 的思想，将多个弱学习器的结果通过相互叠加的方法整合为一个强学习器。XGBoost 算法相对 GBDT 算法主要优化了以下内容。

1）在选择弱学习器时，GBDT 算法只支持 CART 决策树，而 XGBoost 算法不仅支持决策树，还支持线性分类器，对于不同的应用场景可选项更多。

2）GBDT 算法的损失函数只对误差部分进行了一阶泰勒展开，而 XGBoost 算法的损失函数进行了二阶泰勒展开。泰勒展开的过程是减少高阶函数参数的过程。XGBoost 算法采用了优化的二阶泰勒展开，可以更有效地减少模型参数，更好地拟合复杂的非线性数据集，使评估准确率更高、运行速度更快。另外，XGBoost 算法还支持自定义损失函数，只要损失函数有一阶和二阶导数即可。

3）在对代价函数优化时，XGBoost 算法加入了正则项，以便控制模型的复杂度，使学习出来的模型更简单，避免模型过拟合。

4）在算法运行效率方面，XGBoost 算法支持特征粒度上的并行计算，执行效率更高。

5）另外，XGBoost 算法还优化了对缺失值的处理，对于缺失值可以自动学习它的分裂方向等。

近年来，XGBoost 算法凭借其出色的表现在风控建模场景中的应用越来越多。该算法有什么缺点呢？该算法的缺点主要体现在 3 方面：一是若建模数据中包含过多噪声，容易引起过拟合，XGBoost 算法属于 Boosting 算法家族的一员，Boosting 算法通常会学习大量误差较大的样本，若训练数据含有很多噪声，会导致基学习器集中在噪声数据上做训练，容易造成过拟合，从而影响模型效果；二是时间复杂度较高，决策树节点分裂时需要遍历整个数据集，计算时间较长；三是空间复杂度较高，算法因计算量较多，会耗费较多的内存。

3. LightGBM

LightGBM 算法是一个由微软亚洲研究院分布式机器学习工具包（DMTK）团队开源的基于决策树算法的分布式梯度提升（Gradient Boosting Decision Tree，GBDT）框架。LightGBM 与 GBDT、XGBoost 算法一样，属于 Boosting 算法家族的一员。该算法主要在 GBDT、XGBoost 算法的基础上进行了优化，在不牺牲模型精度的情况下，极大地提升了模型拟合效率。LightGBM 算法相较 GBDT 和 XGBoost 算法主要进行了以下 5 方面优化，所以性能比较卓越。

1）支持直接处理类别特征，无需对类别特征进行 One-hot 编码，对类别特征的处理更友好，速度更快。

2）引入了计算效率更高的直方图统计算法来寻找最佳划分节点，提升算法执行效率。直方图统计算法在确定特征分割点的时候虽然速度很快，但是存在不是很精确的情况，不过关系不大，决策树对于分割点的精确程度并不太敏感，而且较"粗"的分割点也自带正则化的效果，一定程度上可以降低过拟合的发生。

3）在决策树生长过程中引入了按叶子生长（Leaf-wise）的算法，以减少不必要的计算，提升算法执行效率。正常情况下，生成决策树都是采用按层生长的策略，这样增加了增益较低甚至是不必要的叶子节点的分裂计算，大大增加了计算量。而 Leaf-wise 算法只对增益最大的叶子节点进行再次分裂计算，与 Level-wise 的策略相比，在分裂次数相同的情况下，可以降低误差，得到更好的精度。Leaf-wise 算法的缺点是可能会生成较深的决策树，产生过拟合。不过，LightGBM 算法在 Leaf-wise 算法上增加了限制最大深度的参数，在保证算法高效的同时，可以在一定程度上防止过拟合。

4）使用 LightGBM 算法原创的基于梯度的单边采样（Gradient-based One-Side Sampling，GOSS）来降低梯度值较小的样本数量，更多地对梯度值较大的样本对分析。这样在计算信息增益时可以更加关注未被充分训练的样本数据，在不影响精度的情况下提升执行效率。

5）使用LightGBM算法原创的互斥特征捆绑（Exclusive Feature Bundling，EFB）减少特征的数量，具体做法是将互斥特征合并，降低计算复杂度。

LightGBM算法优点如前文所述，作为Boosting算法家族的一员，同样对训练数据的噪声会非常敏感，若建模数据中存在过多的噪声，容易造成过拟合，从而影响模型效果。

5.4.3 融合算法

正常情况下，如果一个风控模型使用了更多有效的变量，即在模型构建时使用了更多有用的信息，那么这个模型通常会更稳定、更准确。相反，如果一个模型使用了较少的变量，虽然效果可能比较好，但是入模的某个变量出现波动会使整个模型不稳定。按照前文所述，在建模过程中，我们应该秉持先简后繁的思想。

首先，我们可以尝试使用简单算法或集成算法来构建模型。如果这些简单算法或集成算法的效果仍然不理想，那么我们可以考虑使用融合算法。融合算法通常是将基于简单算法或集成算法开发的模型结果（有时候也会加入一些其他有效变量）作为自变量，进行二次模型拟合的算法。基于融合算法构建的风控模型综合了多个风控子模型包含的信息，相较于单一的子模型效果通常会更好。严格来讲，集成算法也属于融合算法，但是本节所讲的融合算法不包括集成算法。

在构建融合算法之前，我们需要开发足够多的风控子模型。只有有一定数量的风控子模型，才能进行融合模型的开发。融合模型效果通常要优于各个风控子模型的效果。否则，融合模型的开发就是失败的。常见的基于风控子模型构建融合模型的方法有简单加权和基于简单算法或集成算法等。

1）简单加权。在子模型数量比较少（通常是大于或等于2、小于5）的情况下，常用的方法是对子模型结果进行加权得到最终的模型结果。在加权时，我们可以基于各个子模型的效果确定其权重，如子模型IV越高，权重越大等。权重的分配可以基于各个风控子模型评分IV之比确定（也可以基于其他合理的方式确定），风控子模型权重之和等于1。

2）基于简单算法或集成算法。在风控子模型数量相对较多（通常大于或等于5）后可以将风控子模型作为自变量，基于简单算法或集成算法构建融合模型。因为各个子模型之间相关性通常比较高，所以建议在选择算法时优先选择对变量间相关性不敏感的算法，如果选择了对变量间相关性敏感的算法，如逻辑回归，在建模时可尽量忽视变量间的相关性，着重看模型最终的效果有没有较大的提升，若模型效果提升较大，说明模型最终也是可用的。

接下来分享一个实践中常见的构建融合模型的思路，仅供参考。建模步骤如下。

①建模变量分类：对建模变量分类，分成不同类别，如基本信息、资产信息、收入信息、负债信息、同业评价、行为偏好、信贷历史、履约历史等等。

②不放回抽样下构建子模型：从每个分类中按一定比例不放回抽样来构建多个风控子模型，如构建5个风控子模型。

③对构建的风控子模型进行评估：评估构建的风控子模型使用的变量是否涵盖大多数变量类别，若有较多变量类别未涵盖的情况，建议基于未涵盖的变量类别单独构建风控子模型，实现模型变量类别的查漏补缺，防范风险漏洞。

④基于上述风控子模型构建融合模型：对上述风控子模型进行融合建模。

基于该方法，我们通常可以使用更多有用的信息建模，提升模型效果。当然在实践中，很多同行也会分数据源进行建模，但是同一个数据源中很多变量相关性通常很高，分数据源建模会剔除掉效果好但相关性偏高的一些变量，造成信息浪费，一定程度上会影响模型效果。

5.5 小微信贷风控模型简介

小微信贷风控经历了注重线下调查但效率低下的 IPC 模式、风控流程比较标准和固化且效率较高的信贷工厂模式，目前进入了更加注重对大数据和智能风控技术应用且效率更高的大数据模式。

小微信贷风控模型主要是基于小微企业和小微企业主与风险相关的数据构建的模型。根据使用目的的不同，这些模型主要分为风险模型、运营模型和功能模型。风险模型主要用于预测小微企业借贷一段时间后是否会出现违约，而其他两类模型的作用要根据具体的使用目的来确定。随着大数据技术的发展，当前可以用来衡量小微企业风险相关的数据越来越多，因此小微企业相关风险数据不足而导致授信难的问题越来越少。本节将主要讲解小微信贷与零售信贷的区别，以及如何构建小微信贷风控模型体系。

5.5.1 小微信贷与零售信贷的区别

在风控过程中，我们常常拿小微信贷和零售信贷做比较，那么它们有何区别？

零售信贷主要是指金融机构向个人发放的用于个人消费、资金周转等用途的贷款。目前，市面上比较常见的个人贷款主要有消费贷、现金贷、商品贷、车贷、房贷等。在金融机构评估是否可以为借款人授信时，比较看重借款人个人的信贷历史、收入、负债、资产和同业评价等信息。零售信贷面对的借贷群体数量庞大，因此在风控过程中可以快速积累大量样本，通常更依赖偏量化的分析方法进行风控。

小微信贷主要是指金融机构向企业主或企业发放的用于企业资金周转的贷款。申请小微信贷的前提条件是申请人名下必须有小微企业。众所周知，我国的 GDP 和就业绝大部分是由小微企业贡献的，因此国家出台了一系列融资支持政策，鼓励各金融机构向小微企业提供资金，支持其发展壮大。当前，随着越来越多的金融机构在向小微信贷方向发力，小微信贷发展相当迅速，小微企业贷款难的问题正在逐渐得到解决。尽管小微信贷发展迅猛，但与零售信贷相比，小微信贷借款群体较少，难以快速积累大量样本进行量化风控。此外，市场上专门针对小微企业的可用风控数据仍然较少，加上小微企业平均寿命较短，存在较多不确定性，因此小微信贷的风控难度相对较高，风险也相对较高。对于零售信贷风控，风控人员主要评估借款人自身的风险状况；而对于小微信贷风控，既要评估企业本身的经营情况是否稳定和可持续，还要评估企业主（企业法人、重要股东等）是否有较好的信用状况。如果企业和企业主任一存在风险，那么放贷后就会存在较高的违约风险。

5.5.2 如何构建小微信贷风控模型体系

在小微信贷风控过程中，我们主要基于企业和企业主相关的数据进行风险管控，因此，在构建小微信贷风控模型体系时，同样从这两个维度的数据着手。小微信贷风控模型体系的构建与零售信贷风控模型的构建相同，不同之处在于增加了企业维度的数据。小微信贷风控模型体系主要由风险模型（A卡、B卡、C卡、F卡等）、运营模型和功能模型构成，其中风险模型占比较重。在构建小微企业风险模型时，我们可以参考5.2节的"风险模型体系搭建之八字箴言"，此处不再赘述。在具体构建小微信贷风控模型体系之前，我们需要明确评估企业和企业主的风险所需的数据维度。只有基于比较全面的数据维度建模,才能客观、精准地评估小微企业的风险状况。在建模时,我们可以参考 5.3 节和 5.4 节提到的具体方法。

5.5.3 宏观经济指标与小微信贷风控模型

在小微信贷中,借款主体的风险除了与企业经营情况和企业主信用状况密切相关外,还受到宏观经济环境的影响。在构建小微信贷风控模型体系,尤其是构建小微信贷风险模型时,经常有人提出要将能反映宏观经济状况的一些指标,如 PMI(采购经理指数)、CPI(消费者物价指数)和就业率等纳入模型变量,以考虑宏观经济环境对借款主体风险的影响。实际上,在建模时纳入宏观经济指标是可以的,但前提是样本时间跨度要足够长,包含完整的经济周期。如果样本时间跨度较短且只包含部分经济周期,那么将宏观经济指标纳入模型变量的意义不大,因为这样模型学习到的宏观经济指标是有缺失的。如果在模型预测时出现未遇到过的反映宏观经济周期的指标值,则模型可能会出现较大的偏差。

那么,如何应对宏观经济对小微信贷风险的影响?其实很好解决,我们在应用模型结果的时候可以兼顾宏观经济环境指标。在很多时候,宏观经济环境的变化是可以提前感知的,小微信贷风控人员需要实时关注宏观经济环境变化,做到未雨绸缪。例如在实践中,如果感知到宏观经济环境变差,则在应用风险模型时趋于严格一些(适当收紧审批通过率、降低授信笔均、提升定价等),因为宏观经济环境变差势必会使更多小微企业倒闭和贷款违约。如果不调整风控策略,金融机构尤其是抗风险能力不强的金融机构会受到较大的损失;如果感知到宏观经济环境变好,风控人员在应用风控模型时可适当宽松一些(适当提高审批通过率、提高授信笔均、降低定价等)。此时是快速抢占市场份额、增加信贷规模、提升金融机构收益的好时机。

5.6 贷前风控模型

贷前阶段主要是基于要实现的风控目标来设计和开发风控模型。针对不同信贷产品开发的贷前风控模型虽然略有出入，但是大同小异，主要从进件客户风险评估、营销响应、动支预测等维度进行模型设计和开发。

5.6.1 小微信贷贷前风控模型体系

在小微信贷贷前阶段，常见的风险模型包括A卡、F卡，常见的运营模型主要是指贷前获客时使用的营销响应模型，常见的功能模型主要有动支意愿预测模型、收入预测模型等。下面对上述常见的模型进行简单的讲解。

1. 风险模型

（1）A卡

A卡即申请评分卡模型，主要是基于客户授信申请时点前一段时间的风险数据构建的，用来预测客户未来一段时间内（即表现期内）违约的概率。A卡的目标变量通常是基于客户表现期内逾期严重性来确定的。表现期内逾期超过一定的天数为坏，未逾期或者逾期程度较轻为好。A卡最终输出结果为模型分，模型分越低代表客户未来逾期可能性越高，模型分越高代表客户未来逾期可能性越低。相较于零售信贷的A卡，小微信贷的A卡表现期往往会更长，因为小微信贷客户的借款期限偏长，趋于风险稳定的表现期也会更长。

需要说明的是，很多金融机构构建的A卡在大多时候其实是有偏的评分卡，因为主要基于授信申请通过的客群（客群分布为A）来建模，建模完成后用来评估全量授信申请客群（客群分布为B）的风险，即建模客群和申请客群的分布是不一致的。这样会导致模型在全量申请样本上应用时有偏差。因此，为了解决建模样本和申请样本分布不一致的问题，衍生出拒绝推断等建模方法，即把授信申请拒绝的样本进行一定的判断并打上相应的标签后纳入建模样本范畴来构建A卡。但受限于试错成本和模型复杂程度等原因，基于拒绝推断构建A卡的应用很少。在实践中，评判A卡好坏的最终标准主要看模型效果，不管使用什么方法建模只要模型效果好就行。如果基于有偏样本构建的A卡效果足够好，其实是没必要花大力气再去尝试拒绝推断方法建模的。若模型效果不佳，为了提升模型效果，我们可尝试用拒绝推断方法。

与其说A卡是一个模型，不如说是一类模型。在实际生产中，风控人员往往会开发多个A卡进行使用，因为针对全量客群只开发一个通用的A卡往往满足不了业务需求。开发的通用A卡在不同类别的客群上效果通常会有显著差异。如果通用A卡在某类客群上效果不好，那么往往还会针对该类客群开发定制A卡。所以，精细化进行子模型开发后，最终的A卡可能就有数十个。开发了这么多子模型后，我们怎么进行应用呢？子模型既可以在审批策略中被用来做极差客户的拒绝，也可以被用作新模型的入模变量来构建融合模型。这样不但可以最大限度地利用已有的数据信息，还可以通过精细化建模实现精准风控，提升风控的有效性。虽然我们可以构建很多A卡，但是A卡的构建一定要遵循一主多辅的思想，即模型要分主次，主模型需要花时间、花精力用心去开发，辅模型可少花点时间去开发。

在完成A卡开发后，我们在哪些常见的风控场景可以使用A卡进行风险管控呢？通常可以基于A卡对授信申请客群做极差拒绝，可以使用A卡对授信申请客群做风险分层，针对不同风险客群执行不同的审批策略，还可以在定额和定价时用来调整客户的额度和利率等。当然，除了上述使用场景外，A卡还可以用在贷中信用审批场景做极差拒绝。A卡相较于B卡少了客户的贷中行为数据，但是若A卡在贷中获取客户最新的数据并完成评分后能识别到风险客户，还是可以使用的。

（2）F卡

F卡即我们常说的欺诈评分卡模型，主要基于客户授信申请时点前一段时间的行为异常数据、关联关系数据、黑/灰名单等一系列偏欺诈属性的数据构建。该模型用于预测客户欺诈的概率。F卡的目标变量通常为是否欺诈（在实践中，欺诈样本往往较少，因为真正的欺诈客户往往在首个应还款日就会逾期，所以常基于客户的首逾信息确定F卡的目标变量取值），模型结果以欺诈评分的形式输出。模型评分越低表示欺诈可能性越低，模型评分越高表示欺诈可能性越高。

实际上，在很多情况下，F卡和A卡的边界很模糊。它们之间的区别在于建模时使用的变量有各自的侧重点，以及建模时的目标变量不同。换句话说，F卡更侧重于识别短期欺诈风险，而A卡更侧重于识别中长期信用风险。在建模方法上，它们基本没有区别。小微信贷的F卡与零售信贷的F卡相比，除了可以额外使用到与企业经营状况相关的偏欺诈属性数据外，整体差别不大。

在F卡构建完成后，我们主要在授信审批策略中进行极差拒绝，拦截欺诈概率高的风险客户。需要说明的是，F卡的拒绝率通常不会设置得很高。因为在现实中，欺诈风险客群远少于信用风险客群，基于笔者多年从业经验，F卡的拒绝率通常不会超过5%。

2. 运营模型

贷前阶段的运营模型主要指的是获客阶段的营销响应模型。贷前获客阶段和贷中运营阶段都会涉及营销响应模型的开发。在贷前阶段，营销响应模型主要用于预测目标客户在被营销后申请贷款的可能性，模型的目标字段为客户被营销后是否响应。在构建营销响应模型时，可以使用的数据源主要包括客户的基本信息数据、营销记录数据、历史信贷行为数据，以及其他可以获得的相关数据。小微信贷的营销响应模型与零售信贷的营销响应模型相比，除了多了企业维度相关的数据外，其他差异不大。

客户营销主要包括针对全新客户的营销和针对存量或已流失客户的新产品交叉营销等。营销方式主要有微信公众号营销、短信营销、智能外呼营销和人工电话营销等。

3. 功能模型

（1）动支预测模型

动支预测模型属于偏短期的行为预测模型，主要基于客户授信申请时点前一段时间的相关风控数据来预测授信通过的客户在短时间内（如3天）发生支用的概率。如果客户授信通过后短时间内发生支用的概率较高，说明客户对资金比较渴望。这类客户在短期内往往对定价不太敏感，因此可以适当提高此类客户的定价，以提高金融机构的收益。小微信贷的动支预测模型与零售信贷的动支预测模型相比，只是多了企业维度相关的数据，其他方面差异不大。

（2）收入预测模型

收入预测模型主要基于客户的公积金数据、社保数据、房贷数据、车贷数据、电商数据、交通出行数据、税务数据、发票数据等的一种或几种构建模型，用于预测客户的收入情况。在预测客户收入时，我们通常基于业务逻辑进行推测，很少使用机器学习算法。例如，如果知晓个人客户的公积金缴纳金额和缴纳比例，可以直接推算出客户的工资收入区间；如果知晓企业纳税金额和税率，可以直接推算出企业收入区间等。在可用的数据中，税务数据和发票数据主要用于预测企业的收入情况，上述所有数据都可以用来预测个人客户的收入情况。

在收入预测模型开发完成后，我们主要在定额策略中根据客户的收入预测值（如果是小微信贷，则主要看企业的收入预测值；如果是零售信贷，则主要看个人客户的收入预测值）对客户进行分层。不同分层的客户会被给予不同的基础额度。通常情况下,高收入客群会被给予较高的基础额度,低收入客群会被给予较低的基础额度。基于客户的收入状况给予客户合理的基础额度是非常必要的。如果基础额度定得不合理,基于基础额度计算得到的客户的最终授信额度也会出现偏低或偏高的情况。如果偏低,可能会导致客户觉得自己被轻视而不支用;如果偏高,可能会导致客户过度用信而出现逾期等情况。

5.6.2 基于贷前风险主模型的客群分层

在金融信贷风控过程中,客群分层通常会贯穿整个风控周期。我们通常需要基于分层结果对客群进行差异化风控,所以客群分层的好坏会对最终风控结果产生至关重要的影响。客群分层是在金融机构资源有限和要实现精细化管理的前提下,将某些属性相近的客群划分到一起,以便金融机构对客户分布进行监控和差异化风控,进而提升风控效率、增加收益的一种手段。在风控过程中,无论基于什么维度对客群进行分层,分层完成后通常需要不同分层之间有足够大的差异,并且从风险层面看,不同分层之间要有一定的区分度。

在小微信贷风控过程中,除了可以基于企业所处行业、企业类型、企业规模等指标对客户进行分层外,我们还常常基于客户的风险进行分层。在贷前阶段,我们主要基于A卡主模型评估客户的风险状况。在进行客户风险分层时,比较常见的做法是基于A卡主模型对客户进行分层。基于A卡主模型对客户分层是最简单、省事、高效的分层方法。在对客户进行风险分层时,常用的方法是对模型评分进行分箱,分箱数量通常在3～5之间,分箱后不同箱之间的风险要有足够的区分度。

完成对客群的风险分层后,我们主要在授信审批、定额和定价等场景中使用风险分层结果。在授信审批时,通常在执行完反欺诈规则和信用准入规则后,对不同风险分层的客群执行差异化的审批决策流程。例如，对于低风险分层的客群，执行简单的审批规则，确保有较高的通过率；对于高风险分层的客群，直接拒绝申请；对于中间风险分层的客群，执行相对复杂的审批规则，进一步识别客户风险等。在定额场景中，我们会给予不同风险分层的客群差异化的风险调节系数，对基础额度进行调整。调整方式是基础额度 × 风险调节系数。通常情况下，客户风险越高，风险调节系数越低；客户风险越低，风险调节系数越高。在定价场景中，通常客群风险越高定价越高，客群风险越低定价越低。

实际上，不仅在贷前阶段，贷中和贷后阶段也涉及对客群进行分层。在进行客群分层之前，必须明确分层的目标。只有目标明确了，才能更好地对客群进行划分并辅助进行风险管控。

5.6.3 实践案例：基于企业税务数据进行 A 卡开发

本节主要基于脱敏后的企业税务数据展示 A 卡的开发过程，对数据的业务解释性和模型效果不做过多关注。按照一主多辅的风险模型框架，本节开发的 A 卡只使用了部分风险数据，属于辅模型而非主模型。在模型开发完成后，我们通常使用该模型进行风险审批或者作为入模变量构建主模型。

如表 5-6 所示，本次建模使用的数据包括 18 个变量，其中前 16 个变量为自变量，后 2 个变量为标签变量和目标变量。

表 5-6 建模对应的数据字典

序号	变量名	变量描述	变量取值说明
1	var1	近一年所得税纳税额均值	数值型变量，取值示例：19739.56
2	var2	近 12 个月企业所得税纳税额	数值型变量，取值示例：200689.97
3	var3	税务评级	分类变量，在样例数据中取值为：A、B、C、M
4	var4	应税销售收入近 12 个月同比变化	数值型变量，取值示例：1.67

（续）

序号	变量名	变量描述	变量取值说明
5	var5	应税销售收入近6个月同比变化	数值型变量，取值示例：3.49
6	var6	应税销售收入近3个月同比变化	数值型变量，取值示例：-0.12
7	var7	增值税近6个月同比变化	数值型变量，取值示例：0.34
8	var8	应税销售收入近12个月环比变化	数值型变量，取值示例：0.41
9	var9	增值税近3个月环比变化	数值型变量，取值示例：0.05
10	var10	近6个月销售额环比增长率（增值税）	数值型变量，取值示例：0.08
11	var11	近3个月销售额同比增长率（增值税）	数值型变量，取值示例：0.1
12	var12	近6个月销售额同比增长率（增值税）	数值型变量，取值示例：0.28
13	var13	近3个月纳税金额环比增值率（增值税）	数值型变量，取值示例：-0.45
14	var14	近3个月纳税总额环比增长率	数值型变量，取值示例：0.02
15	var15	存货增长率（本期年报）	数值型变量，取值示例：-0.13
16	var16	近12月应税销售收入与近24月应税销售收入之比	数值型变量，取值示例：0.51
17	target_if_ripe	目标字段是否成熟	观察日减去第6个应还款日至少30天目标字段才成熟，在建模时要选取目标字段成熟的样本，0表示未成熟，1表示成熟
18	mob6_dpd_30_ever	截止MOB6历史最大逾期是否超过30天	0表示从未逾期，1表示逾期天数大于或等于30天，2表示逾期天数大于或等于1天小于30天。在建模时，0表示好样本，1表示坏样本，2表示灰样本

在此次建模案例实践中，选用的算法为随机森林，接下来依次讲解实现随机森林算法的Python包、A卡开发，以及A卡的效果监控。

1. 实现随机森林算法的 Python 包

随机森林算法既支持做分类模型，也支持做回归模型。Python 的 scikit-learn 包中基于随机森林算法分别提供了解决分类和回归问题的函数，因本章主要使用随机森林算法构建分类模型，所以接下来讲解 Python 包提供的实现随机森林分类方法的函数。函数原型如下所示。

```
classs klearn.ensemble.RandomForestClassifier(n_
    estimators=100, criterion='gini', max_depth=None,
    min_samples_split=2, min_samples_leaf=1, min_
    weight_fraction_leaf=0.0, max_features='auto',
    max_leaf_nodes=None, min_impurity_decrease=0.0,
    min_impurity_split=None, bootstrap=True, oob_
    score=False, n_jobs=None, random_state=None,
    verbose=0, warm_start=False, class_weight=None,
    ccp_alpha=0.0, max_samples=None)
```

表 5-7 给出了 RandomForestClassifier() 函数的主要参数说明。

表 5-7　RandomForestClassifier() 函数的主要参数说明

参数名称	说明
n_estimators	整数，表示随机森林中决策树的棵数
criterion	字符串，表示决策树节点分类标准，可选 gini 和 entropy，分别表示基于基尼指数和信息增益进行决策树节点分裂
max_depth	整数或 None，表示决策树的最大深度。如果为 None，则将节点展开，直到所有叶节点都是纯净的（即只有一个类别）或者直到所有叶节点都包含少于 min_samples_split 个样本，默认是 None
min_samples_split	整数，指定了每棵决策树的内部节点最少样本数
min_samples_leaf	整数，指定了每棵决策树的叶节点最少样本数
min_weight_fraction_leaf	浮点数，指定了叶节点最小样本权重和，该值限制了叶节点所有样本权重和的最小值。如果小于这个值，该叶节点则会和兄弟节点一起被剪枝。默认是 0，即不考虑权重问题
max_features	整数或者浮点数、字符串、None，指定了决策树划分时选取的最大特征数

（续）

参数名称	说明
max_leaf_nodes	整数或者None，指定了最大叶节点数。通过限制最大叶子节点数，可以防止过拟合
min_impurity_decrease	浮点数，决策树指标分裂减少纯度小于min_impurity_decrease，则停止分裂
min_impurity_split	浮点数或者None，指定了节点划分最小不纯度，该值限制了决策树的增长。如果某个节点的不纯度小于这个阈值，则该节点不再生成子节点
bootstrap	布尔值，True表示每次都是有放回地进行抽样建模
oob_score	布尔值，True表示使用袋外样本计算泛化误差
n_jobs	整数，指定了并行计算数。若取值为 -1，表示将训练和预测任务派发到所有CPU上
random_state	随机数生成器
verbose	整数，该值越大，日志输出内容越多
warm_start	布尔值，True表示继续使用上一次的训练结果，否则重新开始训练
class_weight	字典或者字典的列表、字符串、None，用来表示每个类的权重
ccp_alpha	浮点数，表示将选择成本复杂度最大且小于ccp_alpha的子树进行剪枝，默认不执行剪枝
max_samples	整数或者浮点数、None，表示构建决策树抽取的最大样本数

在基于RandomForestClassifier()函数完成模型拟合后，返回一个随机森林对象。该实例化对象具有以下几个重要属性，具体见表5-8。

表5-8 随机森林实例化对象的重要属性

属性名称	说明
base_estimator_	构建随机森林选取的子分类器
estimators_	决策树的实例的数组，存放所有训练过的决策树
classes_	数组，存放类别标签
n_classes_	整数，类别数量
n_features_	整数，训练时使用的特征数量

(续)

属性名称	说明
n_outputs_	整数,训练时的输出数量
feature_importances_	数组,存放每个特征重要性度量结果
oob_score_	浮点数,训练数据使用袋外估计时的得分

除上述几个重要的属性外,随机森林实例化对象还有以下几个重要方法,具体见表5-9。

表5-9 随机森林实例化对象的重要方法

方法名称	说明
fit(X, y, sample_weight=None)	使用训练集构建随机森林模型
predict(X)	使用训练好的模型进行预测,返回预测值
predict_log_proba(X)	返回预测为各个类别概率的对数值的数组
predict_proba(X)	返回预测为各个类别概率值的数组
score(X, y, sample_weight=None)	返回预测结果的准确率

2. A卡开发

在基于样例数据使用随机森林算法建模时,受限于样本量,此次只将样例数据拆分为训练集和测试集,基于训练集训练模型后在测试集上验证模型效果。此次建模选取的目标字段为mob6_dpd_30_ever。接下来展示基于Python代码的建模过程。

```
"""
基于企业税务数据,使用随机森林算法构建贷前申请评分卡的代码执行顺序
   如下。
一、基于训练集样本建模
1. 加载模型开发需要用到的函数,在本书正文部分只展示和说明了常用的函
   数,未展示的函数详见本书附件,附件代码名称为:Step1_rf_use_
   fun.py
2. 加载Python包
3. 设置数据加载路径及文件输出路径,在实操过程中相关路径都要换成本地
   路径
4. 读入数据并进行数据预处理
5. 由于好坏样本不均衡,故对好样本降采样,并将数据拆分为训练集和测
   试集
```

6. 对训练集数据进行描述性统计分析
7. 基于随机森林算法和网格搜索算法训练最优模型
8. 输出训练集样本的预测概率，并将概率值转为模型评分
9. 模型在训练集上的效果评估

二、模型在测试集上的效果评估
10. 对测试集数据进行描述性统计分析
11. 输出测试集样本的预测概率，并将概率值转换为模型评分
12. 模型在测试集上的效果评估
13. 绘制模型效果评估相关图
14. 模型稳定性评估

注：受限于样本量，建模时未预留验证集样本
"""

'''
一、基于训练集样本建模
'''
1.加载模型开发需要用到的函数

变量描述性统计分析
```
def describe_stat_ana(describe_data,var_dict,target='fpd_10_
                      act',seq=1,vardict_varengname='变量名',
                      vardict_varchiname='变量描述',sample_
                      category='训练集'):
    '''
    :param describe_data:需要进行描述性统计分析的数据框，数据
        框的最后一列是目标变量
    :param var_dict:待分析变量的数据字典
    :param target:目标变量
    :param seq:分析的变量从seq开始计数，取值1表示从1开始计
        数。基于seq可知共分析了多少个变量
    :param vardict_varengname:数据字典中，变量英文名字段对应
        的列名
    :param vardict_varchiname:数据字典中，变量中文名字段对应
        的列名
    :param sample_category:分析的变量所述的样本集，如训练集、
        测试集、验证集
    :return:变量的描述性统计分析结果
    '''
    var_detail = pd.DataFrame(columns=["Sample",
        "Sequence", "Ana_time", "Characteristic",
        "Description", "变量类别", "坏客户定义", "%Bad_
```

```
                Rate","总样本量","缺失量","缺失率","变量取值数
                (包含缺失值)",
                "变量取值数(不含缺失值)","单一值最大占比的变量值",
                "单一值最大占比的样本量","单一值最大占比",
                "单一值第二大占比的变量值","单一值第二大占比的样本量",
                "单一值第二大占比","单一值第三大占比的变量值",
                "单一值第三大占比的样本量","单一值第三大占比","单一
                值前二大占比的总样本量","单一值前二大占比总和",
                "单一值前三大占比的总样本量","单一值前三大占比总和",
                "异众比率","最大值","最大值数量","最大值占比",
                "最小值","最小值数量","最小值占比","极差","平均值",
                "下四分位数","中位数","上四分位数", "标准差",
                "离散系数","偏态系数","峰态系数"])
for var in describe_data.columns[:-1]:
    print('正在分析第 ',seq,' 个变量 :',var)
    sample=sample_category
    seq=seq
    ana_time=datetime.datetime.strftime(datetime.
        datetime.now(), '%Y-%m-%d %H:%M:%S')
    var_english_name=var.replace('_br_encoding','')
    var1=var
    var_chinese_name=var_dict[vardict_varchiname]
        [var_dict[vardict_varengname]==\
        var1.replace('_br_encoding','')].values[0] if
        sum(var_dict[vardict_varengname]==var1.
            replace('_br_encoding','')) else '未知'
    var_category='分类型变量' if sum(describe_data[[var]].
        dtypes=='object')>0 else '数值型变量'
    bad_define=target
    data_nona = describe_data[[var, target]].
        dropna()
    data_withna = describe_data[[var, target]]
    bad_rate_withna = data_withna[target].value_
        counts(normalize=True)[1]
    total_cnt = len(data_withna)
    na_cnt = describe_data[var].isnull().sum()
    na_rate = na_cnt * 1.0 / total_cnt
    unique_cnt_withna = len(data_withna[var].
        unique())
    unique_cnt_nona = len(data_nona[var].unique())
    # 前三大占比值分析
    first_info_rate = data_withna[var].value_
        counts(dropna=False, normalize=True).sort_
```

```python
        values(ascending=False)
    first_info_cnt = data_withna[var].value_
        counts(dropna=False).sort_values(ascending=
        False)
max_cnt_value = first_info_rate.index[0]
max_cnt_value_num = first_info_cnt.tolist()[0]
max_cnt_value_rate = first_info_rate.max()
second_cnt_value = first_info_rate.index[1] if
    len(first_info_rate) > 1 else np.nan
second_cnt_value_num = first_info_cnt.tolist()
    [1] if len(first_info_cnt) > 1 else np.nan
second_cnt_value_rate = first_info_rate.tolist()
    [1] if len(first_info_rate) > 1 else np.nan
second_cnt_value_rate_01 = first_info_rate.tolist
    ()[1] if len(first_info_rate) > 1 else np.nan
third_cnt_value = first_info_rate.index[2] if
    len(first_info_rate) > 2 else np.nan
third_cnt_value_num = first_info_cnt.tolist()
    [2] if len(first_info_cnt) > 2 else np.nan
third_cnt_value_rate = first_info_rate.tolist()
    [2] if len(first_info_rate) > 2 else np.nan
third_cnt_value_rate_01 = first_info_rate.tolist
    ()[2] if len(first_info_rate) > 2 else np.nan
var_max_cnt_value_12num = np.nansum([max_cnt_
    value_num, second_cnt_value_num])
var_max_cnt_value_12rate = np.nansum([first_info_
    rate.tolist()[0], second_cnt_value_rate_01])
var_max_cnt_value_123num = np.nansum([max_cnt_
    value_num, second_cnt_value_num, third_cnt_
    value_num])
var_max_cnt_value_123rate = np.nansum([first_
    info_rate.tolist()[0], second_cnt_value_
    rate_01, third_cnt_value_rate_01])
var_not_mode_value_rate = 1- max_cnt_value_rate
if var_category == '数值型变量':
    max_value = data_nona[var].max()
    max_value_num = sum(data_nona[var] == max_
        value)
    max_value_rate = sum(data_nona[var] == max_value) /
        total_cnt if total_cnt>0 else np.nan
    min_value = data_nona[var].min()
    min_value_num = sum(data_nona[var] == min_
        value)
```

```python
        min_value_rate = sum(data_nona[var] == min_value) /
            total_cnt if total_cnt>0 else np.nan
        range_value = max_value - min_value
        mean_value = data_nona[var].mean()
        q1_value = np.percentile(data_nona[var], 25)
            if len(data_nona[var])>0 else np.nan
        median_value = data_nona[var].median()
        q3_value = np.percentile(data_nona[var], 75)
            if len(data_nona[var])>0 else np.nan
        std_value = np.std(data_nona[var])
        cv = std_value / mean_value if mean_value !=
            0 else 0
        skew = stats.skew(data_nona[var])   #计算偏度，
            偏度小于0表示左偏分布，等于0表示正态分布，大
            于0表示右偏分布
        kurtosis = stats.kurtosis(data_nona[var])   #
            计算峰度，峰度小于0表示平峰分布（数据比较分散），
            大于0表示尖峰分布数据比较集中，等于0表示正态
            分布
    if var_category == '分类型变量':
        data_ls = data_nona[var].value_counts().
            reset_index()
        max_value = data_ls['index'][data_ls[var] ==
            data_ls[var].max()].values[0] if len(data_ls) >
            0 else np.nan
        max_value_num = sum(data_nona[var] == max_
            value)
        max_value_rate = sum(data_nona[var] == max_value) /
            total_cnt if total_cnt>0 else np.nan
        min_value = data_ls['index'][data_ls[var] ==
            data_ls[var].min()].values[0] if len(data_ls) >
            0 else np.nan
        min_value_num = sum(data_nona[var] == min_
            value)
        min_value_rate = sum(data_nona[var] == min_value) /
            total_cnt if total_cnt>0 else np.nan
        range_value = np.nan
        mean_value = np.nan
        q1_value = np.nan
        median_value = np.nan
        q3_value = np.nan
        std_value = np.nan
        cv = np.nan
```

```
            skew = np.nan
            kurtosis = np.nan
        sum_info = [sample, seq, ana_time, var_english_name,
                    var_chinese_name,var_category,
                    bad_define, bad_rate_withna, total_
                    cnt, na_cnt, na_rate, unique_cnt_
                    withna,
                    unique_cnt_nona,max_cnt_value, max_
                    cnt_value_num, max_cnt_value_rate,
                    second_cnt_value, second_cnt_value_
                    num, second_cnt_value_rate,
                    third_cnt_value, third_cnt_value_
                    num, third_cnt_value_rate, var_max_
                    cnt_value_12num,
                    var_max_cnt_value_12rate, var_
                    max_cnt_value_123num,var_max_cnt_
                    value_123rate,
                    var_not_mode_value_rate,max_value,
                    max_value_num, max_value_rate,min_
                    value,
                    min_value_num, min_value_rate,
                    range_value,mean_value, q1_value,
                    median_value,
                    q3_value, std_value, cv,skew,
                    kurtosis]
        sum_info01 = pd.DataFrame(sum_info).T
        sum_info01.columns = var_detail.columns.
            tolist()
        var_detail = var_detail.append(sum_info01,
            ignore_index=True)
        seq += 1
    return (var_detail)
```

在进行数据分析时，对变量进行描述性统计分析是必不可少的环节。基于描述统计分析结果，我们会对数据的取值情况、集中趋势、离散程度等有大概的了解。上述变量描述性统计分析代码展示了一些常见的统计指标，主要包括总样本量、缺失率、变量取值数、众数、众数占比、异众比率、最大值、最大值占比、最小值、最小值占比、极差、平均值、下四分位数、中位数、上四分位数、标准差、离散系数、偏态系数、峰态系数等。

接下来展示基于模型评分或者模型预测概率值计算模型 KS 值的 Python 代码。

```python
# 基于模型评分或者模型概率值计算模型 KS 值
def KS_calculate(df, score, target):
    '''
    :param df: 包含目标变量与预测值的数据集
    :param score: 模型评分或者模型预测的概率值
    :param target: 目标变量
    :return: KS 值
    '''
    if np.array(df[score])[0]<1.1 :
        total = df.groupby([score])[target].count()
        bad = df.groupby([score])[target].sum()
        all = pd.DataFrame({'total':total, 'bad':bad})
        all['good'] = all['total'] - all['bad']
        all[score] = all.index
        all.index = range(len(all))
        all = all.sort_values(by=score,ascending=False)
        all['badCumRate'] = all['bad'].cumsum() / all
            ['bad'].sum()
        all['goodCumRate'] = all['good'].cumsum() / all
            ['good'].sum()
        KS = all.apply(lambda x: x.badCumRate - x.good
            CumRate, axis=1)
        return max(KS)
    if np.array(df[score])[0]>1 :
        total = df.groupby([score])[target].count()
        bad = df.groupby([score])[target].sum()
        all = pd.DataFrame({'total':total, 'bad':bad})
        all['good'] = all['total'] - all['bad']
        all[score] = all.index
        all.index = range(len(all))
        all = all.sort_values(by=score,ascending=True)
        all['badCumRate'] = all['bad'].cumsum() / all
            ['bad'].sum()
        all['goodCumRate'] = all['good'].cumsum() / all
            ['good'].sum()
        KS = all.apply(lambda x: x.badCumRate - x.good
            CumRate, axis=1)
        return max(KS)
```

在对模型效果进行评估时，我们通常需要计算模型的 KS 值。在上述代码中，模型输出结果为概率值或者模型评分，均支持计算 KS 值。

模型开发过程中除了变量描述性统计分析和计算模型 KS 值外，还涉及计算模型的 AUC 值、查准率、查全率、F1 值，对模型结果进行分箱、对模型结果进行画图展示等。因代码较多，本节不再一一展示，具体可见附件。

接下来展示基于 Python 代码，使用随机森林算法开发 A 卡的过程。

```
# 2.加载 Python 包

import numpy as np
import pandas as pd
from scipy import stats
import datetime
import os
from sklearn.model_selection import train_test_split
from sklearn.ensemble import import RandomForestClassifier
from sklearn.model_selection import GridSearchCV
from sklearn.metrics import
precision_score,recall_score,f1_score,roc_curve,roc_
    auc_score,precision_recall_curve
import joblib
import matplotlib.pyplot as plt
# matplotlib 库中没有中文字体，使用 plt 绘图时会出现中文乱码，进行
    以下 2 个设置后即可解决中文乱码的问题
plt.rcParams['font.sans-serif'] = ['SimHei']
plt.rcParams['axes.unicode_minus'] = False


# 3.设置数据加载路径及文件输出路径，在实操过程中相关路径都要换成本
    地路径


# 数据加载路径
path='F:\\DataAna\\ 模型 \\《小微信贷智能风控》数据及代码 \\Chapter
    5 小微信贷风控模型 \\'
# 模型运行过程中需要保存的 pkl 文件存储路径
path_pkl=path+'pkl\\'
```

```python
# 模型运行过程中输出的文件存储路径
path_report= path + 'report\\'
# 检查路径是否存在,若不存在自动创建路径
if not os.path.exists(path_pkl):
    os.makedirs(path_pkl)
if not os.path.exists(path_report):
    os.makedirs(path_report)
# 4.读入数据并进行数据预处理

# 读入数据字典,在后续进行变量分析时为变量自动匹配中文名
var_dict=pd.read_excel(path+"数据字典.xlsx",sheet_name=
    'Sheet3')
var_dict.变量名=var_dict.变量名.map(lambda x: str(x).lower().
    replace('\t',''))
# 读入数据
model_data = pd.read_csv(path+'model_sample_data.csv')
# 筛选目标字段成熟的严格好、坏样本建模,剔除灰样本
model_data = model_data[(model_data['target_if_
    ripe']==1) & (model_data['mob6_dpd_30_ever'].
    map(lambda x: x in [0,1]))]
# 剔除建模不需要使用的变量
model_data.drop(labels=['target_if_ripe'], axis=1,
    inplace=True)
# 将变量开发过程中设置的缺失值转为np.nan
for i in model_data.columns[model_data.dtypes!=
    'object']:
    model_data[i][model_data[i].map(lambda x : x in
        (-9999,-9998,-9997))] = np.nan

for i in model_data.columns[model_data.dtypes==
    'object']:
    model_data[i]=model_data[i].map(lambda x: str(x).
        strip())
    model_data[i][model_data[i].map(lambda x :x in ['-9999',
        '-9998','-9997','nan'])]= np.nan


# 对分类型变量进行缺失值填充
fact_name = model_data.columns[model_data.dtypes ==
    'object']
fact_data = model_data[fact_name].fillna('UNKOWN')
# 对分类型变量进行有监督的浓度编码
fact_data_with_target = pd.merge(fact_data,model_
    data['mob6_dpd_30_ever'],left_index=True,right_
```

```python
        index=True,how='left')
br_encoding_dict = {}
for col in fact_data_with_target.columns[:-1]:
    br_encoding = badrate_encoding(df=fact_data_with_
        target, col=col, target='mob6_dpd_30_ever')
    fact_data_with_target[col + '_br_encoding'] = br_
        encoding['encoding']
    br_encoding_dict[col] = br_encoding['bad_rate']
# 保存浓度编码数据字典。若有验证集，需基于该浓度编码数据字典对验证集
  分类变量进行同样的浓度编码
joblib.dump(br_encoding_dict,path+'br_encoding_dict.
    pkl')
# 获取进行浓度编码的变量名
fact_encoding = fact_data_with_target.columns[fact_data_
    with_target.columns.str.contains('_br_encoding$')]

# 对数值型变量进行缺失值填充
num_name = model_data.columns[model_data.dtypes !=
    'object']
num_data = model_data[num_name].fillna(-7777777)

# 将处理好的分类型变量和数值型变量拼接，构成完成的建模数据
merge_data = pd.merge(fact_data_with_target[fact_
    encoding],num_data, how='left', left_index=True,
    right_index=True)
```

5. 由于好坏样本不均衡，故对好样本降采样，并将数据拆分为训练集和测试集

```python
# 对好样本降采样，好样本量设置为坏样本的3倍
good_data=merge_data[merge_data.mob6_dpd_30_ever==0]
bad_data=merge_data[merge_data.mob6_dpd_30_ever==1]
black_cnt=bad_data.shape[0]
good_data_sample=good_data.sample(black_cnt*3,
    axis=0,random_state=10)
model_data_1=pd.concat([bad_data,good_data_sample])

# 按照6:4的比例将建模样本划分为训练集和测试集
trainData, testData = train_test_split(model_data_1,
    test_size=0.4, random_state=100)
```

6. 对训练集数据进行描述性统计分析

```python
train_var_describe=describe_stat_ana(describe_data=
    trainData,var_dict=var_dict,
    target='mob6_dpd_30_ever',seq=1,vardict_varengname=
    '变量名',
    vardict_varchiname='变量描述',sample_category='Train')

# 7.基于随机森林算法和网格搜索算法训练最优模型

# 获取建模时的X和y样本
X_train, y_train = trainData[trainData.columns[:-1]],
    trainData['mob6_dpd_30_ever']

# 随机森林分类器
rfc=RandomForestClassifier()
# 设置进行网格搜索的参数，主要有决策树的个数、决策树的深度、最大特征
  数、叶节点最少样本数
param_grid = {'n_estimators': [5,10,15,20,25],'max_
    depth': [3,4,5],'max_features':[6,7,8],
    'min_samples_leaf': [20, 30, 40,50]}

# 基于网格搜索算法寻找随机森林的最优参数
gsearch = GridSearchCV(rfc,param_grid=param_grid,
    scoring='f1',cv=5,verbose=10)
gsearch.fit(X_train, y_train)

# 基于网格搜索找到的最优参数拟合随机森林
bst = RandomForestClassifier(n_estimators=gsearch.best_
                             params_['n_estimators'],
                             max_depth=gsearch.best_
                             params_['max_depth'],
                             min_samples_leaf=gsearch.best_
                             params_['min_samples_leaf'],
                             max_features=gsearch.best_
                             params_['max_features'],
                             random_state=10, oob_score=
                             True)
bst.fit(X_train,y_train)

# 保存建模过程
joblib.dump(bst, filename=path_pkl+'model_result.pkl')

# 建模变量重要性评估，在实践中不建议重要性得分太高或太低的变量入模。
  本次主要做建模过程展示，未进一步对变量进行筛选
```

```python
import_vars=pd.DataFrame({
        'Characteristic': [i.replace('_br_encoding','')
            for i in X_train.columns],
        'Importance': bst.feature_importances_}).sort_
            values(by='Importance',ascending=False)
import_vars=pd.merge(import_vars,train_var_describe[['C
    haracteristic','Description']],
        on='Characteristic',how='left')[['Characteris
            tic','Description', 'Importance']]

# 8.输出训练集样本的预测概率,并将概率值转为模型评分

# 预测训练集样本为坏样本的概率
X_train['prob']=bst.predict_proba(X_train)[:, 1]
X_train['mob6_dpd_30_ever']=y_train
# 基于预测概率确定样本的预测类别
X_train['pred']=[1 if p>0.5 else 0 for p in X_train['prob']]

# 将预测概率值转为模型评分
X_train['Odds']= np.log(X_train['prob']/(1-X_train
    ['prob']))
X_train['Score']=501.8622 - 28.8539 * X_train['Odds']
X_train['Score_int']=X_train['Score'].map(lambda x :
    round(x))
# 将模型评分限制在300～800分之间
X_train['Score_int'] = X_train['Score_int'].map(lambda
    x: np.clip(x,300,800))

# 9.模型在训练集上的效果评估

train_model_evaluate=model_evaluate_fun(sample=
    'Train',data=X_train,prob='prob',pred='pred',
    target='mob6_dpd_30_ever')
# ROC 曲线
plot_roc_fun(train_data=X_train,test_data='NA',train_
    label='Train',test_label='Test',prob='prob',
    target='mob6_dpd_30_ever',dpi=150,bg_color=
        'white',linewidth=0.9,
    save_name=path_report+'all_roc_curve.png')
plot_ks_combine_fun(train_data=X_train,test_data=
    'NA',train_label='Train Set KS Curve',
    test_label='Test Set KS Curve',score='Score',target=
        'mob6_dpd_30_ever',
```

```
dpi=150,bg_color='white',bins=135,linewidth=0.9,
   save_name=path_report+'all_ks_curve.png')
```

上述代码主要展示了基于训练集样本建模的过程，在寻找随机森林算法最优参数时使用了网格搜索算法。在实践中寻找机器学习算法最优参数时，常用的算法除了网格搜索外还有随机搜索、贝叶斯搜索等。这些算法都比较简单，这里不再赘述。在实践中，评分卡模型输出的结果通常是取值为整数的评分。所以在完成模型拟合后，上述代码展示了将模型预测的概率值转换为模型评分的过程。

在完成模型训练后，评估模型在测试样本上的效果，具体代码如下所示。

```
'''
二、模型在测试集上的效果评估
'''

# 10.对测试集数据进行描述性统计分析

test_var_describe=describe_stat_ana(describe_data=
   testData,var_dict=var_dict,target='mob6_dpd_30_ever',
   seq=1,vardict_varengname='变量名',vardict_varchiname=
       '变量描述',
   sample_category='Test')

# 合并训练集和测试集数据描述性统计分析结果，可基于该结果查看训练和测
   试样本的差异性
all_var_describe=pd.concat([train_var_describe,test_
   var_describe])

# 11.输出测试集样本的预测概率，并将概率值转换为模型评分

# 测试集样本拆分
X_test, y_test = testData[testData.columns[:-1]], testData
   ['mob6_dpd_30_ever']

# 基于训练好的模型对测试集样本打分
X_test['prob'] = bst.predict_proba(X_test)[:, 1]
```

```python
X_test['mob6_dpd_30_ever'] = y_test
X_test['pred']=[1 if p>0.5 else 0 for p in X_test['prob']]
X_test['Odds']=np.log(X_test['prob'] / (1 - X_test['prob']))
X_test['Score']=501.8622 - 28.8539 * X_test['Odds']
X_test['Score_int']=X_test['Score'].map(lambda x : round(x))
X_test['Score_int']=X_test['Score_int'].map(lambda x: np.
    clip(x,300,800))

# 12. 模型在测试集上的效果评估
test_model_evaluate=model_evaluate_fun(sample='Test',
    data=X_test,prob='prob',pred='pred',
    target='mob6_dpd_30_ever')

# 模型在训练集和测试集上的效果评估结果合并
train_model_evaluate_trans=pd.DataFrame.from_dict
    (train_model_evaluate,orient='index').T
test_model_evaluate_trans=pd.DataFrame.from_dict(test_
    model_evaluate,orient='index').T
all_model_evaluate=pd.concat([train_model_evaluate_
    trans,test_model_evaluate_trans])

# 13. 绘制模型效果评估相关图

# ROC 曲线
plot_roc_fun(train_data=X_train,test_data=X_test,train_
    label='Train',test_label='Test',prob='prob',
    target='mob6_dpd_30_ever',dpi=150,bg_color=
    'white',linewidth=0.9,
    save_name=path_report+'all_roc_curve.png')

# KS 曲线
plot_ks_combine_fun(train_data=X_train,test_data=X_test,
                    train_label='Train Set KS Curve',
                    test_label='Test Set KS Curve',score=
                    'Score',target='mob6_dpd_30_ever',
                    dpi=150,
                    bg_color='white',bins=135,linewidth=
                    0.9,save_name=path_report+'all_ks_
                    curve.png')

# 好坏样本对应的模型得分分布图
black_white_dis_combine_plot(train_data=X_train,test_data=
    X_test,
```

```
    train_label='Train Set Good and Bad distribution',
    test_label='Test Set Good and Bad Distribution',
        score= 'Score',
    target='mob6_dpd_30_ever',dpi=120,bg_color='white',
        bins=160,
    save_name=path_report+'all_model_score_dis_curve.
        png')
```

```
# 14.模型稳定性评估

# 以训练集模型评分为基准,计算不同模型评分区间对应的样本量及占比
train_score_cutoff = equal_split(df=X_train, var=
    'Score_int', numOfSplit=10)
X_train['Score_Bin_psi'] = X_train['Score_int'].map
    (lambda x: assign_bin(x, train_score_cutoff))
train_score_psi =bin_stat(df=X_train, var='Score_Bin_
    psi')
train_score_psi=train_score_psi[['Bin','%Obs','#Obs']].
    rename(columns={'%Obs':'%Obs_of_Train'})

# 基于训练集模型评分的切分点,计算模型评分在测试集上不同区间对应的样
  本量及占比
X_test['Score_Bin_psi'] = X_test['Score_int'].map
    (lambda x: assign_bin(x, train_score_cutoff))
test_psi =bin_stat(df=X_test, var='Score_Bin_psi')
test_psi=test_psi[['Bin','%Obs']].rename(columns=
    {'%Obs':'%Obs_of_Test'})

# 计算模型评分在测试集上的 PSI
all_score_psi=pd.merge(train_score_psi[['Bin', '%Obs_
    of_Train']],test_psi,on='Bin',how='left')
all_score_psi['Difference']=all_score_psi['%Obs_of_
    Test']-all_score_psi['%Obs_of_Train']
all_score_psi['Log (Test/Train)']=np.log(all_score_
    psi['%Obs_of_Test']/all_score_psi['%Obs_of_Train'])
all_score_psi['PSI_Contribution']=all_score_psi
    ['Difference']*all_score_psi['Log (Test/Train)']
all_psi_stat=pd.DataFrame({'Bin':['Total'],'%Obs_of_
    Train':[sum(all_score_psi['%Obs_of_Train'])],
    '%Obs_of_Test': [sum(all_score_psi['%Obs_of_Test'])],
        'Difference':[''],\
    'Log (Test/Train)':['Test_Relative_To_Train_PSI='],
    'PSI_Contribution':['{:.2f}'.format(sum(all_score_
```

```
    psi['PSI_Contribution'])))]})
all_score_psi=pd.concat([all_score_psi,all_psi_stat])
```

模型运行过程中产生的模型效果评估如图 5-10 ～ 图 5-12 所示。其中，图 5-10 为 ROC 曲线。由图 5-10 可知，模型在训练集和测试集上的 AUC 值分别为 0.79 和 0.55。图 5-11 为 KS 曲线。由图 5-11 可知，模型在训练集和测试集上的 KS 值分别为 0.49 和 0.1。图 5-12 为好坏样本模型评分分布曲线。由图 5-12 可知，在训练集上坏样本主要集中在低分段，好样本主要集中在中高分段，但是在测试集上好坏样本区分度不高。

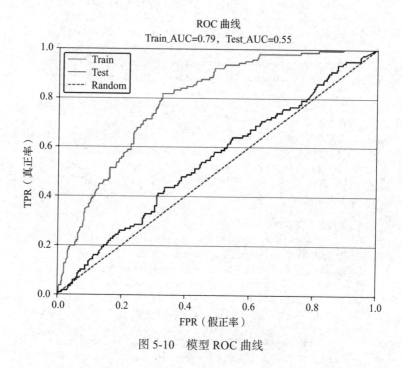

图 5-10　模型 ROC 曲线

根据模型结果可知，基于税务数据构建的 A 卡是过拟合的。但是，本次主要基于虚构的数据展示建模过程，对模型结果不必过于关注。

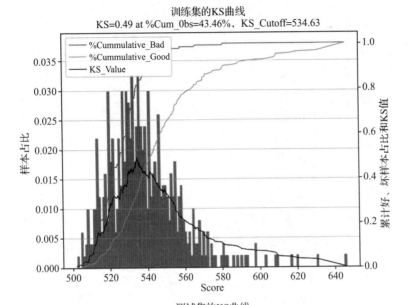

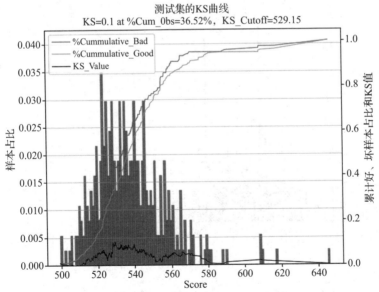

图 5-11 模型 KS 曲线

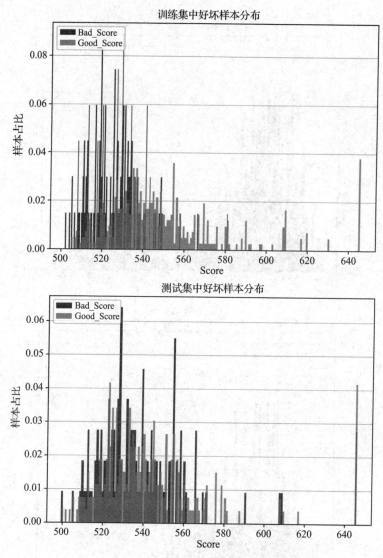

图 5-12 好坏样本模型评分分布曲线

在构建风控评分卡时,常用的算法主要有逻辑回归、随机森林、XGBoost、LightGBM 和融合算法。基于这些算法进行建模时,很多分析过程是类似的，涉及的很多分析代码也是可以复用的。风控建模的难度并不在于算法本身，而在于要了解业务，并根据业务情况获取到有用的数据。只有满足上述条件，再选择合适的算法，才能构建效果较好的风控模型。

5.7 贷中风控模型

在贷中阶段，我们需要对存量客户进行风险管控，以免出现过多的逾期情况，同时要重视存量客户的运营工作，通过提高存量客户的动支率和黏性来增加金融机构的收益。在开发贷中风控模型时，我们主要关注这两个方面。当然，为了更好地进行风险管控和提升运营效率，我们也会辅助开发一些功能模型，例如贷中存量客户动支预测模型等。但是，这些功能模型的占比相对较小，因此不再赘述。

5.7.1 小微信贷贷中风险模型体系

在贷中阶段，小微信贷风险模型主要指的是 B 卡。当然为了辅助风险管控，我们也会开发其他风险模型，如交易欺诈风险识别模型（预测客户用信时是否存在欺诈风险）和风险传导模型（该模型属于图模型，原理是近朱者赤近墨者黑，即若一个客户与多个坏客户有联系，则这个客户大概率是高风险客户）等。

B 卡主要是在客户有一定的贷中行为表现后，基于客户在贷中某一时点前一段时间的行为数据和其他维度的相关数据构建的模型，用来预测客户未来一段时间内违约的可能性。B 卡适用于还款周期长（通常要大于 6 个月）的信贷产品。对于还款周期太短的信贷产品，因客户的贷中行为特征不足，构建 B 卡的意义不大。对于到期一次性还本、先息后本类的信贷产品，通常客户最后一期逾期风险高，构建 B 卡带来的增益也不大。在开发 B 卡时，我们主要结合时间切片构造逾期类、还款率类、额度使用率类、时序类变量进行建模。因为 B 卡相较于 A 卡可用变量维度更多，所以 B 卡模型效果相对于 A 卡通常更好，KS 值常常会超过 0.5。在实践中，B 卡主要分两种：一种是基于客户维度开发的 B 卡，一种是基于借据维度开发的 B 卡。

1. 基于客户维度开发的 B 卡

基于客户维度开发的 B 卡是指从人的维度构建的评分卡。基于人的维度开发 B 卡时，通常以一个确定的截面时间点（如 6 月 1 日）为观察点，选取观察点无逾期、有在贷的客户。我们在构建大多数 B 卡时一般是选取在观察点无逾期、有在贷的客户作为建模样本，也可以选取在观察点无逾期、无在贷，但在观察点后短时间内有在贷的客户进行建模，具体如何筛选建模样本可基于应用场景确定。基于这些客户在观察期（观察期可基于客户的贷中行为时间跨度灵活确定，如设置为 6 个月）的相关数据，预测客户在未来一段时间（通常为 3～6 个月）逾期的可能性。基于客户维度开发 B 卡时，建模样本在客户维度是唯一的。

在构建客户维度 B 卡时，我们通常会采用"分而治之"的思想，将存量客户分群建模。在贷中，存量客户通常会呈现多种状态，如基于客户的还款行为时间跨度可以划分为有比较长的还款行为、有长度适中的还款行为、有比较短的还款行为几类。所以在构建 B 卡时，我们通常需要基于一定的业务逻辑将有一定贷中行为表现的存量客群划分为互斥且完备的群体，把相似的客群放一起建模，在完成模型构建后再按照同样的标准对模型评分进行校准，之后再使用。

基于客户维度的 B 卡开发完成后，我们主要以一定频率对有一定贷中行为的存量客户进行风险评级。根据评级结果，我们可以对客户采取差异化的风险处置措施，如额度冻结、调额、调价等。当然，我们也可以在贷中用信审批场景中利用该 B 卡对风险客户进行极差拒绝等操作。

2. 基于借据维度开发的 B 卡

针对循环额度类信贷产品，客户授信通过后可以多次用信。当客户有足够的贷中行为表现后，我们可基于客户的贷中行为数据和其他维度的数据设计借据级 B 卡，在客户每次用信时实时评估其风险，基于评估结果决定是否用信通过。

在开发基于借据维度的 B 卡时，观察点通常为该借据的用信时间点。基于借据维度开发的 B 卡通常用于基于借据用信时间点前的客户行为数据，预测借据用信时间点未来一段时间内客户逾期的可能性。基于借据维度的 B 卡是指建模样本在借据维度是唯一的，若一个客户产生了多笔借据，则建模样本中会有这个客户的多条记录。

在构建基于借据维度的 B 卡时，我们通常会根据一定的分群逻辑对借据进行分群，然后基于分群结果构建多个借据维度的 B 卡。基于借据维度的 B 卡构建完成后主要在用信策略中使用，实现对风险较高的借款进行用信申请拒绝。

5.7.2 小微信贷贷中运营模型体系

在贷中阶段，为了提升存量客户的价值和黏性，我们通常会对存量优质客户进行更多的运营。常见的贷中运营工作包括客户促支用营销、跨产品交叉营销，以及流失客户预警挽留等。在开发小微信贷贷中运营模型时，我们主要围绕上述几个方面展开。常见的运营模型包括营销响应模型以及流失预警模型等。

营销响应模型的主要目的是预测在不同营销方式下客户被成功营销的可能性。该模型相对简单，建模时的观察点为营销时间点，可使用的数据主要包括历史营销记录数据和其他维度的风控数据等。目标字段是判断客户是否对营销做出响应。基于该模型，我们可以为每个客户匹配最合适的营销方式，为金融机构降低营销成本并提高成功率。

流失预警模型的主要目的是预测存量优质客户在未来一段时间内是否会流失。模型的观察点可以定为结清时间点（也可以基于业务情况确定为其他时间点），可使用的建模数据主要是贷中行为数据，目标字段是在结清后一段时间（如3个月）内是否用信。对于流失可能性较高的优质客户，我们应尽早采取适当的营销措施进行挽留。因为一旦客户流失，重新促使其用信所需的成本可能与获取一个新客户相当。

5.8 贷后风控模型

在贷后，我们通常要开发的模型有两类：一类是C卡，C卡不是一个模型，而是一类模型的统称，C卡其实就是我们常讲的账龄滚动模型；另一类是失联修复模型。逾期客户催收是贷后工作的重中之重。贷后模型主要是为更好地辅助进行逾期贷款催回而开发的模型。

1. C卡

C卡即催收评分卡，是指逾期客户在经过催收后被催回的可能性，被催回目标字段取值为1，否则为0。在实践中，根据逾期客户所处的逾期阶段，我们可以把逾期客群分为M1客群（逾期在[1, 29]天）、M2客群（逾期在[30, 59]天）、M3及以上客群（逾期大于或等于60天）。在开发C卡时，常见的做法是对处于不同逾期阶段的客群分别建模，预测其经过一段时间的催收后被催回的可能性，若未被催回，其实就进入了下一个逾期阶段。需要说明的是，客户逾期大于或等于60天后被催回的可能性往往极低。我们通常会在合法合规的前提下采取非常严厉的催收方式迫使客户尽量还款。在这种情况下，催收策略的制定基本上不依赖C卡模型，所以针对M3及以上逾期客群，开发C卡的意义不是很大。

在开发 C 卡时，面临与 B 卡开发类似的问题，即有的客户在比较早的账龄就逾期，贷中和贷后行为数据不丰富，有的客户在相对晚的账龄逾期，行为数据比较丰富，所以在开发 C 卡时，观察期、观察点、表现期如何确定？通常，我们是针对有至少 3 个还款账期的逾期客群才开发 C 卡，针对在比较早的账龄逾期的客群基于相对较严的催收策略进行催收，因为这部分客群才放款没多久就逾期，大概率资质比较差。

针对有比较长账龄的逾期客群建模时，如何确定观察期、观察点和表现期？通常采用滚动移动法。以 M1 客群为例，预测其催回的可能性，假设观察期为 3 个月、观察点为每月的 1 日，表现期为 2 个月，观察期、观察点和表现期可以按图 5-13 所示的方法滚动确定，确定完成后对所有样本合并建模即可。

观察期（2月1日～4月30日）	表现期（如2个月左右，截至6月30日）
观察点，如5月1日	

观察期（3月1日～5月31日）	表现期（如2个月左右，截至7月31日）
观察点，如6月1日	

……

观察期（6月1日～8月31日）	表现期（如2个月左右，截至10月31日）
观察点，如9月1日	

图 5-13　C 卡观察期、观察点和表现期示例

2. 失联修复模型

失联修复模型是指在贷后催收过程中通过社交网络寻找失联客户联系人的联系方式，实现间接触达客户进行催收的目的而构建的模型。在构建失联修复模型时，我们通常会运用图算法，将客户、电话、电子邮箱等作为节点构建社交网络，并在网络中寻找能

间接触达失联客户的联系方式,以达到失联修复的目的。虽然失联修复模型能够提高触达失联客户的可能性,但在通过这种间接的方式进行催收时,一定要注意催收话术,不要采用不合规的方式暴力催收。

5.9 本章小结

在开发贷前、贷中和贷后小微信贷风控模型时,除了建模样本和使用场景不同之外,涉及的模型开发方法和建模代码是可以复用的。因此,本书在贷中和贷后阶段没有增加额外的建模案例。

在开发风控模型时,无论小微信贷风控模型还是零售信贷风控模型,我们都必须遵循业务指导建模的原则。只有理解了业务,才能基于业务目标构建出良好的风控模型。与零售信贷风控模型相比,小微信贷风控模型主要增加了企业维度的风控数据。其他方面,无论变量衍生、模型算法选择还是模型拟合,都与零售信贷风控模型相差不大。因此,本章介绍的许多模型开发方法论是通用的,不必局限于小微信贷领域。

第 6 章

小微信贷风控策略

  小微信贷风控是金融机构风险管理的重要环节。由于小微信贷的授信额度普遍较高，授信周期普遍较长，因此小微信贷风控线上化更具挑战性。传统的小微信贷业务主要依靠线下人员的强背书和调研，需要大量的人工尽调和实地采访，重点对企业的经营情况进行大量调查和验证。这种重人工的小微信贷风控能够增强与目标企业的黏性，从某种程度上确实能够发现异常情况，提升风险判断的准确度。然而，这与金融业务科技化、线上化的趋势并不相符。线上信贷更强调效率和自动化，这是传统信贷模型无法满足的。

  如何将经营贷的业务逻辑与线上信贷风控的基本方法相结合，是现代小微信贷策略的难点。本章主要讲解风险策略在小微信贷风控领域的应用。

6.1 小微信贷风控策略概述

初识小微信贷策略需要先了解 3 个问题：小微信贷风控策略是什么？风控策略和风控模型的关系是什么？策略的基本要素是什么？

6.1.1 小微信贷风控策略定义

风控策略本质上是指服务于金融机构或金融业务目标的一切与风险管理相关的手段和方法。如果将模型比作擅长解决特定问题的工具，在解决问题的深度上能达到极致，策略就像解决综合问题的工具，在解决问题的广度上能达到极致。

在小微信贷领域，我们认为：针对不同的业务场景和客群，通过一系列规则或组合规则对客户风险进行判断，并最终应用于信贷全流程（贷前、贷中、贷后阶段），实现准入判断、定额定价、催收冻结等风险决策的行为的方法都属于策略范畴。需要注意的是，小微信贷涉及的场景和客群，一般可以从两个大类去考虑，一个是企业，另一个是个人，两者缺一不可。

6.1.2 风控策略和风控模型的关系

风控策略和风控模型有以下相同点。

1）目标一致：风控策略和风控模型的共同目标是降低信贷风险，保护金融机构的利益。

2）数据驱动：两者都依赖大量数据进行分析和决策，以识别潜在的风险。当然，在实际工作中，小微信贷也注重将数据与业务相结合的工作方法。这点在风控策略和风控模型中也是一致的。

3）前瞻性：无论风控策略还是风控模型，它们都旨在通过历史数据来预测未来借款人的还款能力和违约风险。

风控策略和风控模型有以下不同点。

1）层级不同：风控策略是外层次的决策框架，与业务息息相关。它涉及整个信贷业务的方方面面，包括风险定价、产品设计、流程管理等，也就是所谓的"广而全"。风控模型是策略的具体实现，是一种基于数据和算法的量化工具，也就是所谓"专而精"。

2）作用不同：风控策略是风险管理动作落地的具体操作，风控模型是实现策略的具体工具。无论模型还是策略，它们最终目的都是实现产品风控目标。两者共同助力金融机构在信贷业务中降低风险、提高效率和盈利能力。有效的模型和变量是策略的基础，也是策略的重要组成部分。只有存在有效的风控模型和变量，才有可能设计出有效的风控策略。变量和模型为策略提供有效的支撑，策略对变量和模型进行有效的应用，两者结合，最终实现产品风控目标。

6.2 线上小微信贷基础——数据和变量

与传统线下信贷相比，线上信贷产品能够承接更大数量级的客户，并且客户范围更广泛。因此，线上信贷对风险管理的能力和效率要求也更高。为了提高风险管理的能力和效率，我们需要实施自动化和标准化的风险管理链路。这是线上信贷风控的基础。其中，数据和变量作为最底层的要素，也需要特别关注。

1. 数据

数据是线上产品的基石。没有数据就像没有原材料，没有菜、再好的厨师也无用武之地。所以在初建策略框架时，所需做的第一步就是盘点可用的数据和需要的数据。

在盘点数据时，我们可以先对数据进行分类。数据分类的主要目的是帮助策略设计者判断策略所使用的维度的完整性，期望策略所使用的数据能覆盖小微企业和企业主的风险点。

数据分类的方式有很多，在小微企业信贷策略中常用的分类方式是通过对象对数据进行分类。

从对象上进行分类，小微信贷产品的数据可以分为企业数据和个人数据（企业主/股东）。区分数据是个人数据还是企业数据的最简单方法是根据入参来确定。

个人数据涉及的内容与 C 端（个人信贷产品）所使用的数据基本一致，主要包括以个人征信为主的各类三方数据（非金融机构自行产生数据）和金融机构内部的客户行为数据。这类数据常用的查询入参是身份证号码、姓名和手机号码等以个人维度确定的主键。

企业数据的涵盖范围较为广泛，包含涉及企业经营的所有数据。这类数据常用的查询入参是企业名称或统一社会信用代码等以企业维度确定的主键。

企业数据是小微信贷策略设计时必须使用的数据。与个人数据相比，企业数据具有以下 3 个特点。

1）企业数据质量相对较差。主要原因是企业数据获取的难度较大，且数据标准化程度低。因此，在设计小微信贷策略时，对数据质量进行评估是必不可少的工作。

2）企业数据调用的经济成本较高。企业数据调用的成本往往是个人数据调用成本的 10 倍以上。因此，一般在产品中后期，即数据源和客群都稳定后，为了节约成本，采用串行部署的方式进行风控策略的实施。

3）企业数据的覆盖程度较低。这里的覆盖程度低指的是样本的查得率或有效查得率低。查得率是指根据入参查询后所有返回结果中有数据的样本占所有参与查询样本的比率。有效查得率是指根据入参查询后所有返回结果中有数据样本且没有缺失和其他异常码值数据样本占所有样本的比率。企业数据具有一定的场景属性，场景的存在本身就决定了其覆盖程度有限。以税务数据为例，由于我国的纳税制度，税务部门已经是企业经营类数据中对场景限制较小的数据源。税务数据被认为是泛场景数据。但在真实工作中，仍有部分样本因为其身份的特殊性没有纳税信息或是 0 纳税（空申报）。

从信息量角度来看，这种情况是无效的查得。

2. 变量

小微信贷策略中的变量和小微信贷模型中的变量比较类似，可以参考 5.3.1 节对变量池的描述。

6.3　策略要素：规则和风险决策

精炼地说，风险策略等于"规则+风险决策"，即风险策略有两大要素，分别是规则和风险决策。

第一个要素：规则。此处提到的规则的本质是分类。对目标客户进行识别和分类的方法被视为规则。规则本身可以有很多种类，例如信贷风险管理中最常用的就是风险规则。风险规则的本质是识别和分类高风险客群的方法。

第二个要素：风险决策。此处提到的风险决策是对目标客户进行识别和分类后对应的处置和决策结果。例如，在贷前审批环节，常用的风险决策是准入决策和核额决策，主要解决信贷中是否贷款以及贷款金额的问题。

在贷前审批环节，风险策略的主要目的是识别欺诈客户、高信用风险客户，并对高信用风险客户做出不予准入的决定。此处的策略拆分为规则和风险决策两部分。"规则"识别出高风险客群，"风险决策"配套不予准入、不赋予其授信额度的决策结果，两者合并即为完整的风险策略。

同理，在贷中和贷后环节，风险策略也可以分为规则和风险决策两部分。例如，在贷后预警环节，风险策略的目的是通过客户的还款行为、资质变化情况识别出所有在贷客户中的高风险客户，并配套额度冻结、额度清退等风险决策。了解了规则的本质后，策略人员能更灵活地设计风险策略。

小微策略中常用的规则和风险决策如表 6-1 所示。规则可以分为自动规则和人工规则。自动规则指的是线上全自动决策的规则，不需要人工参与决策。人工规则指的是需要人工参与才能输出结果的规则。风险决策可以根据贷前、贷中、贷后环节进行拆分，包括准入决策、核额、定价、其他要素（期限、还款方式）确认、用信决策、调额、调价、额度清退、额度冻结、预催收、利率优惠券等。

之所以按照"规则 + 风险决策"的方式来拆解风险策略，是希望策略设计和开发人员能够超越贷前、贷中、贷后的环节限制。明确风险策略的核心是通过规则来识别目标客户，并配套相应的风险决策结果。

表 6-1　常用规则和风险决策

策略要素 1：规则		策略要素 2：风险决策		
规则分类	规则细分	贷前	贷中	贷后
自动规则	产品规则	准入决策、核额、定价、其他要素确认（期限、还款方式）	准入决策（用信）调额、调价、额度清退、额度冻结、额度解冻、提额、预催收、利率优惠券等	逾期催收、上门催收、法律催收、委外催收、信用记录更新、提额、利率优惠券
	分群规则			
	风险规则			
	其他要素规则			
人工规则	人工补充评审规则			
	人工综合评审规则			

除此之外，在小微信贷领域，我们同时需要注意策略和业务进行紧密结合，既要考虑企业主，也要考虑企业。在小微企业中，企业主的信用情况和企业的信用情况密不可分。同时，小微企业经营不稳定、易劣变的特点，决定了小微信贷资产的脆弱性，尤其是信用类贷款。小微信贷风控需要回归业务经验，风控抓手既包括经营实况也包括个人信用。

6.4　策略要素 1：规则

规则用于对客户进行评价、识别和分类。如图 6-1 所示，人工规则分为人工补充评审规则和人工综合评审规则。自动规则分为产品规则、分群规则、风险规则和其他要素规则。

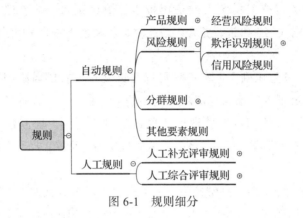

图 6-1　规则细分

6.4.1　人工规则

哪怕是在强调自动化技术的今天，人工审核规则也是小微信贷风控中的一个重要环节。人工规则不可忽略的主要原因是小微企业信贷额度高、主题复杂的特性。

1. 人工规则的作用

人工规则的主要作用有 5 个：信用评估、风险识别、资料核实/身份核验、识别异常情况、人情因素，如图 6-2 所示。

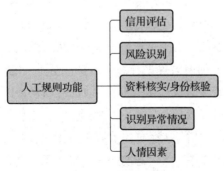

图 6-2　人工规则的作用

1）信用评估。人工审核可以对借款人的信用状况进行全面评估。通过查看借款人的信用报告、银行流水、纳税记录等信息，运用人脑思维进行整合，最终对企业和企业主的信用风险进行评估。

2）风险识别。人工审核可以帮助发现潜在的风险因素。人工审核员可以仔细审查借款人提供的文件和资料，检查其真实性和完整性。他们可以发现可能存在的欺诈行为、虚假信息等风险，特别是经营类营收的虚报，从而减少不良贷款，提升产品整体效能。

3）资料核实/身份核验。人工审核可以对借款人提供的资料进行核实。人工审核员可以与借款人进行电话沟通或面对面确认其身份、工作、收入等信息的真实性，帮助核验和证明"申请人是目标企业的实际经营者"，同时侧面验证企业经营的真实性。这有助于确保借款人提供的资料与实际情况一致，降低信息不对称、欺诈、帮他人贷款或皮包公司贷款的可能性。

4）识别异常情况。人工审核可以有效处理特殊情况和复杂案件。对于一些不符合常规标准的借款申请，人工审核员可以根据自身经验和判断力进行综合评估，考虑借款人的个人情况、行业特点等因素，做出更合理的审批决策。

5）人情因素。人工审核可以考虑一些人情因素。在小微信贷审批中，借款人通常是小微企业主或个体工商户，它们可能面临各种经营困难和挑战。人工审核员可以根据实际情况，对借款人经营状况、所在行业的前景等进行综合考量，给予一定的灵活性支持。

总之，目前消费类信贷产品基本实现100%自动决策，而人工规则可以认为是小微经营贷产品特有的规则。尽管人工参与信贷决策存在明显的弊端，如增加人力成本、降低决策时效等，但在小微类产品的风险管理工作中，人的参与仍占一定比重。这和小微信贷产品经营规模情况复杂、策略多样有关。

2. 人工规则的必要性和重要性

（1）人工规则的必要性

当无法从量化角度自动做出判断和风险评估时，人工审核人员可以辅助判断。

例1：在评估涉诉风险时，一般会引入司法涉诉类数据，但由于司法业务的复杂性和多样性，对于部分未结案件或复杂案件，仅依靠数据或变量无法自动判断该案件对申请人或申请企业的影响程度。这种情况需要人工审核人员通过问询相关人或研读开庭公告、裁判文书明细内容等方式获取更多的信息，并最终进行决策。

例2：在判断申请人和对应企业之间的关联紧密度时，持股比例和持股时长是一般性量化评估方式。以持股比例为例，股东可以分为自然人股东和法人股东，如果仅以自然人股东持股比例进行判定可能会出现误差。假设A女士今日前来申请经营贷款，她所在企业有3个股东，分别是：自然人A女士（持股30%）、自然人B先生（持股40%）以及法人股东C公司（持股40%）。该产品策略要求：申请人需为最大持股比例股东。如根据纯数据结果：申请人A女士持股30%，不是最大持股比例股东。这不符合策略要求，不建议授信。但人工审核人员在审核中发现，目标企业的法人股东C公司（持股40%）为A女士100%持股的个人独资企业。通过股权穿透可知，A女士实际持股比例70%，是最大持股比例股东，应建议授信。在模型没有股权穿透功能时，不得不使用人工规则。

（2）人工规则的重要性

人工规则的重要性在于对小微企业进行大额授信（一般超过50万元）时，需要同时考虑定性和定量因素。自动规则通常能够满足定量考量的需求，人工规则则能够更好地从定性角度提取信息。

在小微信贷业务中，人工审核人员的综合评审内容与线下模型的审批内容相似。

3. 人工规则的分类

人工规则可以分为人工补充审批规则和人工综合审批规则,如图 6-3 所示。

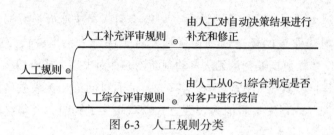

图 6-3　人工规则分类

人工补充评审规则是在数据或量化规则有一定概率无法给出准确结果的情况下,由人工审核人员对自动决策结果进行补充和修正的规则,例如司法矩阵和工商补充分析。

人工综合评审规则是一种全人工驱动的线下审批方法,通过人工从多个数据、视角和信息源综合判断是否对客户进行授信。在线上产品中,该规则一般不是必要的,但会被部分机构在企业拟授信金额过大时引入,以加强对企业的风险评估。

4. 人工补充审批规则的样例——司法矩阵

在小微领域,比较常见的人工补充审批规则是司法矩阵。司法矩阵是用于评估小微企业信贷中司法风险的规则集。司法问题的复杂性和特殊性决定了需要人工参与和判定。当根据司法数据无法自动判断目标客户的涉诉信息是否对申请人或申请企业有利时,我们需要人工参与决策流,进行补充审批。

注：司法矩阵作为评估企业、企业主司法风险的一个范式,在实际工作中已经有了较广泛的应用。

司法矩阵样例如表 6-2 所示。

表 6-2 司法矩阵样例

认定司法诉讼标准					
裁判文书					
案由其他维度		申请时间 − 宣判时间 =X（年）			
（涉案金额：万元）		结案			未结案
		$X \geq 2$	$0.5 \leq X < 2$	$0 \leq X < 0.5$	
对借款人不利	涉案金额（>100）	人工	不通过	不通过	人工
	涉案金额（20<X≤100）+重要案由	通过	不通过	不通过	
	涉案金额（20<X≤100）+非重要案由	通过	不通过	不通过	
	涉案金额（10<X≤20）+重要案由	通过	通过	不通过	
	涉案金额（10<X≤20）+非重要案由	通过	通过	通过	
	涉案金额（≤10）	通过	通过	通过	
对借款人有利	涉案金额（>50）	通过	通过	人工	
	涉案金额（≤50）	通过	通过	通过	
撤诉		通过	通过	通过	
未知是否有利		人工	人工	人工	

通用说明：

名词释义：

人工修正策略【评审内容】：

5. 人工综合审批规则的样例——人工审批表

人工审批表是一种用于针对贷款申请进行人工审批和评估的表格或文件。它包含金融机构在审批过程中需要收集和记录的各种信息和数据。在传统经营贷业务中，人工审批表的影响力较大。

人工审批表通常需要人工审核人员对经营的真实性进行综合判断并背书，还需要将通过多渠道获取的客户软信息（通常是口头沟通所获取的信息）进行归纳和分类。对于复杂的经营贷业务，人工审批表具有一定的解释性和说服力。

人工审批表主要包含七大方面信息，分别是本机构信贷历史、经营者及企业基本信息、公共信息查询、经营状况、财务状况、实际经营者资产、资金需求和还款来源，具体见表6-3。

表6-3 人工审批表审核内容概述

模块编号	审核模块	审查内容	审核内容概述
1	本机构信贷历史	本机构信贷历史	审核人员了解该企业、个人在本机构的信用历史和还款情况
2	经营者及企业基本信息	关联公司情况	审核人员审核关联公司的基本信息、经营规模、资质，以评估关联企业的风险以及关联企业和目标企业、个人的紧密程度，并评估是否存在关联交易，以及通过关联交易虚增现金流和资产的情况
		核心成员信息	审核人员对当前在职的董、监、高人员进行访谈，评估其经营模式是否属于家族企业
		实际经营者信息、法定代表人信息	审核人员通过收集实际经营者或者法定代表人的户口本、婚姻证明、裁判文书等信息，对申请人的经历、家庭情况做描述和评估
		股权结构和变更情况	审核人员通过国家企业信用信息公示系统查询结果、验资报告等信息对企业的股东关系、历史变更情况进行了解，从而判断企业股权的稳定性
		业务简介	审核人员收集经营场地权证、工资发放记录、工人轮班表等信息，结合口头问询、经营地考察结果，对企业的经营业务和产业定位做了解
3	公共信息查询	公共信息	审核人员通过对司法、涉诉、舆情信息（通过搜索引擎搜索）、动产融资信息的查询和收集，判断企业、经营人是否存在违法行为或其他负面信息
4	经营状况	经营方式	审核人员通过访谈、开工情况、员工精神面貌、样品抽样等方式对企业的盈利模式、生产过程、生产工艺进行评价
		其他补充描述	审核人员通过访谈、网络查询、专利证书、产品介绍等方式对产品用途、竞争优势等进行描述和评估
		经营业绩	审核人员通过纳税凭证、金税系统纳税申报情况、银行流水、主要合同、出库入库单等信息量化地测算企业的收入和利润

（续）

模块编号	审核模块	审查内容	审核内容概述
5	财务状况	财务数据报表	审核人员收集和记录企业的财报信息，从资产、负债和所有者权益角度记录报表明细
		主要科目明细及说明	审核人员对货币资金、应收账款、预收账款、固定资产、银行借款、应付票据、未分配利润等关键财务指标进行解读
6	实际经营者资产（含其直系亲属）	企业资产	审核人员通过访谈、企业主提供资料等方式对企业的房屋、机器设备、车辆、在建工程、土地、长期股权投资、其他非流动资产进行统计
		个人资产	审核人员通过访谈，了解企业实际经营者的房产、个人车辆、个人股权投资、其他个人资产等，对实际经营者的资产进行盘点
7	资金需求和还款来源	资金需求	审核人员基于前文的分析和总结（主要是企业基本情况和当前负债结构），分析企业的真实用款需求，例如续贷、置换贷款、购买设备、支付工程款、修建完厂房之后替换民间资金、出现淡旺季差异时需要铺货、投标保证金、支付保金、自身消费需求等
		还款来源	审核人员基于前文的分析和总结，对企业的第一还款来源和第二还款来源进行评估

6.4.2 自动规则

1. 自动规则分类

如图 6-4 所示，自动规则可以分为四大类，分别是产品规则、风险规则、分群规则和其他要素规则。其中，风险规则根据对应的风险防范类型和量化 Y 标签的不同，又可以进一步分为欺诈识别规则、经营风险规则和信用风险规则。以上四类规则又可以从企业和企业主的角度出发进行规则开发。

小微信贷从企业和个人角度对信贷产品规则进行设计。表 6-4 为自动规则在个人和企业中的部分样例。

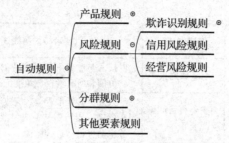

图 6-4 自动规则分类

表 6-4 自动规则样例

策略类型	策略类型明细	对象	规则	风险决策
产品规则	产品规则	企业	申请企业近 12 个月应税销售收入小于 500 万元	准入决策
产品规则	产品规则	个人	申请人年龄大于 60 岁	准入决策
风险规则	信用风险规则	个人	申请人近 12 个月贷款查询机构数大于 40	准入决策
风险规则	信用风险规则	企业	申请企业当前存在欠税记录且欠税金额超过 1000 元	准入决策
风险规则	欺诈识别规则	个人	申请人设备 IP 定位城市与客户的经营地址（市）和居住地址（市）都不一致	准入决策
风险规则	欺诈识别规则	企业	申请企业注册地址短期内被多次重复注册	准入决策
风险规则	经营风险规则	企业	申请企业经营状态为非正常	准入决策
风险规则	经营风险规则	个人	申请人持股时长小于 360 天	准入决策
分群规则	分群规则	企业	申请企业行业属于高新技术产业	准入决策
分群规则	分群规则	个人	申请人本次用信距离授信通过日期大于或等于 30 天	用信决策

（1）产品规则

产品规则是服务于产品的规则或规则集，一般用于确定授信对象，即产品规则明确信贷产品对哪些客户进行授信。产品规则的特点是有两个：一个是稳定不易变，另一个是不强制要求量化数据支持（只需符合业务逻辑即可）。在制定产品规则时，我们需要有完善的产品调研报告和市场评估。对于金融机构来说，选择哪些客户作为金融产品的受众是非常关键的一步。这会影响金融机构对客户的风险容忍度、金融产品的竞争力，以及产品发展前景等。因此，选对赛道非常重要。

（2）风险规则

风险规则是对申请人、申请企业的风险进行识别的规则。在信贷产品中，风险规则一般可以根据不同的风险类型分为欺诈识别规则、信用风险规则、经营风险规则。

欺诈识别规则是在信贷产品中用于检测和预防欺诈行为的一套指导原则和方法。它通过分析借款人的行为、交易模式、数据模式等信息，识别潜在的欺诈风险，以保护金融机构的利益。欺诈识别规则常用的 Y 标签通常是短期标签，如 FPD，或者使用无监督算法开发的规则。

信用风险规则是用于识别客户信用风险的规则，主要服务于风控目标。随着风控目标的变更或策略效能下降，我们可以对信用风险规则进行调整。一般的信用风险规则需要有一定的数据支持。信用风险规则常用的 Y 标签通常与借款期限有关。根据 2023 年的市场现状，小微企业经营贷的借款期限较长，大多在 12 期以上。常用的标签是 mob9dpd30 和 mob12dpd30。当然，标签具体的选择还要根据每个产品自身的情况来确定。

经营风险规则主要用于识别申请企业主体经营层面风险的规则，主要覆盖企业经营稳定性和经营规模等方面。

（3）分群规则

分群规则是用于对进件客户进行分群的规则和方法，核心目标是通过分群更好地判断客户的欺诈风险或信用风险。目前，我们有两种常用的分群方法论：专家分群和量化分群。专家分群是基于专家经验,根据现实情况对客户进行划分,一般在样本底层可用数据有差异时进行分群。量化分群多用分类算法实现,常用的算法是K-means聚类和决策树等。无论采用哪种分群方法,目的都是更好地区分不同群组内客户的风险水平。

虽然分群的方法有很多,但无论采用哪种方法,评估分群结果的标准都是一致的,主要有以下4个标准。

1)分群时,单一群组的比例不宜过低,一般不低于总样本的20%。

2)分群后,从风险角度评估,每个群体的风险有较明显的差异。

3)分群后,所识别的有效规则或变量有一定差异性。

4)分群后,每个群内规则的区分能力整合后大于分群前所有客群对应规则的区分能力。

在小微企业信贷产品中,一般建议优先从经营角度进行分群,这是最符合业务直觉的维度。目前,小微信贷产品已有了实践案例,主要从经营规模、行业和区域等角度进行分群。在贷中环节,我们一般会从新客和老客(有两次以上还款记录的客户)角度进行分群,这一点在小微经营类信贷产品和个人消费类信贷产品上基本一致。

(4)其他要素规则

其他要素规则是对客户的还款能力、还款意愿、资金需求和经营稳定性等信息进行综合评价。评价结果会影响客户的额度、定价、授信期限和还款方式等。

2. 自动规则框架

本节描述了在完整决策流中规则的部署顺序,也是一般策略的框架。该框架在贷前、贷中、贷后环节普遍适用。以贷前环节为例,本节确定了一套相对完整的框架,具体如图6-5所示。

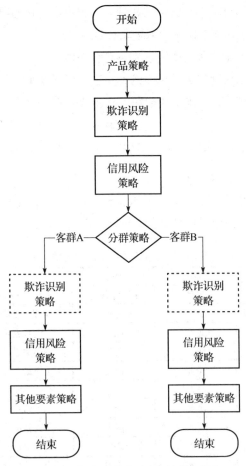

图 6-5 贷前环节自动规则框架示例

在框架中，经过产品规则、欺诈识别规则和信用风险规则进行筛选，不符合条件的风险客户被筛选。本框架默认决策流是并行结构，即所有进件客户调取所有数据，触发所有规则。如果决策顺序是串行，则可以从成本集中角度和数据积累价值角度重新调整单条策略的顺序，不拘泥于图上的排序。

分群规则作为流程中的分流环节，能够对客户进行分类。分类后,根据不同群组客户的性质和特点,制定定制化的欺诈识别策略和信用风险策略(欺诈风险策略非必要)。

贷前的规则决策流主要识别不符合条件的风险客户。最终走完整个决策流未被判定为高风险的客户进入要素规则。要素规则用于对其进行核额定价、确定还款期限和还款方式。

如果人工参与决策,则需要在对应环节添加人工对最终输出结果的调整权限。一般人工决策会放置在决策流的最后。

3. 自动规则风险维度

小微信贷产品的风险维度如表6-5所示。在制定小微信贷产品的规则时,我们应尽量覆盖所有风险维度。

表6-5 小微信贷产品的风险维度

维度类型	客群划分		
	主体	能力/风险	一级维度
基本面信息	企业	能力	企业基础信息
	企业	能力	企业社会定位
	企业	能力	资本关系
	企业	能力	上下游关系
	企业	能力	合作方关系
	企业	能力	雇员信息
	个人	能力	个人基础信息
	个人	能力	个人工作能力
	个人	能力	个人社会背景
	个人	能力	个人家庭背景
还款来源	企业	能力	企业经营收入
	企业	能力	企业经营利润
	企业	能力	企业经营成本
	企业	能力	企业成本构成
	企业	能力	企业经营费用
	企业	能力	企业费用构成
	个人	能力	个人收入

（续）

客群划分			
维度类型	主体	能力/风险	一级维度
经营管理	企业	能力	企业管理风格文化
	企业	能力	经营效率
	企业	能力	管理效率
还款来源风险	企业	风险	经营稳定性
	企业	风险	经营持续性
	企业	风险	合法经营
	企业	风险	合规经营
	个人	风险	收入稳定性
	个人	风险	收入持续性
	个人	风险	个人司法风险
贷款用途	企业	能力	企业经营成本
	企业	能力	企业经营费用
	个人	能力	个人消费用
信贷能力	企业	能力	企业贷款能力
	企业	能力	企业还款能力
	个人	能力	个人贷款能力
	个人	能力	个人还款能力
信贷风险	企业	风险	企业还款风险
	企业	风险	企业断供风险
	个人	风险	个人还款风险
	个人	风险	个人断供风险
财务能力	企业	能力	企业资产
	企业	能力	企业资产结构
	企业	能力	企业负债结构
	企业	能力	企业偿债能力
	企业	能力	企业偿债能力
	个人	能力	个人资产
	个人	能力	个人资产结构
	个人	能力	个人负债结构
	个人	能力	个人偿债能力

（续）

客群划分			
维度类型	主体	能力/风险	一级维度
财务风险	企业	风险	企业资产变动风险
	企业	风险	企业负债变动风险
	企业	风险	企业资产结构变动风险
	企业	风险	企业负债结构变动风险
	个人	风险	个人资产变动风险
	个人	风险	个人负债变动风险
	个人	风险	个人资产结构变动风险
	个人	风险	个人负债结构变动风险
经营评价企业	企业	风险	经营环境评价（地区）
	企业	风险	经营环境评价（产业）
	企业	风险	经营环境评价（行业）
收入评价个人	个人	风险	收入环境评价（地区）
	个人	风险	收入环境评价（产业）
	个人	风险	收入环境评价（行业）
	个人	风险	收入环境评价（企业）
	个人	风险	消费评价（个人）
其他信用	企业	风险	企业经营履约
	企业	风险	企业项目履约
	企业	风险	其他信贷履约
	企业	风险	企业社会服务履约
	企业	风险	企业商业服务履约
	个人	风险	个人社会服务履约
	个人	风险	个人商业服务履约

6.5 策略要素2：风险决策

再次重申，策略需要同时包含规则和风险决策，二者缺一不可。风险决策是对在规则对客户进行识别和分类后，对客户的处置和决策结果。

策略的应用覆盖整个信贷周期。如图6-6所示。完整的信贷周期分为贷前、贷中、贷后3个环节。贷前分为预授信场景、授信场景和续授信场景。贷中分为用信场景、贷中预警场景和流失预警场景。贷后分为催收场景、二次营销场景。在不同的场景下，我们需要做出不同的风险决策。

图6-6 不同信贷周期的策略应用场景

6.5.1 策略的应用场景

1. 贷前环节的策略应用场景

预授信场景可以理解为在正式授信前，根据部分数据和信息对授信主体进行初步评估，以确定其是否具备贷款资格并给出可能获得的授信额度（假设没有负面信用历史）。通常首先会剔除不符合本信贷产品授信对象要求的客户，同时对于初筛可能满足条件或相对风险较低的客户给予较高的额度。然而，这个额度并非真实的授信额度，真正的授信额度将根据授信场景的核额结果确定。预授信的主要作用包括：剔除明显不符合准入条件的客户；给初筛客户提供定额。一般来说，预授信策略都是简单的，只要能够解释业务需求即可。该场景涉及的风险决策有：准入决策和核额。

授信场景是贷前流程中最重要的风控环节，主要目的是对进件客户进行风险评估，拒绝高风险客户，对低风险客户进行授信。与预授信场景不同的是，在贷前授信场景中，信贷机构通常会基于全量可获得的数据和信息对授信主体进行综合评估，以确定其是否具备贷款资格并给出最终可获得的授信额度及定价，同时匹配期限策略和还款方式。该场景涉及的风险决策有：准入决策、核额、定价、确定期限和还款方式。

续授信场景是指在借款人已经使用了部分或全部授信额度后，根据其还款表现和信用状况，信贷机构决定是否延续或增加其授信额度的过程。简单来说，续授信是对已有借款人的额度进行调整和延续，与授信场景类似，但更多地参考了该客户在本产品的历史还款表现。该场景涉及的风险决策有：准入决策、核额、定价、确定期限和还款方式。

预授信场景是贷前环节的非必要场景。该场景是在线上信贷产品发展过程中逐步产生的。预授信场景的出现主要有两个目的：营销导向和成本导向，同时也有一定的风险管理功能。预授信审批所使用策略通常是基础的产品策略或数据成本较低的策略。这样做的目的是在成本可控的前提下剔除明显不符合本产品目标的客户。同时，预授信审批通过的客户会获得一个预授信额度，该额度并非客户最终的授信额度，一般会给予一个假设客户无其他负面信用历史情况下可能获得的额度。在这样的强假设下，预授信额度往往是偏高的，略微偏高的额度可以从营销导向上吸引客户。

2. 贷中环节的策略应用场景

用信场景主要是基于客户用信申请时点的数据情况，评估客户当前状态是否具备借款资格。客户用信申请时点是指借款人根据已获得的授信额度，在特定时间段内向信贷机构提出用款申请的时点。通过用信审批策略，信贷机构可以识别出资质变差的客户并拒绝其用信申请，从而降低金融机构的损失。理论上，用信场景中，信贷人员主要进行用信决策，不需要对额度进行调整。然而，在实际工作中，由于部分金融产品没有完善的自动调额调价功能，所以用信场景中，信贷人员也可能需要兼顾对客户资金需求的二次评估，根据当前时点客户的用款原因和还款能力，判断借款需求的合理性和借款的可行性。

贷中预警场景主要是基于在贷客户授信申请后的数据评估其信用情况及信用变化情况，对其信用状况进行评估，一般从还款逾期、还款能力变化、重大事件变化、资产抵押变化4个方面进行评估。当信用情况及信用变化情况恶化至容忍阈值以下时，输出预警信号。该场景涉及的风险决策有：额度清退、额度冻结、额度解冻、预催收。

流失预警场景主要是对在贷客户进行流失预警，通过科学的策略和持续的监控提前发现可能出现客户流失的迹象，并采取相应措施以降低客户流失的风险。该场景涉及的风险决策是在客户即将到期时提前发放利率优惠券等。

3. 贷后环节的策略应用场景

贷后环节的策略应用场景包括二次营销场景、催收场景。

二次营销场景主要是对历史授信通过但未支用的客户或当前无在贷客户进行筛选，选择信用资质相对较好的客户进行二次营销。一般来说，该场景涉及的风险决策包括调额和调价。

催收场景是指在贷款发放后，借款人未按合同约定还款或逾期未还款，需要通过一系列手段追回借款本金和利息的过程。一般来说，该场景涉及的风险决策包括催收。具体来说，催收可以细分为逾期催收、上门催收、法律催收和委外催收。

6.5.2 不同信贷流程中的风险决策

贷前、贷中和贷后风控流程中的主要风险决策如表6-6所示。

表6-6 风控全流程中的主要风险决策

流程	场景	风险决策
贷前	预授信	准入决策、核额
	授信	准入决策、核额、定价、其他要素确认
	续授信	准入决策、核额、定价、其他要素确认

（续）

流程	场景	风险决策
贷中	用信	准入决策
	贷中预警	调额、调价、额度清退、额度冻结、额度解冻、预催收
	流失预警	利率优惠券、提额
贷后	催收	逾期催收、上门催收、法律催收、委外催收、信用纪录更新
	二次营销	利率优惠券、提额

1. 贷前风险决策

贷前流程涉及的风险决策主要有准入决策、核额、定价、其他要素确认 4 部分。

- 准入决策：判断目标企业、企业主是否存在不可接受的信用风险，最终输出是否准入通过结果。
- 核额：根据目标企业的经营情况、企业及企业主的信贷历史以及企业主自身的资金需求，最终输出建议授信额度。
- 定价：根据目标企业的风险情况和信贷历史，最终输出建议授信定价。
- 期限策略（其他要素确认）：根据目标企业的经营情况、企业的风险情况以及企业主自身的资金需求，确认授信有效期。
- 还款方式策略（其他要素确认）：根据目标企业的风险情况确认还款方式。一般情况下，还款方式和期限策略会通过矩阵的方式组合输出。

2. 贷中风险决策

贷中流程涉及的风险决策主要有准入决策（用信）、调额、调价、额度清退、额度冻结、额度解冻、预催收。另外，提额和利率优惠券也是贷中流程（流失预警场景）涉及的风险决策。

- 准入决策：判断目标企业、企业主是否存在不可接受的信用风险，最终输出是否准入通过结果。
- 调额：针对客户支用之后的还款表现和其他信息的变化情况，识别还款压力较大或多头负债增多的风险客户，对其风险敞口进行管控，最终输出降低后的额度。一般是定期筛选客户进行批量调额。
- 调价：针对客户支用之后的还款表现和其他信息的变化情况，识别出信用风险较高的客户，提高其定价，最终输出提高后的定价。一般是定期筛选客户进行批量调价。
- 额度清退：针对高风险客户、部分已损失客户或其他存在合规问题、异常授信问题的客户进行额度清退，将额度清零。清零后，客户账户下的额度将不能再使用。一般针对贷后环节极易劣变为损失的资产进行清退。额度清退后客户不可再进行贷款，只能归还未结清借款的本金和利息。需要注意的是，大规模的额度清退对信贷产品和业务发展的影响较大。在清退时，信贷机构需要评估清退客户带来的影响、实施清退并催收回款。
- 额度冻结：当识别出客户存在欺诈风险或还款困难后，信贷机构会对其进行额度冻结。其间，额度不可使用，解冻后恢复使用。在实际工作中，信贷机构会匹配额度冻结对应的冻结码，不同的冻结码值对应不同的冻结时长。
- 额度解冻：当额度冻结客户冻结到期或者经排查暂无风险情况后，信贷机构会对客户账户下的额度进行解冻操作，恢复额度的正常使用。一般，信贷机构设置在额度冻结一段时间后自动解冻。
- 预催收：信贷机构识别到客户有一定还款困难后提前进行催收，如在客户即将还款前进行提示，一般针对有较短历史逾期的客户进行预催收，以降低金融产品的入催率。
- 利率优惠券（偏营销目的）：当客户授信通过后长期不支用、

提前结清后长期不支用或者当前有在贷但预测可能流失时，信贷机构可能会引入利率优惠券。首先，信贷机构需要触达客户、了解客户需求、同时参考同期市面定价，评估客户是否认为本产品的定价过高或额度偏低。如果明确产品利率过高，且客户信用风险较低，信贷机构可通过发放利率优惠券降低授信时的定价，从而降低客户的融资成本。需要注意的是，如果客户当前距离授信时点较短（距离授信 30 天以内），一般可直接发放优惠券；如果超过 30 天，建议重新授权，基于最新数据进行评估。本方法适合在产品信用风险可控、期望扩大规模、降低提前结清率、提高用信转换率时使用。

- 提额（偏营销目的）：当客户授信通过后长期不支用、提前结清后长期不支用或者当前有在贷但预测可能流失时，信贷机构可进行提额。首先，信贷机构需要触达客户，了解客户需求，同时参考同期市面定价，评估客户是否认为本产品的定价过高或额度偏低。如果明确产品额度过低，且客户信用风险较低、有还款能力，信贷机构可对客户进行提额。需要注意的是，如果客户当前距离授信时点较短（距离授信 30 天以内），且提额比例未超过原授信额度的 50%，一般可直接提额；如果超过 30 天或提额比例偏高，建议重新授权再次授信。本方法适合在产品信用风险可控、期望扩大规模、降低提前结清率、提高用信转换率时使用。

3. 贷后风险决策

贷后流程涉及的风险决策主要有催收、信用记录更新、提额、利率优惠券等。

催收与贷中环节的额度冻结或额度清退一起使用。在额度清退或额度冻结后，配合贷后催收团队加强对客户的催收，以提高客户催回率。例如,对逾期1天的客户立即进行电话催收,以触达客户。还款日后的前三天是催收的关键节点。具体来说,催收的决策可以细分为逾期催收、上门催收、法律催收、委外催收等。

- 逾期催收:当借款人未按时还款或超过约定的宽限期仍未还款时,催收人员会通过电话、短信、电子邮件等方式联系借款人,提醒其还款,并协商制订还款计划。
- 上门催收:如果借款人在逾期催收后仍未还款,催收人员可能会亲自上门拜访借款人,与其面对面交流,了解还款困难的原因,并尝试协商解决方案。
- 法律催收:如果借款人拒绝还款或无法达成还款协议,催收机构可能会采取法律手段,如起诉或申请强制执行,通过法院介入来追回债务。
- 委外催收:有些金融机构可能将催收业务委托给专业的催收机构,这些机构会代表债权人进行催收,使用更专业的技术和手段来追回债务。

信用记录更新:在催收过程中,催收人员会及时更新借款人的信用记录,将逾期情况记录在借款人的信用报告中,这将对借款人的信用评级产生影响。

利率优惠券和提额的定义可见贷中风险决策。贷后环节主要是对当前无在贷的客户进行管理。

6.6 策略生命周期管理

策略的生命周期管理决定了能否制定出适合的策略。如图 6-7 所示,策略完整的生命周期包括策略准备、策略开发、策略评审、策略部署、策略监控、策略迭代和策略下线环节。这些环节构成了风控策略全生命周期管理闭环。

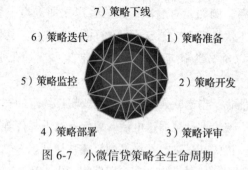

图 6-7 小微信贷策略全生命周期

6.6.1 策略准备

策略全生命周期管理的第一步是策略准备。

策略准备中的一个主要工作就是进行数据质量评估。小微信贷产品的数据包括企业数据和个人数据。与个人数据相比,企业数据存在一些劣势,包括标准化程度低、数据质量较差、覆盖程度较低等。这也决定了在进行小微信贷策略的设计时需要对数据质量进行评估。

数据质量的重要性决定了数据质量检验的必要性。数据质量检验也是对数据进行有效分析的前提。数据的质量同时影响了数据的可用性和易用性。大量不可用数据或者不准确数据不仅无法从中提炼出有价值的分析结果,还占用了存储资源。

数据质量的七大标准包括准确性、完整性、一致性、及时性、可关联性、可获得性和真实性。

(1)准确性

准确性是指评估数据中的信息的准确程度。数据的采集值或观测值与真实值之间的接近程度称为误差值。误差值越大,数据的准确性越低。数据的准确性由数据采集方法决定。保证准确性的具体方法有三个。第一个是通过协议约束来提高准确性,即通过沟通和签署协议的方式向数据提供方确认数据准确性。第二个是通过逻辑关系验证数据准确性,对于逻辑关系清晰的数据,可以根据其逻辑关系进行检验。以经销商经营数据为例,上年度销售总指标＝年度 A 品类指标＋年度 B 品类指标＋年度 C 品类指标,如果发现销售总指标不等于 3 个产品销售指标之和,则需与数据提供方再次确认数据准确性。第三个是多数据源交叉验证准确性,如果存在多个数据源有相同数据的情况,可以进行交叉校验;如果交叉检验不一致,数据很大概率是不准确的,需要各数据提供方确认。该方法也用于检测多数据源中数据的一致性。

(2)完整性

完整性要求数据中包含足够的信息,以便查询信息和支持可能需要的各种计算。首先,从数据源来看,确保数据维度全面;其次,从业务角度看,确认业务人员提出的数据需求全面覆盖,需重点注意数据是否有缺失、在时间跨度上是否完整,如图 6-8 所示。

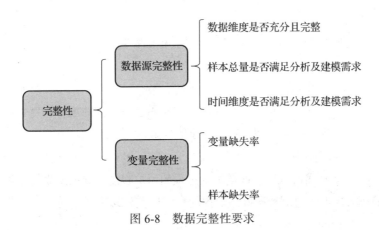

图 6-8　数据完整性要求

从单个变量的角度来看,业务人员需要确认每个变量的缺失程度。缺失程度可以通过缺失数量和缺失范围两个维度来界定。以图 6-9 为例,变量 A 缺失率为 66.7%,样本缺失率为 100%。

	A	*B*
1	NA	
2		NA
3	NA	

变量A缺失率：66.7%
样本缺失率：100%

图 6-9　变量缺失率和样本缺失率

（3）一致性

数据一致性主要包括两个层面。第一个层面是数据的信息含义与业务定义的一致性。第二个层面是当某一变量存在多数据源时，这一变量在多数据源中不得有错误或相互矛盾的数据，例如税务申报销售收入和发票销售收入理论上应一致。

（4）及时性（时效性）

数据及时性是指数据的更新及时（主要针对非字符型变量），不存在过时信息。对于经营情况复杂的大型企业来说，业务往往覆盖多个地区和国家，数据的及时性尤为重要。

（5）可关联性

各数据源需具备索引列，能与其他数据建立关联关系。同时，索引字段要有唯一性。

（6）可获得性

数据可获得性是指评估在实际工作中获取数据的难易程度，涉及数据采集、数据清理、数据转化等环节。

（7）真实性

数据真实性取决于数据采集过程的可控程度。数据采集过程可控程度高，可追溯情况好，数据的真实性就容易得到保证。

6.6.2　策略开发

1. 多标签选择和主标签确定

信用风险领域存在许多风险指标。这些指标可以用于及时发现风险问题,也可以用于制定风险策略时评估策略的有效性。下面介绍一些在策略中常用的风险指标。

(1) FSTQPD 指标

FSTQPD 指标是一系列指标的名称,可以拆分为 FPD/SPD/TPD/QPD(First/Second/Third /Quarter Payment Delinquency)。FPD1 表示在第一期发生首次逾期的占比,逾期为 1 天。FPD7 表示在第一期发生首次逾期的占比,逾期为 7 天。FPD30 表示在第一期发生首次逾期的占比,逾期为 30 天。SPD30 表示在第二期发生首次逾期的占比,逾期为 30 天。TPD30 表示在第三期发生首次逾期的占比,逾期为 30 天。QPD30 表示在第四期发生首次逾期的占比,逾期为 30 天。FSTQPD 指标的重点在于首逾,即关注客户的首次逾期情况。它通常应用于欺诈策略开发,以及信用风险策略细化和修正指导。

例如,某金融机构某月放款客户中,FPD1 为 15%,FPD5 为 3%,FPD10 为 1%。从数据可以看出,虽然首次逾期 1 天的客户占比较高,但在逾期 5 天后,这一比例明显下降至可接受水平。这里可以得到两个信息。第一个信息是从逾期趋势来看,该金融机构目前没有明显的欺诈风险,暂时未发现恶意欺诈事件或欺诈团伙。第二个信息是首次逾期 1 天的客户占比偏高,而逾期 5 天后明显下降。这表明该金融机构的客户在首月首次逾期 1 天后,大部分能在 5 日内还款。建议核查产品设计层面是否存在缺陷(无法自动、及时地提示还款),导致这批客户在第一个还款月都出现了逾期。

假设另一金融机构的 FPD1 为 9%,FPD5 为 7%,FPD10 为 7%。可以看到,从首次逾期 1 天到逾期 5 天的占比没有明显下降,逾期趋势异常,且逾期 5 天到逾期 10 天的占比保持不变。这表明可能存在催回困难,疑似出现欺诈行为或者客户质量较差。此时,金融机构一般会对这批客户进行批量复盘,观察客户是否具有一定的共性,策略是否存在漏洞,并尽快修复漏洞或补充策略,以免造成进一步的损失。

（2）MOB 和 DPD 指标

逾期天数 DPD（Day Past Due）指的是超过约定还款日未还款的天数。对于信贷产品，一般是自应还日起，超过应还日或超过应还日加上容忍日期后的第一天开始计算逾期天数。DPD1 表示逾期 1 天。DPD5 表示逾期 5 天。DPD30 表示逾期 30 天。DPD30+ 表示逾期超过 30 天。账龄（Month On Book，MOB）指资产的放款月份。类似于婴孩一出生就有了年龄，借款一旦被发放，也便拥有了账龄。MOB0 表示放款日至当月月底。MOB1 表示放款后第二个完整的月份。MOB2 表示放款后第三个完整的月份。对于该类指标，策略应用主要有以下 3 个标准。第一个是策略的标签一般是 DPD 和 MOB 的结合。例如：MOB9EVERDPD30+ 表示放款后 9 个月内逾期超过 30 天的客户的占比。在该标签下，坏客户是放款后 9 个月内逾期超过 30 天的客户。好客户通常是放款后 9 个月内均未逾期的客户。第二个是策略开发时应选择多个标签做参考。例如：短期标签使用 MOB3DPD15、中期标签使用 MOB6DPD30、长期标签使用 MOB9DPD30。第三个是策略开发时多个标签中可确认主标签，选择的标签可以动态调整。一般来说，对于小微信贷产品，业务人员在选择策略标签时可以先根据业务经验和产品久期设置长期、短期、中期标签。后续，业务人员可根据 Vintage 趋势和滚动率，结合样本数量综合考量，选择更适合的 MOB 和 DPD。此处 Vintage 和滚动率的相关关系已经在 5.3.1 节详细描述，本节不再赘述。总而言之，一个适合的主要标签需要满足 3 个条件：

1）标签与产品真实损失相关。

2）标签包含足够的有风险表现样本，可支持数据分析。

3）标签中 MOB 确认后，该 MOB 后的时间节点的 Vintage 曲线趋于平稳。

在主标签确认后，后续策略的分析会以主标签下输出结果为主,其他标签下输出结果为辅。一条完美的策略理论上会在多个标签下都具有区分度,但随着不断进行的策略挖掘,我们在实际工作中往往会更多考虑策略在主标签下的区分度,并要求在其他标签下不要有反向的区分度。

2.新策略的开发

本节介绍新增风险策略的开发过程和方法。核额和定价等要素策略在其他章节确定。

新策略的开发主要在金融产品设计初期进行。从0到1搭建策略体系时,新增策略较多。一旦金融产品上线稳定,策略开发人员会将更多的时间用于策略迭代或策略替换,除非有新数据源的加入或者新政策的指引,否则很少直接新增策略。

策略开发主要包括5个步骤:描述性统计分析、变量分箱、建议阈值自动输出、变量的时序泛化和其他补充分析。

(1)描述性统计分析

描述性统计用于总结和描述数据的特征、趋势和分布。在策略开发环节,描述性统计可以让策略开发人员对变量情况有一个基本的认识。对于有一定经验的策略开发人员来说,描述性统计能对数据质量、数据特点做一个总结,对后续数据应用与单条策略或组合策略有一个初步的判断。描述性统计可以对进件样本、决策通过样本进行分析,不要求样本在风险上有表现。表6-7是描述性统计分析的常用指标。

表6-7 描述性统计分析的常用指标

指标名称	指标计算说明	指标解读
总样本量	样本总量	测算时样本量不应过少,否则在后续的泛化时序分析和分箱分析中可能没有统计意义或测算结果不准确
缺失样本量	缺失值对应的样本量	缺失样本越多,损失信息越多

（续）

指标名称	指标计算说明	指标解读
缺失率	变量缺失值占总样本比率	—
单一值最大占比	剔除缺失值，变量众数占总样本比率	众数样本越多，占比越大，说明变量取值越集中
单一值第二大占比	不剔除缺失值，测算样本中出现次数排名第二的变量值。若存在多个众数，取值可能为众数	样本越多，占比越大，说明变量取值越集中
最小值	变量最小值	获取变量最小值
最大值	变量最大值	获取变量最大值
平均值	不考虑缺失值，平均值＝sum（非缺失变量值）/非缺失样本量	获取变量均值
10%分位数	不考虑缺失值，将数值由小到大排序，取前10%分位点对应的变量值为10%分位数	通过各分位点的差异，可知变量的分布情况
25%分位数	同上，取25%分位点对应的变量值	
50%分位数	同上，取50%分位点对应的变量值	
75%分位数	同上，取75%分位点对应的变量值	
90%分位数	同上，取90%分位点对应的变量值	
标准差	计算样本方差的平方根	反映变量的离散程度
离散系数	离散系数＝标准差/平均值	取值越大，离散程度越大

描述性统计可以初步筛选和剔除指标。

1）缺失率过高则剔除。一般来说，如果缺失率超过98%，则认为变量的有效信息较少，建议剔除。

2）单一值占比过高则剔除。通常，如果单一值超过95%，则认为该变量属于稀疏变量。然而，稀疏变量并不代表无效。可以结合分箱分析中变量的 Lift 值和 IV 来对变量进行筛选。需要注意的是，一般情况下不建议将稀疏变量加入组合策略，建议在单条策略中使用即可。

（2）变量分箱

目前，市面上常用的变量分箱方法已经比较成熟，可以分为有监督分箱和无监督分箱。在策略开发时，我们可以根据自己的需求灵活使用变量分箱方法。表 6-8 罗列了当前比较成熟的变量分箱方法。

表 6-8　比较成熟的变量分箱方法

类别	分箱方法	分箱含义
无监督分箱	等频分箱	等频分箱（Equal Frequency Binning）是一种将连续变量划分为离散分箱的方法。其中，每个分箱包含数量大致相等的样本。等频分箱的目标是确保每个分箱内的样本数量相对均衡，以便更好地捕捉变量的分布特征
	等距分箱	等距分箱（Equal Width Binning）是一种将连续变量划分为离散分箱的方法。其中，每个分箱的取值范围相等。等距分箱的目标是将连续变量的取值范围均匀地划分为若干个区间，以便更好地捕捉变量的分布特征
有监督分箱	卡方分箱	卡方分箱（Chi-square Binning）是一种将连续变量划分为离散分箱的方法。它基于卡方统计量来评估分箱的优劣。卡方分箱的目标是找到一组分箱，使得每个分箱内的样本分布与期望分布之间的卡方统计量最小化
	决策树分箱	决策树分箱是一种将连续变量划分为离散分箱的方法。它基于决策树算法来确定最佳的分箱边界。通过构建决策树模型，我们可以自动选择合适的分箱边界，并根据节点的划分规则将样本分配到对应的分箱中
	Best 分箱	Best 分箱是一种基于最优 KS（Kolmogorov Smirnov）值的分箱方法，用于选择最佳的分箱边界。KS 值是一种常用的评估模型预测能力的指标，能够衡量模型在不同分箱中的累积分布函数（CDF）之间的最大差异

策略开发时，我们一般会利用以下统计指标来评估变量的效能，具体如表 6-9 所示。

表 6-9 分箱常用指标

指标名称	指标计算说明	指标解读
分箱	变量分箱结果	分箱结果示例：[0, 44.48)
总样本数	该分箱的总样本数	一般来说，要求分箱内总样本数应该大于或等于 30
总样本占比	该分箱的样本数占本次分析总样本数的比例，该值等于该分箱总样本数/总样本数	该分箱对应的样本占比，一般要求不低于 0.5%
好样本数量	该分箱中的好样本数	好样本数量越多且占比越高，说明该分箱对坏样本的区分度越差
好样本占比	该分箱的好样本数占本次分析好样本总数的比例	—
坏样本数量	该分箱的坏样本数	—
坏样本占比	该分箱的坏样本数占本次分析坏样本总数的比例	坏样本数量越多且占比越高，说明该分箱对好样本的区分度越差
坏样本比率	该分箱的坏账率，该值等于该分箱的坏样本数量/该分箱的总样本数量	—
Lift	该分箱的坏样本比率/总样本的坏样本比率	值越大，越能区分坏样本
WOE	—	绝对值越大，该分箱对好坏样本的区分度越强
IV	用于衡量变量预测能力、与目标变量之间的关联程度	值越大，该分箱包含的信息的价值越大
IV_total	该变量所有分箱 IV 的加总	值越大，该分箱包含的信息的价值越大
风险指向	根据分箱结果初步判断变量的风险指向。一般常见的风险指向有单调递增、单调递减、U 型、倒 U 型	输出结果仅做参考，在变量数量极多时帮助筛选变量

以下是变量分箱的相关代码，供实践中参考。

```
"""
1.加载所需 Python 包
2.读取数据样例
3.变量分箱
```

```
4.数据分析
5.数据可视化和数据输出
"""
# 加载 Python 包

    import pandas as pd
    import numpy as np
    import sys
    print(sys.version) # 查询 Python 的版本号
    import seaborn as sns
    from sklearn.tree import DecisionTreeClassifier
    import math
    """


#1.读取数据
data_use=pd.read_excel(r'F:\策略设计\data_use.xlsx',sheet_
    name='data_use')
# 读取文件所在路径


#2.变量分箱
#2.1 分箱方法——无监督分箱样例
# 输入：变量值
# 输出变量分箱
# 样例：等频分箱/离散变量
# 离散变量清单
discreteVar_list=[]
methodList=[]
def  binning_boundary_qcut(x,nan:float=-9999999):
    x= x.fillna(np.nan)
    x=x.dropna().values
    if len(list(set(x)))<11 or x in discreteVar_list:
        methodList.append('distinct<10, 按点分 ')
        boundary = sorted(list(set(x))) + [max(list
            (set(x)))+0.1]
    else:
        methodList.append(" 等频十等分 ")
        if nan in x:
            x = [i for i in x if i !=nan]
            boundary_list = list(pd.qcut(x,10,retbins
                =True,duplicates='drop')[1])

            boundary = [nan] + boundary_list
            boundary = sorted(boundary)
```

```python
            else:
                boundary = list(pd.qcut(x,10,retbins =
                    True,duplicates='drop')[1])
    return boundary
#取分位点
boundary=binning_boundary_cut(data_use['score'])
data_use['等频分箱']=pd.cut(x=data_use['score'],bins=
    boundary,right=False)

#2.2 分箱方法——有监督分箱样例
#输入: 变量值、Y标签
#输出变量分箱
#样例: 决策树分箱
#决策树分箱
def  binning_boundary_tree(x,y,nan:float=-9999999):
    boundary=[]
    x=x.fillna(nan).values
    y=y.values
    clf = DecisionTreeClassifier(max_leaf_nodes=10,min_
        samples_leaf=0.05,splitter='best')
    clf.fit(x.reshape(-1,1),y)

    n_nodes = clf.tree_.node_count
    children_left=clf.tree_.children_left
    children_right=clf.tree_.children_right
    threshold=clf.tree_.threshold
    for i  in range(n_nodes):
        if children_left[i] !=children_right[i]:
            boundary.append(threshold[i])
    boundary.sort()
    min_x=x.min()
    max_x=x.max()+0.1
    boundary = [min_x] +boundary +[max_x]
return boundary
#取分位点
boundary=binning_boundary_tree(data_use['score'],
    data_use['label'])
data_use['决策树分箱']=pd.cut(x=data_use['score'],bins=
    boundary,right=False)

#2.3 自定义分箱(用于调箱)
boundary=[30,50,80]
data_use['自定义分箱']=pd.cut(x=data_use['score'],bins=boun
```

```python
        dary,right=False)

#3.单变量分析
def bins_sta(data,y_name,bins_col):
    
    bad_rate = data[y_name].mean()
    df = data.groupby(bins_col).apply(lambda sub:
        pd.Series({'总样本数':len(sub),
        '好样本数':len(sub)- sub[y_name].sum(),
        '坏样本数':sub[y_name].sum(),
        '坏样本比率':sub[y_name].sum()/len(sub),
        'lift':sub[y_name].sum()/len(sub)/bad_rate
        }))
    df['总样本占比'] = df['总样本数']/df['总样本数'].sum()
    df['好样本占比'] = df['好样本数']/df['好样本数'].sum()
    df['坏样本占比'] = df['坏样本数']/df['坏样本数'].sum()
    df['woe']=np.log(df['好样本占比']/df['坏样本占比'])
    df['iv']=(df['好样本占比']-df['坏样本占比'])*df['woe']
    df['iv_total']=df['iv'].sum()
    
    df = df[['总样本数','总样本占比','好样本数','好样本占比','坏样本数','坏样本占比','坏样本比率','lift','woe','iv','iv_total']]
    
    # 尝试通过分箱结果来初步判断变量或模型的风险指向
    try:
        # 第一箱
        cutfst=df['lift'].iloc[0]
        # 中间箱
        cutmid=df['lift'].iloc[round(len(df)/2)-1]
        # 最后箱
        cutlast=df['lift'].iloc[-1]
        if cutfst<cutmid<cutlast:
            df['风险指向']='单调递增'
        if cutfst>cutmid>cutlast:
            df['风险指向']='单调递减'
        else:
            df['风险指向']='其它'
    except:
        df['风险指向']='未知'
    return df
# 输出单变量结果
y='label'
```

```
cut_table=bins_sta(data_use,y,'等频分箱').reset_index()
cut_table.style.bar(subset='lift')
```

根据样例,输出单变量分箱结果,如图6-10所示。

等频分箱	总样本数	总样本占比	好样本数	好样本占比	坏样本数	坏样本占比	坏样本比率	lift	woe	iv	iv_total	风险指向
0	[16.53, 41.4]	4379.000000	0.099943	3567.000000	0.085822	812.000000	0.360568	0.185430	3.082279	-1.435412	0.394375	1.026249	单调递减
1	[41.4, 45.55]	4384.000000	0.100057	3967.000000	0.095445	417.000000	0.185169	0.095119	1.850674	-0.662712	0.059461	1.026249	单调递减
2	[45.55, 48.68]	4378.000000	0.099920	4078.000000	0.098116	300.000000	0.133215	0.068524	1.333245	-0.305812	0.010734	1.026249	单调递减
3	[48.68, 51.28]	4385.000000	0.100080	4180.000000	0.100570	205.000000	0.091030	0.046750	0.909596	0.099665	0.000951	1.026249	单调递减
4	[51.28, 53.813]	4382.000000	0.100011	4197.000000	0.100979	185.000000	0.082149	0.042218	0.821417	0.206378	0.003886	1.026249	单调递减
5	[53.813, 56.381]	4382.000000	0.100011	4273.000000	0.102808	109.000000	0.048401	0.024874	0.483970	0.753332	0.040986	1.026249	单调递减
6	[56.381, 59.058]	4381.000000	0.099989	4301.000000	0.103481	80.000000	0.035524	0.018261	0.355288	1.069185	0.072659	1.026249	单调递减
7	[59.058, 62.34]	4381.000000	0.099989	4310.000000	0.103698	71.000000	0.031528	0.016206	0.315318	1.190622	0.085928	1.026249	单调递减
8	[62.34, 66.88]	4375.000000	0.099852	4322.000000	0.103987	53.000000	0.023535	0.012114	0.235701	1.485790	0.119535	1.026249	单调递减
9	[66.88, 92.345]	4388.000000	0.100148	4368.000000	0.105093	20.000000	0.008881	0.004558	0.088680	2.470937	0.237735	1.026249	单调递减

图6-10 单变量分箱结果示例

在策略开发中,变量分箱分析的意义主要在于能够在海量变量中进行初步筛选,提高工作效率。当需要筛选的变量较多时,我们可以根据指标进行筛选,主要从Lift值、风险指向、IV_total三个方面进行变量的筛选。

1)Lift值:通常,能够构造规则的变量在其阈值点要求Lift值超过3(即识别分箱内客户的风险水平是分析用的所有客户风险水平的3倍)。然而,在变量分析中,分箱方法和Y标签的选择可能导致Lift值的差异。我们可以采用排序的方式筛选区分能力较弱(Lift值较小)的变量,或者初步估计变量各分箱的最大Lift值小于或等于2时,不建议将这种变量用作单条策略。

2)风险指向:指Lift值的变化趋势。一般情况下,如果风险指向不是单调递增或单调递减的,不建议将这种变量用作单条策略。需要注意的是,此处的风险指向仅为初步判断,与分箱方法有一定关系,仅适用于在存在大量变量的情况下进行初步筛选,后续策略开发时还需要进行更精细的变量筛选。

3）IV_total：该变量表示对应分箱下所有分箱 IV 的总和。一般来说，能够成为单条策略的变量或模型，IV 会高于 0.1。

（3）建议阈值自动输出

通过前文的单变量分析和变量分箱分析，我们可以从海量变量中剔除一部分不满足条件的变量。然而，在进行策略开发时，我们需要从几百个变量中选择最适合的变量应用于策略中。为了进一步提高策略开发的效率，我们可以采用能自动输出建议阈值的工具。

自动输出的建议阈值是策略开发时的重要参考。后续，我们可以结合专家经验对阈值做对应调整。建议阈值的自动输出步骤主要有 4 步。第一步，取前文变量分析环节 Lift 值最大的分箱的取值范围作为建议阈值可能出现的取值范围。第二步，在该分箱范围内重新划分阈值，一般使用无监督分箱（等频／等距分箱）。第三步，设定建议阈值的筛选条件，例如要求建议阈值对于分析样本的最低可接受拒绝阈 Lift 值 ≥ 3 且单一拒绝率 ≥ 1%。第四步，根据筛选条件输出建议阈值。

以下是建议阈值自动输出的相关代码，供实践中参考。

```
"""
1.加载所需 Python 包
2.读取数据样例
3.变量分箱
4.数据分析
5.数据可视化和数据输出
"""
# 1.加载 Python 包

    #此处加载包和变量分箱所需一致，如已加载相关包，则无需重复
    #2.函数和数据
    #根据前文变量分箱，数据包含分箱对应列（列名：自定义分箱、等距
      分箱、等频分箱、决策树分箱……）
    #确认已调用函数 bins_sta()，如无，则需重新加载前文变量分析
      内容
    #3.建议阈值自动输出
```

```python
def threshold():
    
    #确定第一次分箱分析中Lift值最大对应分箱后再进行拆分
    number=bins_sta(data_use,y,'等频分箱').reset_index
        ()[['lift']].idxmax()
    
    #取分箱取值上下限
    cut_off=bins_sta(data_use,y,'等频分箱').reset_index
        ().iloc[number]['等频分箱']\
        .astype(str).str.split(',',expand=True).rename
            (columns={0:'val_lower',1:'val_upper'})
    
    cut_off['val_lower'] = cut_off['val_lower'].
        str.replace('[','').str.replace('(','')
    cut_off['val_upper'] = cut_off['val_upper'].
        str.replace(']','').str.replace(')','')
    cut_table=bins_sta(data_use,y,'等频分箱').reset_
        index()
    if cut_table['风险指向'].unique()[0]=='单调递减':
upper_limit_x=data_use[data_use['score']<=cut_off['val_
    upper'].astype('float').iloc[0]]['score']
        #n可变更，代表分箱数，此处使用等距分箱
        n=20
        cut_points=list(pd.qcut(upper_limit_x,n,
            retbins = True,duplicates='drop')[1])
        return cut_off,cut_points
    if cut_table['风险指向'].unique()[0]=='单调递增':
lower_limit_x=data_use[data_use['score']>=cut_off['val_
    upper'].astype('float').iloc[0]]['score']
        #n可变更，代表分箱数，此处使用等距分箱
        n=20
        cut_points=list(pd.qcut(lower_limit_x,n,
            retbins = True,duplicates='drop')[1])
        return cut_off,cut_points
        #print(cut_points)
    else:
        n=30
        cut_points=list(pd.qcut(data_use['score'],
            n,retbins = True,duplicates='drop')[1])
        cut_points=cut_points+list(np.percentile(data_
            use['score'], [1,2,3,4,5,95,96,97,98,99,
            100]))
        return cut_off,cut_points
```

```
# 确定拟作为建议阈值的所有切分点
cut_off,cut_points=threshold()

# 基于所有切分点寻找建议分箱
cut_df=pd.DataFrame()
errpr_list=[]
for i in range (0,len(cut_points)):
    try:
        cut_use=[-np.inf,cut_points[i],np.inf]
        data_use['bins']=pd.cut(x=data_use['score'],
            bins = cut_use,right=False)
        temp=bins_sta(data_use,y,'bins').reset_index()
        temp['建议阈值']=cut_points[i]
        cut_df=pd.concat([cut_df,temp])
    except:
        errpr_list.append(i)

# 设定筛选条件，确定建议阈值
# 最小拒绝率
min_refuse_rate=0.02
# 最小 Lift 值
min_lift=3
suggstion=pd.DataFrame(cut_df[(cut_df['总样本占比']>=
    min_refuse_rate)&(cut_df['lift']>=min_lift)].
    sort_values(by=['lift']).iloc[-1]).T
suggest_threshold=suggstion['建议阈值'][0]
print(suggest_threshold)
```

最终根据条件筛选出建议阈值，如图 6-11 所示。

图 6-11　策略建议阈值自动输出样例

(4) 变量的时序泛化

在确定新策略的拒绝阈值后，我们还需要从时间顺序上评估阈值效能的有效性和稳定性，即评估不同时间段样本在确定阈值下的区分能力。周期的选择可以精确到周、月、季、半年。具体选择哪个周期,我们需要根据产品的样本量来确定,尽量保证每个周期阈值对应的分箱中有足够的有风险表现样本(不低于30个)。

以下是变量时序泛化分析的相关代码,供实践中参考。

```
"""
1.加载所需Python包
2.读取数据样例
3.变量分箱
4.数据分析
5.数据可视化和数据输出
"""
# 1.加载Python包

    # 此处加载包和变量分箱所需一致,如已加载相关包,则无需重复
    #2.函数和数据
    # 根据前文变量分箱,数据包含分箱对应列(列名:自定义分箱、等距分箱、等频分箱、决策树分箱……)
    # 确认已调用函数bins_sta(),如无,则需重新加载前文变量分析、自动分箱内容
    #3.根据建议阈值进行时序泛化
    # 根据需求切分周期(周、月、季、半年)
    # 一般使用月和季周期较多,也可自定义分组。本样例使用季周期进行时序泛化。
    data_use.date=pd.to_datetime(data_use.apply_mth)
    data_use['quarter'] = pd.PeriodIndex(data_use.date,
        freq='Q')
    data_use=data_use.sort_values(by='quarter',ascending=
        True)
    data_use['quarter']=data_use['quarter'].astype(str)
    # 统计使用样本的时间跨度
    season_list=list(data_use['quarter'].unique())
    
    # 确定建议拒绝阈
    #suggest_threshold由前文"建议阈值自动输出分析"得到
    boundary=[-np.inf,suggest_threshold,np.inf]
    boundary
    data_use['建议阈值分箱']=pd.cut(x=data_use['score'],
        bins=boundary,right=False)
    
    # 进行时序分析
    bining_timing=pd.DataFrame(columns=['建议阈值分箱',
```

```
        '总样本数','总样本占比','好样本数','好样本占比',
        '坏样本数','坏样本占比','坏样本比率',
          'lift','woe','iv','iv_total','风险指向',
          'timing'])
error_list=[]
counts=0
for i in season_list:
    try:
        data_temp=data_use[data_use['quarter']==i]
        cut_temp=bins_sta(data_temp,y,'建议阈值分箱').
            reset_index()
        cut_temp['timing']=i
        
        bining_timing = pd.concat([bining_timing,
            cut_temp])
    except:
        counts +=1
        error_list.append(i)
        print(i)
bining_timing['建议阈值分箱']=bining_timing['建议阈值
    分箱'].astype(str)
bining_timing[bining_timing['建议阈值分箱']=='[-inf,
    35.67)'].reset_index().style.bar(subset=['lift',
    color=['#5fba7d'])
```

最终输出变量建议阈值,如图 6-12 所示。

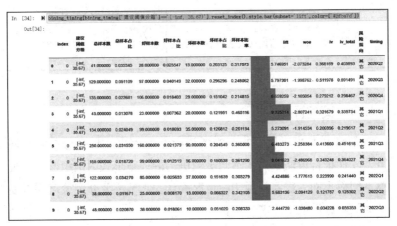

图 6-12　变量时序泛化分析结果样例

（5）其他补充分析

策略开发中，我们需要考虑多个标签，从多维度指标去判断，具体如表6-10所示。

表6-10 补充分析常用指标

指标名称	指标计算说明	指标解读
策略触碰量	满足本次开发策略阈值设定条件的样本数量	本次分析中策略的触碰量
策略触碰率	策略阈值确认后，满足阈值设定条件的样本除以所有进件样本	本次分析中策略的触碰率
重复触碰量	策略阈值确认后，满足阈值设定条件样本中已被其他策略拒绝的样本	本次分析中的策略和其他已上线策略的重复量
重复触碰率	重复触碰量除以所有进件样本	本次分析中的策略和其他已上线策略的重复率
额外触碰量	策略阈值确认后，满足阈值设定条件的样本中未被其他策略拒绝的样本	本次分析中的策略和其他已上线策略的差异量
额外触碰率	额外触碰量除以所有进件样本	本次分析中的策略和其他已上线策略的差异
额外触碰量占比	额外触碰量除以策略触碰量	代表本次分析中的策略和其他策略的差异性，取值范围为（0,1）。该指标值越高，表示该条策略与其他策略的差异性越大
额外触碰Lift	在有风险表现样本中，额外触碰坏样本占比除以所有进件样本中的坏样本占比	代表该策略对坏样本的识别能力。Lift值越高，表示该策略识别能力越强

6.6.3 策略评审

策略开发完成后，我们需要进行策略评审。只有通过策略评审，才能进行策略部署。不同金融机构的评审形式因组织形式和规模不同而不同，需要根据实际情况确认。本节主要介绍策略评审委员会如何进行策略评审。

金融机构应该建立策略评审委员会，以在策略开发完成后对策略效能和策略分析方法进行评估。一般来说，对通过率的影响超过2%或者涉及核额定价的策略，原则上都需要经过评审委员会审批后才能上线部署。不涉及核额定价或预估对通过率的影响低于2%的策略，原则上只需抄送给委员会备案即可。

策略评审委员会一般由主任委员（通常由首席风控官担任）、评审委员（通常为风控专家，至少2人）和秘书处（通常为1人）组成。

策略评审会的召开流程如下。

1）预约会议。策略开发人员通过邮件将策略评审文档和其他分析文档发送给相关人员，并预约评审会议时间。

2）会议评审。在评审会上，策略开发人员介绍策略的调整背景、调整内容、调整思路、分析方法、分析结果和测算结果，并回答评审委员提出的疑问。在策略开发人员介绍完毕后，评审委员给出意见和建议，并进行表决，确认是否同意。原则上，如果"同意"的票数达到2/3，则视为审议通过。如果审议未通过，策略开发人员需要根据评审委员的意见和建议重新进行策略分析和挖掘。待分析完成后，再次申请上会，然后重复以上流程。评审通过后，策略开发人员可以提交策略部署需求，进入策略部署环节。另外，对于评审通过但需要补充论据的情况，策略开发人员需要在会后进行补充，并将完善后的材料通过邮件发送给评审委员审阅，直至评审委员没有其他异议。

3）会后纪要同步。评审会议结束后，秘书处人员需撰写并同步会议纪要。

6.6.4 策略部署

1. 策略部署流程

如图6-13所示，策略部署流程包括提交策略部署需求、策略部署、策略部署结果验证、需求提交人验收等步骤。只有这些步骤都完成，策略部署工作才算真正完成。

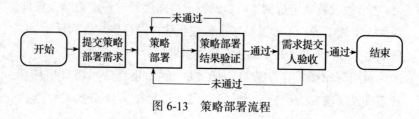

图 6-13　策略部署流程

2. 策略结果验收

在策略部署完成后，策略开发人员需要对策略部署结果进行验证。常用的验证方法包括测试环境灰度验证、回溯比对和线上空跑验证。这些方法的核心目的都是确认策略正确的上线。只有通过验证，策略才能正式上线。因此，策略结果验收是必要的一步。

3. ABtest

在部署环节，为了累积真实数据来评估不同策略的效果和优劣，我们通常会引入 ABtest 方法。

ABtest 是一种实验设计方法，用于评估不同风控策略的实施效果。通常，ABtest 方法会将样本随机分为两个或多个组别，其中一个组别（通常称为"A 组"）应用一种策略，另一个组别（通常称为"B 组"）应用另一种策略。通过比较不同组别的实验实际效果，我们可以评估不同策略的性能差异。

ABtest 方法的实施步骤如下。

1）随机分组：从可用的样本中随机选择一部分样本进行测试。这可以通过随机抽样方法来实现，例如简单随机抽样、分层随机抽样等。在策略部署环节，我们可以通过生成随机数的形式来实现随机分组。被选中的样本将被随机分配到不同的测试组别，通常有两个或多个组别，其中一个组别作为对照组（通常称为"控制组"），其他组别应用不同的风控策略。

2）应用测试策略：在每个测试组别中，将相应的风控策略应用于样本。需要注意的是，在将不同的策略应用到测试组和对照组时，应采用控制变量的思想，即保持其他变量的值在不同组别或条件下恒定。这样可以确保不同组别之间的差异主要来自于被测试的策略，而不是其他因素的干扰。

3）分析并输出结论：在一定时间或一定样本中，收集每个测试组别的相关数据，包括借款人的行为数据、还款数据、违约数据等。然后，使用统计学方法对不同组别的数据进行比较和分析，以评估测试策略的效果。

ABtest方法的优点主要有两个。

1）真实、客观的评价。ABtest在策略部署时被广泛应用的一个主要原因是它能够真实、客观地对比不同策略的差异。

2）动态的迭代。ABtest可以进行多轮迭代，以便不断优化风控策略。通过比较不同版本的策略效果，我们可以逐步改进和优化风控系统，提高风险管理能力，实现风控管理的小步快跑。

ABtest方法的缺点是成本高、代价大。ABtest需要给样本足够的表现期，才有可能展示出差异。对于小微信贷产品这种额度高、周期长的产品来说，时间成本和潜在的经济成本巨大。

总体来说，在风控领域，ABtest可以帮助金融机构评估风控策略效果、优化决策、提供控制变量和决策依据、支持迭代优化，以及确保风险控制合规性。这有助于提高风险管理的效果和业务运营的可持续性。目前，不少信贷产品仍然通过ABtest对策略进行评估。

6.6.5　策略监控

1. 策略运营监控——漏斗分析

策略的监控可以从运营角度进行。策略上线后，我们一般会关注策略的实际影响和预期影响是否一致。同时，在日常监控中，对于通过率异常偏高或偏低的策略，我们要进行分析和归因。

漏斗分析是比较常用的运营分析工具，可以对策略的触碰率进行监控。表 6-11 是以贷前授信环节为例的策略漏斗分析样例。样例中，策略是串行策略，即被第一条策略拒绝的客户无法进入第二条策略。统计指标的计算逻辑如下：漏斗生效样本占比等于进入该条策略判断流程的样本数量除以所有进件样本；漏斗拒绝率等于本条策略的漏斗生效样本占比减下一条策略的漏斗生效样本占比；预计策略拒绝率是在策略开发阶段测算出来的。表 6-11 的最后一行"最终剩余样本"的漏斗生效样本占比可以等于策略的整体通过率，代表从进件到授信审批流程结束，最终剩余的样本数量占进件样本数量的比例。

表 6-11 策略漏斗分析样例

策略	整体客群			优质客群	
	漏斗生效样本占比	漏斗拒绝率	预计策略拒绝率	漏斗生效样本占比	漏斗拒绝率
策略 A	100.00%	−1.95%	−3.00%	100%	−0.24%
策略 B	98.05%	−0.28%	−1.00%	99.76%	−0.01%
策略 C	97.76%	−1.34%	−0.50%	99.75%	0.00%
策略 D	96.42%	−12.15%	−13.00%	99.75%	−1.37%
策略 E	84.27%	0.00%	−2.59%	98.38%	0.00%
策略 F	84.27%	−2.59%	−2.80%	98.38%	0.00%
策略 G	81.68%	−5.39%	−5.00%	98.38%	−1.23%
策略 H	76.29%	−2.25%	−2.00%	97.15%	−0.85%
策略 I（申请人信用风险过高）	74.03%	−21.54%	−10.00%	96.30%	−0.25%
策略 J	52.50%	−6.93%	−6.00%	96.05%	−4.03%
策略 K（申请企业经营不稳定）	45.57%	−7.25%	−6.00%	92.02%	−12.06%

（续）

策略	整体客群			优质客群	
	漏斗生效样本占比	漏斗拒绝率	预计策略拒绝率	漏斗生效样本占比	漏斗拒绝率
策略L	38.32%	−6.55%	−6.00%	79.96%	−1.50%
最终剩余样本	31.77%			78.45%	

通过表6-11的漏斗分析，我们可以获取以下信息。

1）客群之间存在差异。优质客群的通过率明显高于整体客群（78.45%/31.77%）。此外，优质客群的策略拒绝主要集中在企业经营不稳定策略上。

2）"申请人信用风险过高"策略的漏斗拒绝率（表中为21.54%）明显高于预计策略拒绝率（表中为10%），需要排查原因并重新评估该条策略的阈值效能。我们需要评估其通过率和效能是否匹配。

2. 策略效能监控——拒绝阈附近分箱分析

策略的监控也可以从效能角度进行。以授信审批环节的策略为例，在策略上线后，新进件客户中属于拒绝阈范围内的客户则无法准入。这导致分析人员无法准确评估新进件客户中属于拒绝阈范围客户的风险水平。此时，针对单条策略的效能监控，我们可以通过对拒绝阈附近值的效果来评估该条策略的整体效能。

举例来说，假设在授信审批环节已有一条生效策略，策略内容是：申请人近3个月贷款申请查询机构数大于或等于20，则准入拒绝。在策略生效情况下，近3个月贷款申请查询机构数超过20的客户已经被策略拒绝，无法知晓超过阈值点（≥20）的客户在本产品的风险表现。此时，如何判断该策略是否持续有效？我们可以观察近三个月查询机构数在18～20区间内的客户的风险表现或者考虑样本数的风险表现。如果在18～20区间内的客户在风险上的区分度已经明显降低，我们可以思考该策略阈值的有效性是否足够好。该方法的底层逻辑是认可一般策略具有一定趋势性和单调性的。

样例中选取 18～20 为拒绝阈附近值只是一个举例。至于哪些样本被视为拒绝阈值附近样本,我们可以从样本数量、百分比等方面进行判断,可以要求从拒绝阈值点进行排序,前 30 个样本为拒绝阈附近样本,并观察其风险表现,也可以从拒绝阈值点为起点,取前 1% 样本为拒绝阈附近样本,观察其风险表现。

注:部分策略开发人员也会通过拒绝推断来评估拒绝客户的风险水平。但该方法对于小微企业的适用性相对较差。一般来说,我们还是通过拒绝阈附近值的效果来评估该条策略的效能。

6.6.6　策略迭代

风控策略的迭代一般发生在策略监控之后或者新的模型或数据源接入后。迭代的主要方式有两种:第一种是调整已有策略阈值,第二种是进行策略替换。当然,如果风险目标和业务目标本身发生变化,为了更贴合当下的需求,我们也可能会进行策略迭代。

在策略监控时,如果发现上线策略的拒绝率提升、拒绝阈值附近的风险识别能力下降,且没有相同维度或更好效果的变量做替换时,我们可以重新迭代该策略的阈值,以保证策略的有效性。

当有新数据源或新模型接入时,我们可能会对区分能力较弱的策略进行替换。具体的替换方法和模型章节的 SWAP 分析一致,本节不再赘述。

6.6.7　策略下线

在策略完全失效、无法调优或策略对应的数据源和变量不可用时,策略会被下线。此处的策略失效、无法调优是指策略对各类风险都无法识别的情况,主要表现在策略触发阈值附近的分箱效能下降至失效(Lift 值接近 1)。当然,策略下线也可能因为一些特殊情况,包括政策指引、合规监管要求。在策略下线之前,信贷机构应该进行充分的评估和规划,以最小化可能产生的负面影响。

6.7 定价规则

定价规则是根据借款人或债务人的信用风险水平来确定贷款或债务的利率或价格的规则。

所谓风险定价,就是针对不同客群制定差异化贷款价格的策略,以确保贷款利率与借款人的风险相匹配,保护金融机构的利益,以维持可持续的经营。风险定价是信贷产品定价的基本逻辑。

然而,实际上利率不仅仅由风险决定,还受到银行的期望收益和客户对价格敏感度的影响。传统信贷中有多种方法可以实现风险定价,例如基准利率加点法、风险分层法、风险矩阵法、动支和风险矩阵法等。这些方法通常基于历史数据、统计分析和风险管理策略,主要目的是将借款人的风险水平转化为贷款利率或风险溢价。

对于小微企业的利率定量计算,传统信贷主要以代表企业(或法定代表人)信用状况的核心指标为基础,建立可量化的规则来测算贷款利率,然后根据客户的经营状况、地理位置、资源条件、行业地位和发展状况等因素进行定性调整。

6.7.1 定价方法实践

1. 基准利率加点法

基准利率加点法是一种将市场上浮动利率(市场利率)作为基础值,在基础值上加固定点数的方法。该固定点数的值取决于金融机构对借款人的信用风险水平的评估。该固定点数也称为风险溢价。风险溢价的大小取决于借款人的信用评级、贷款期限和其他风险因素。

在国际市场上，作为基础值的市场利率是 LIBOR（London InterBank Offered Rate，伦敦银行同业拆借利率）或如今开始使用的 SOFR（Secured Overnight Financing Rate，有担保隔夜融资利率）。在我国，该基础值一般被称为 LPR（Loan Prime Rate，贷款基础利率）。基准利率通常是根据市场情况和货币政策制定的，反映了整体经济环境和货币供求关系。

很多金融机构的房贷产品的定价方法就是典型的基准利率定价法，即随着 LPR 的变化，贷款定价也会发生相同方向的变化。例如，假设基准利率为 5%，金融机构根据借款人的信用评级和风险分析决定为其添加 2% 的风险溢价，那么借款人的贷款利率将为 7%。

基准利率加点法的优点包括：金融机构可以根据借款人的信用风险水平进行个性化定价。较高风险的借款人将面临较高的贷款利率，以反映其较高的违约概率和预期损失。相反，较低风险的借款人可以获得较低的贷款利率，因为其违约概率和预期损失较低。

基准利率加点法的缺点包括：仅考虑了风险溢价，但定价本身还受到其他因素的影响，如市场竞争、利润目标和监管要求等。因此，在实际应用中，金融机构可能会综合考虑多种因素来确定最终的贷款利率。

2. 风险分层法

风险分层法是一种常用且较简单的方法，可按照借款人信用风险水平将其划分为不同风险层级的客群，并为每个层级确定相应的贷款利率或定价策略。

传统的风险分层法主要考虑单维度，通常是简单的信用风险评级。表 6-12 是风险分层法样例。

表 6-12　风险分层法样例

风险分层	A	B	C	D
定价	8%	10%	16%	20%

后来，我们在传统风险分层法基础上引入两个及以上维度。实现这一方法主要是通过风险矩阵和风险矩阵调整法。同时，定价所涉及的风险维度也不再仅限于信用风险。

3. 风险矩阵法

风险矩阵法是一种目前操作性较强的定价方法。由于其直观、灵活的特点，它被广泛应用于信贷产品的定价中。

风险矩阵是一个二维矩阵，传统的信贷风险矩阵横轴表示借款人的信用评级或风险等级，纵轴通常表示贷款的期限。期限和风险之间存在正向关系，即其他因素一致的情况下，期限越长，信用风险越大，对应的风险定价也会越高。风险矩阵中的每个单元格对应于特定信用评级和期限组合下的风险定价。一般情况下，产品风险定价结果是由专家经验所得。表 6-13 是风险矩阵法样例。

表 6-13 风险矩阵法样例

风险模型	期限		
	6 期	12 期	24 期
风险模型 A	客群 1：低风险、借款期限较短客群	客群 2：低风险、借款期限平均客群	客群 3：低风险、借款期限长客群
风险模型 B	客群 4：中风险、借款期限短客群	客群 5：中风险、借款期限平均客群	客群 6：中风险、借款期限长客群
风险模型 C	客群 7：高风险、借款期限短客群	客群 8：高风险、借款期限平均客群	客群 9：高风险、借款期限较长客群

4. 动支和风险矩阵法

动支和风险矩阵法在原有风险矩阵法基础上引入了动支模型，既考虑了客群的信用风险，又考虑了客群的动支意愿，同时，通过 NCL 等量化指标，尝试更科学地确定矩阵内各客群的利率区间。

当然，动支率本身与额度、定价等因素有较强的关联。该定价方法引入的动支模型中自变量不能为额度和定价相关变量。

动支和风险矩阵法的操作步骤如下。

(1) 构造评级矩阵

表 6-14 是评级矩阵样例。高风险、高动支率的客户大概率对应获得更高利率。矩阵中的定价最大值对应最高动支率、最高风险的客群(表 6-14 中的客群 9),最低定价对应最低动支率、最低风险的客群(表 6-14 中的客群 1)。

表 6-14 动支和风险矩阵法样例

	动支模型→		
风险模型→	客群 1:低风险、低动支率客群		
			客群 9:高风险、高动支率客群

如表 6-14 所示,该方法通过风险预测模型和动支概率预测模型将客群分为 9 类。在实践中,我们可以根据风险表现对矩阵分类进行合并和拆解。

注意,此处可以根据其他定性维度对分类进行调整。调整的依据可以是专家经验,也可以是风险表现。只要保证数据结果具有区分能力和单调性,定量和定性的方法都可以使用。

(2) 确定矩阵中每一类客群的定价上下限

通过矩阵,我们可以得到差异化定价的客群分类,但无法确认客群对应的定价范围。本方法尝试使用"NCL+ 预期收益"来确定定价,这是一种基于风险的定价方法。以表 6-14 的客群 9 为例,客群 9 建议的利率范围是 [(客群 9NCL+ 运营成本)/(1+ 税率)+100 基点,(客群 9NCL+ 运营成本)/(1+ 税率)+300 基点]。(注:1 基点 =0.01%)

公式中的 NCL 用来衡量某个月放款变为呆账(逾期 180 天以上,即核销)之后的损失情况,主要目的是计算金融机构的表内业务(资产负债表反映的业务)净损失。100 基点和 300 基点的取值是假设预期收益率在 100 基点到 300 基点之间。预期收益和业务收益目标有关，可以灵活调整。

在产品初期或样本表现不足的时期，我们可以调整公式，直接假设建议利率等于（NCL+运营成本）/（1+税率）加上目标收益率。

（3）通过ABtest或者历史有表现样本对每个客群的定价进行确定

通过上面步骤，我们可以确定每个客群的定价范围，这主要从风险角度出发确定定价，但并没有考虑动支率的影响。在同样的客群中，定价越高，动支率越低。动支率过低的情况下，无论支用客群的收益率有多高，对产品整体的发展都是不利的。所以，确定定价时，我们应该把动支率的影响因素考虑进去。

有一种简单且常用的方法来确定定价，即通过ABtest或历史有风险表现样本在不同定价的动支率情况，估计本客群不同定价下的动支率。如表6-15所示，假设A客群的建议定价区间是[0.17, 0.22]。基于历史有风险表现样本得到观察A客群不同定价下的动支率，如果客群没有对应定价的数据表现，可以通过回归预测得到。然后基于业务需求设定动支率的最低可接受值。假设本次期望A客群的动支率大于或等于30%，A客群建议定价为0.19。

表6-15 通过动支率确定客群定价

利率	0.17	0.18	0.19	……	0.2	0.22
动支率	50%	48%	30%	……	回归得到	回归得到
收益	400	450	500	……	200	50

（4）给定目标函数以确定定价准确值

在样本量足够、数据足够精细化的情况下，我们可以通过穷举法对设定目标函数求解的方法对不同客群进行定价。这种方法对数据的要求高，在实际工作中可用性不强。该方法主要分为两个步骤，分别是制定目标函数和对目标函数求解。

首先，制定目标函数。目标函数可以根据信贷产品预期损失的计量逻辑来确定。预期损失是目前业界认可度较高的对信用风险的计量方法。预期损失计量公式如表6-16所示。在该目标函数制定过程中，我们除了需要考虑信用风险的计量，还要考虑定价对动支率的影响，所以还需要引入其他参数，详情见表6-17。

表6-16 预期损失计量公式和解读

公式	$EL = PD \times LGD \times EAD$
解读	预期损失（EL）：信贷产品的信用风险相关的可预期损失
	逾期概率（PD）：本方法中可以用客群的逾期率代替
	违约损失率（LGD）：逾期发生后给金融机构造成的损失与客群信用敞口的比例，用来衡量逾期发生后损失的严重程度
	授信金额（EAD）：违约发生时债务的敞口，本文使用建议使用授信金额

表6-17 目标函数中其他参数和解读

函数入参	解读
建议利率（r）	本文建议利率存在取值范围，取值范围是 [（NCL+运营成本）/（1+税率）+100基点，（NCL+运营成本）/（1+税率）+300基点]
无风险利率（rf）	可用贷款市场报价利率（LPR）代替
动支概率（函数表达为$q(r)$）	各客群中不同利率对应的动支概率可通过函数或模型进行预测，也可使用历史客户在不同利率下的真实动支率进行计算。真实动支率函数表达为$q(r)$。一般来说，该函数是一个单调不增函数

在制定目标函数时，假设不考虑授信周期和逾期发生时间点、支用金额比率对预期收益的影响，假定授信周期为12期，则每一类客群的预期收益等于动支客户中未逾期客户利息收入减去动支客户中逾期客户资金损失。

令客群的预测收益为Return（A），计算逻辑为：Return（A）= $q(r)[(1-PD) \times EAD \times (r-rf) - (PD) \times EAD \times LGD(1+rf)]$，最终

目标函数为 Max（Return（A））。

其次，用穷举法对目标函数求解。本次目标函数为 Max（Return（A）），函数中的唯一变量是利率（r）。穷举法是以 1 基点为步长改变利率（r）的值来对 Return（A）的结果遍历。收集所有遍历值中的最大值，作为局部最优解并最终得到利率定价矩阵。

在获得利率定价矩阵后，我们可观察该矩阵稳定性、根据专家经验进行调整。

6.7.2 定价方法探索

RAROC（Risk Adjusted Return ON Capital，风险调整资本收益）已被许多国外及国内商业银行作为核心风险定价指标。该方法尝试通过 RAROC 模型的推导思路反推出建议利率。该方法目前实践案例较少，主要从探索的角度拓展制定定价的思维。

RAROC 的主要思路是：首先以违约概率度量为核心建立基于客户和债项的二维评级系统，进一步计算贷款的风险成本和经济资本，然后通过存款利率以及存款管理成本确定资金成本，计算管理费用以及业务费用并确定经营成本，最后根据银行董事会或贷款决策委员会确定的最低资本收益率，通过贷款定价来保证贷款收入扣除三项成本费用后还能保证目标利润率的实现。其中，风险成本为预期损失，通过客户的风险暴露、违约概率和违约损失率进行计算；经济资本为非预期损失，是以违约概率为核心进行计算的。

基于 RAROC 贷款定价的思路，可以计算出：

RAROC（风险调整资本收益） =（贷款收入 – 资金成本 – 经营成本 – 风险成本）/ 经济资本

=（贷款金额 × 贷款利率 – 占用银行存款 ×

$$\text{资金成本率} - \text{贷款金额} \times \text{银行经营成本率} - \\ \text{违约概率} \times \text{违约损失率} \times \text{贷款金额})/ \\ \text{经济资本}$$

假定 RAROC 为风险调整后的资本收益，L 为贷款金额，r 为贷款利率，D 为占用银行存款，i 为资金成本率，c 为银行经营成本率，PD 为违约概率，LGD 为违约损失率，EC 为经济资本，则上述计算公式可以变为：

$$\text{RAROC} = \frac{r \times L - i \times D - c \times L - \text{PD} \times \text{LGD} \times L}{\text{EC}}$$

化简后，推导出贷款利率：

$$r = c + \text{PD} \times \text{LGD} + \frac{\text{EC} \times \text{RAROC} + i \times D}{L}$$

即贷款定价 =（RAROC × 经济资本 +EL+ 经营成本 + 资金成本）/ 贷款余额。

6.7.3 定价策略的合理性判定

判断定价是否合理的方法很多，具体可以分为以下几种。

1. 事前判定

1）基于授信客户利率分布：一般情况下，定价对应的客户分布呈现为椭圆分布或类正态分布。我们可以根据定价的分布情况，初步判断定价的合理性。但在特定项目需求下，客户也可能出现偏态分布，例如近期有大量白户引入，则会影响利率分布。所以，我们在通过分布判断定价合理性时，应考虑其他因素。

2）基于定价与风险模型：定价和风险模型有线性关联关系。通常情况下，高定价的客户往往具有较低的风险模型分，而低定价的客户具有较高的风险模型分。

3）基于定价对应的客户动支率：在同样风险水平下，高动支率的客户往往适配较高的定价,而低动支率的客户更适配较低的定价。

2. 事后判定

基于定价与实际风险:定价对应的贷后逾期指标呈正向关系,即定价越高,贷后逾期风险越高。

6.8 额度规则

额度规则主要用于贷前授信环节的核额和贷后环节的调额。本节将以小微业务授信环节的核额为例,详细阐述小微企业额度规则的逻辑。小微业务授信环节的核额是指在授信环节,根据客户的经营状况和信用历史等因素,给予客户合适、用于经营的授信额度。授信核额是风险决策中的重要环节。在实际业务中,如果额度过低,可能会降低客户的支用意愿,影响产品业务规模;如果额度过高,可能会增加客户的风险敞口,最终导致无法偿还贷款,产生逾期。从小微企业产品的特点来看,企业经营贷款的额度上限能达到百万级别,产品户均额度在 10 万元以上,部分机构能达到户均 50 万元额度。这样的产品性质决定了经营贷定额逻辑与消费贷定额逻辑有较大差异。在实际业务中,我们需要一套适用于小微企业的核额逻辑。

6.8.1 流动资金贷款

1.《流动资金贷款管理暂行办法》

线下经营性贷款的定额方式可以为线上小微信贷定额提供参考。2016 年,西部地区某城商行上线了一款纯线上税票信贷产品,这是我国第一个纯线上税票类经营性贷款产品。然而,早在 2010 年银行业就已经发展出成熟的经营性贷款的定额方法,并且这种方法已经广泛应用于线下信贷产品中。这种方法后来也为线上信贷产品的定额提供了思路参考。

2010年2月12日，中国银行业监督管理委员会公布了《流动资金贷款管理暂行办法》（以下简称《办法》）。该《办法》明确了流动资金贷款的定义。根据该《办法》，流动资金贷款是指贷款人向企（事）业法人或国家规定可以作为借款人的其他组织发放的用于借款人日常生产经营周转的本外币贷款。同时，该《办法》提出了营运资金需求的概念，并明确规定了贷款人应合理测算借款人的营运资金需求，审慎确定借款人的流动资金授信总额及具体贷款的额度，流动资金贷款授信总额不得超过借款人的实际需求。

此外，该《办法》还提供了流动资金贷款需求量的测算参考。该《办法》的颁布确定了后续银行业流动资金贷款定额的基本思路。

参考测算方式如下：

营运资金量 = 上年度销售收入 × （1- 上年度销售利润率） × （1+ 预计销售收入年增长率）/ 营运资金周转次数

其中，营运资金周转次数 =360/（存货周转天数 + 应收账款周转天数 – 应付账款周转天数 + 预付账款周转天数 – 预收账款周转天数）

周转天数 =360/ 周转次数

应收账款周转次数 = 销售收入 / 平均应收账款余额

预收账款周转次数 = 销售收入 / 平均预收账款余额

存货周转次数 = 销售成本 / 平均存货余额

预付账款周转次数 = 销售成本 / 平均预付账款余额

应付账款周转次数 = 销售成本 / 平均应付账款余额

新增流动资金贷款 = 营运资金量 – 借款人自有资金 – 现有流动资金贷款 – 其他渠道提供的营运资金

该《办法》中的部分其他参考内容如下。

1）各银行业金融机构应根据实际情况和未来发展情况（如借款人所属行业、规模、发展阶段、谈判地位等）分别合理预测借款人应收账款、存货和应付账款的周转天数，并可考虑一定的保险系数。

2）对集团关联客户，可采用合并报表估算流动资金贷款额度，原则上纳入合并报表范围内的成员企业流动资金贷款总和不能超过估算值。

3）对小企业融资、订单融资、预付租金或者临时大额债项融资等情况，可在交易真实性的基础上，确保有效控制用途和回款情况下，根据实际交易需求确定流动资金额度。

4）对季节性生产借款人，可按每年的连续生产时段作为计算周期来估算流动资金需求，贷款期限应根据回款周期合理确定。

2. 流动资金贷款在小微企业线上金融产品应用中的局限性

流动资金贷款在线上化的小微信贷业务中仍然存在明显的局限性。流动资金贷款的计量主要使用的是财务指标。我们不能否认财务指标对于小微信贷的意义。财务指标既能反映历史也能预测未来，对于企业信贷有一定的指导意义。但是，财务指标的重要性不能弥补其在针对小微企业定额时的局限性。

财务指标的本质是评估资本的使用效率和杠杆，而经营类信贷产品的本质是出租资本，租借人的价值是提供服务时的一个重要因素。小微企业经营不稳定、易变的特征所反映的都是资源和经营能力的不稳定。此处提到的资源，除经济资本以外还包括人力成本、知识产权、营销渠道等无法被财务指标准确计量的内容。所以在评估租借人价值时，我们要综合、审慎地考虑。企业的价值往往不能只通过财务指标进行判断。

在针对小微企业的线上自动定额策略中，如果仅使用流动资金贷款的定额逻辑（以财务指标为主的定额逻辑），局限性明显。这种局限性与小微企业本身既是企业也是个人的特性有关,也与底层数据的局限性有关,具体而言,主要有以下 3 点。

1)小微企业的会计报表反映的财务信息可能与真实经营存在差异。此处的差异可以从会计制度和实际经营两个方面来理解。从会计制度上来说,《小企业会计准则》适用于小企业。与《企业会计准则》不同,《小企业会计准则》提出了简化核算要求:在会计计量方面,多要求采用历史成本计量。同时,《小企业会计准则》对收入的核算认定标准也相对简化。从实际经营来说,很多企业规模偏小,经营活动的对象可能是个人,销售和采购行为都无法提供完整的凭证,最终导致小微企业的财务报表反映的信息可能与真实经营存在差异。因此,在对小微企业进行核额时,仅通过财报信息来评估企业的营运资金需求并不准确。

2)小微企业中的企业资金流和个人资金流无法明确区分。此处,我们可以从负债和收入两个角度进行考虑。从负债方面来说,小微企业主或小微企业股东的个人消费类负债也有可能用于实际经营,但这种个人消费类负债很难直接体现在企业经营或企业报表中。从收入方面来说,目前小微企业通过现金交易和转账企业主个人账户收款的行为仍然存在。这类收入也很难在财报中体现。因此,小微企业核额时应适当考虑个人的消费类负债和个人的现金流水。

3)营运资金测算公式内的会计科目与实际业务可能存在不符的情况。例如资产科目中,存货、预付账款、销售收入之间的转换关系。在企业的实际市场行为中,发票迟开导致预付账款较实际偏高,其实际应为存货,但在会计科目中可能还是预付账款,更有部分周转速度较快的行业已经将其转为销售收入。同时,应收、应付、预收账款等也会受到影响,最终造成小微企业根据公测测算的财务指标不准确。

6.8.2 线上化小微企业定额

线上化小微企业定额需要进行多维度的考量。多维度指的是额度策略应覆盖多个维度、多个数据源，综合进行额度策略设计。

线上化小微企业定额也是复杂的。与消费类贷款的定额相比，小微信贷的实现逻辑更复杂、计算方式更多样。但这样的复杂是有必要的。

从必要性来说，相较于个人数据，小微企业数据存在自动化程度较低、数据质量相对较差且业务逻辑复杂的特点。在实际工作中，由于数据异常，无法准确输出变量的情况较为普遍。要解决这个问题，根本上需要进行数据治理。然而，提升数据质量需要时间，而业务的发展不能耽误。因此，我们会使用相对复杂的计算逻辑来调整和修正单一数据源的结果，从而增加线上化小微企业定额的复杂度。

例如，我国部分省份的烟草局过去会定期清算烟户的订烟额记录，而在清算后会面临烟户没有订烟记录的情况。这属于企业数据中常见的数据异常情况。在线上信贷产品的定额策略中，如果只通过单一维度、单一数据对其进行考量，那么在该样例中，有可能从某个月份开始，当期进件的所有客户只剩下 3 个月订烟记录。无法评估其年度收入，则无法给予其适合的额度。此时在核额环节就束手无策了吗？其实不是。我们可以通过和其他数据源比客户对近 3 个月的数据差异情况，来加权还原客户的收入情况。我们也可以根据客户所在地区对比同订烟等级客户的年度订烟量，对其订烟额进行还原和修正。总之，通过这个样例，我们想强调的是，线上化小微经营贷产品的策略需要多数据源和多维度的对比和考量，尤其是核额策略，这样的复杂度是有必要的。通过多维度数据进行交叉验证也成为一种在实际工作中降低异常数据对结果影响程度的实操方法。

从重要性来说，小微企业的信贷本身具有复杂性和差异性。受行业、产业、地区甚至宏观经济等多种因素的影响，只使用单一维度对小微企业进行评估可能造成视角的片面性。

1. 小微企业额度计算方法

如表 6-18 所示，小微企业的额度计算主要包含 3 部分，分别是基础额度、托底额度和盖帽额度。

表 6-18 小微企业额度计算方法

1. 基础额度	财务视角	营运资金需求量 = 上年度销售收入 × (1- 上年度销售利润率) × (1+ 预计销售收入年增长率)/营运资金周转次数 基础额度 = (营运资金需求量 - 现有流动资金贷款) × 风险调整系数
	营运视角	基础额度 = (调整后年度销售收入 × 经营调整系数 - 现有流动资金贷款) × 风险调整系数
2. 托底额度		3. 盖帽额度
最终额度	min [max (基础额度，托底额度), 盖帽额度]	

2. 基础额度计算逻辑

在对小微企业进行授信核额时，我们可以沿用流动资金贷款的基础逻辑，同时结合线上信贷产品中量化风控的特点。具体来说，可以使用以下公式：新增流动资金贷款（基础额度）=（营运资金需求量 - 现有流动资金贷款）× 调整系数。该公式中的几个指标定义如下。

- 营运资金需求量：指估算企业未来 1 年（或授信期内）用于经营的资金需求。核定营运资金需求量主要基于企业的经营情况。获取该指标的途径主要有两个方面，即从营运视角估计和从财务视角估计。考虑到小微企业财务报表的不准确性，实际工作中更倾向于通过营运数据来估计企业的营运资金需求。

- 现有流动资金贷款：一般指当前未结清的企业和企业主的经营用贷款余额。在计算时，对于抵押贷款和信用类贷款，在有条件的情况下应进行差异化考虑。为他人提供担保的负债视为或有负债，原则上也应考虑在内。
- 调整系数：通常是由在风险上区分能力较好的变量或模型映射得到的系数，根据低风险客户适当放大额度、高风险客户适度降低额度的基本思路而设定。该系数的设定需要充分考虑业务含义。原则上，调整系数不宜过多（不超过3个）。

3.估计企业流动资金需求

流动资金需求是小微企业定额中最重要的参数，代表目标企业在授信期内所需的用于经营的资金需求。在实际工作中，我们可以从财务视角和营运视角对其进行评估。

（1）财务视角

财务视角下的评估是指主要依赖财务指标来评估企业的经营能力和资金需求。这种方法通常用于大中型企业的信贷审批策略，因为大中型企业有规范和健全的财务报表，可以更好地支持信贷审批。

然而，在实践中，想要通过财务视角评估小微企业经营能力存在一定困难。首先，小微企业的财务报表客观上存在不规范的问题，主观上也存在不愿意提供准确报表的情况。其次，财务视角下的评估对量化分析人员的财务知识储备量有一定要求。尽管面临难度和挑战，但这并不意味着不可行。在财务视角下，我们可以通过重构财务报表来实现自动估算小微企业的资金需求。图6-14展示了财务报表的基本概念以及各报表的重构难点。理论上，小微企业可以根据重构后的报表获取相应的财务指标，并使用标准公式对资金需求进行评估。

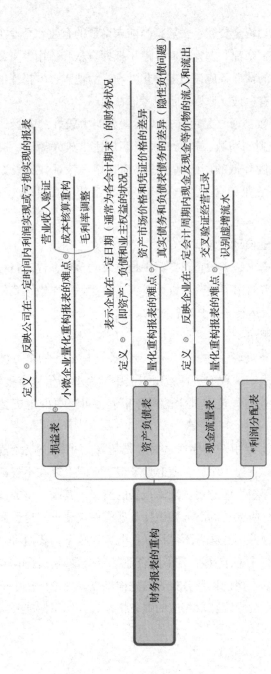

图 6-14 小微企业财务报表的基本概念及各报表的重构难点

财务视角下的营运资金需求量计算公式与流动资金贷款计算逻辑基本一致，涉及的指标包括销售收入、平均存货余额、平均预收账款余额、平均应收账款余额、销售成本、平均预付账款余额、应付账款周转次数、上年度销售利润率、上年度销售收入以及预计销售收入年增长率。在会计报表重构后，我们可以实现财务视角下企业资金需求的测算。

总之，财务视角下的营运资金计算步骤如下。

1）重构和调整财务报表。

2）计算营运资金量。营运资金量 = 上年度销售收入 × (1– 上年度销售利润率) × (1+ 预计销售收入年增长率) / 营运资金周转次数

3）计算建议额度。建议额度 = 营运资金量 – (营运资金需求量 – 现有流动资金贷款) × 调整系数

（2）营运视角

营运视角和财务视角下的评估区别：财务视角的评估主要关注一定时间内（会计期间）或者时间点上企业经营的结果，用于评估企业经营能力。营运视角下的评估更注重经营过程中所体现的综合能力，通常关注那些被财务指标忽视或无法直接通过报表进行量化，但能反映企业价值的指标。

在构造自动策略时，如何将复杂的业务逻辑从营运视角进行量化是确定额度的难点和重点。

营运视角下的评估常用于小微企业的定额策略实践，主要关注经营过程中反映企业能力的信息，具体如表 6-19 所示。

表 6-19 营运视角下定额的风险维度

维度类型	主体	是否是定额方案中最核心的指标	一级维度	描述	应用
还款来源	企业	是	企业经营收入	收入规模和收入的稳定性、增长性是企业持续经营和后续还款能力的体现	销售收入字段

（续）

维度类型	主体	是否是定额方案中最核心的指标	一级维度	描述	应用
基本面信息	企业	否	企业基础信息	在构建企业类信用模型时，企业的基本资质（例如注册资本、企业纳税评级、企业成立年限等）一般会考虑入模	因为以上维度的变量和数据有一定复杂性，一般在额度策略的设计中会使用模型对这些信息进行集成
财务能力	企业	否	企业资产	在构建企业类信用模型时，企业的资产和企业的资产负债比也是评估后期企业第二还款来源的重要指标	
经营评价	企业	否	经营环境评价（地区）	在构建企业类信用模型时，地区、产业、行业对企业的基本信息、经营收入、资产负债等指标的区分度影响重大。在建模时，我们可以通过这些条件对样本进行分群	
经营评价	企业	否	经营环境评价（产业）		
经营评价	企业	否	经营环境评价（行业）		

营运视角下，计算流动资金需求的核心指标是收入相关变量或者能换算为收入的变量，例如应税销售收入、实缴税额和建议税率等。一般不建议仅使用单一变量作为收入的值，因为小微企业经营具有复杂性，市场环境和经济形式瞬息万变。随着纳税申报政策的变更和贷款中介的介入，我们曾经信任的数据也会被渲染和优化。因此，通过多种数据和多个变量来确定销售收入可以实现数据源变量之间的相互验证，并尽可能还原客户的收入水平。

除了核心指标外，营运视角下的评估还有其他众多要素。由于营运视角下关注的要素较多且较广，我们一般会通过建模来对各个维度进行整合。

最终，在营运视角下计算建议额度，步骤如下。

1）计算调整后年度销售收入。调整后年度销售收入=（近12个月销售收入+近12个月实缴税/建议税率+（近12个月开票收

入 – 近12个月红票开票金额))/3

注：本调整仅为样例，实际工作中需根据特定地区、场景的数据分析情况确定调整方法。

2）计算模型调整系数：该系数为营运视角下对企业经营行为进行评估的所有维度整合后的模型的映射系数。系数映射方法后续单独罗列。此处的模型可以是传统信贷模型（逻辑回归），也可以是由决策树复杂规则组合得到的。

3）计算建议额度。建议额度 =（调整后年度销售收入 × 模型调整系数 – 现有流动资金贷款）× 模型调整系数

4. 基础额度给予的改进方向

无论从财务视角还是营运视角来看，计算新增流动资金贷款（基础额度）都延续了《办法》中营运资金需求量减去现有流动资金贷款的逻辑。但在线上信贷产品中应用该逻辑有一定局限性。该减法逻辑理论上的取值范围是负无穷到正无穷。然而，真实业务中，额度的取值范围是0到金融产品设计的额度上限。

同时，仅仅基于收入和负债的底层逻辑来评估额度，可能会让一些信贷纪录较少的客户"占便宜"。这类客户往往负债较少。如果一个负债较少的客户同时是一个应税销售收入较高但实缴税较少的小规模纳税人的企业主，那么根据《办法》的核额逻辑，很有可能会虚高其额度。

基础额度给予的改进方法有3个。

1）方法一：利用托底额度和盖帽额度。从实际业务来看，我们可以通过设定托底额度和盖帽额度来限制取值范围，将原本的 $(-\infty, +\infty)$ 取值范围转换为合理的额度范围。需要注意的是，无论托底额度还是盖帽额度，在使用时都应谨慎对待。如果托底额度和盖帽额度的条件过于宽松，就会导致定额基础逻辑失效，大量客户堆积在托底额度或盖帽额度的情况出现。因此，绝不能粗暴的直

接叠加托底、盖帽额度。

2）方法二：通过函数对取值范围进行转化，将其转换为 $(0, +\infty)$ 的取值范围。

3）方法三：基于企业所在行业和企业规模进行划型，以限制营运资金需求量的上限。需要注意的是，与盖帽额度和托底额度不同，盖帽额度和托底额度限制的是建议额度，而具有经营属性的划型限制的是营运资金需求量。

5. 托底额度的确定

托底额度是额度设计方案中的一个概念，表示为借款人设置的最低可用信贷额度。托底额度是在风险评估和信用分析的基础上确定的，用于确保借款人有一定的可用信贷额度。小微信贷产品的托底额度需要精细化处理，不可简单粗暴地直接叠加。

本节将从财产线索视角和同业跟随视角两个方面介绍托底额度的设计思路。

（1）财产线索视角

财产线索是指用于评估借款人还款能力和信用状况的线索或证据，主要涉及借款人的财务状况和资产情况，包括资产证明、收入证明、抵押物证明和财报等（见图6-15）。

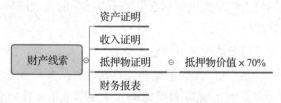

图6-15　财产线索的内容

使用财产线索作为托底额度的底层逻辑是：假设客户是无负面信贷历史的、经营稳定的客户（未被准入审批拒绝），则在审批规则无明显漏洞情况下可以认为该客户有还款意愿，财产可能作为其还款能力的软增信或硬增信，以此降低信用风险。

值得注意的是，提供抵押物属于硬增信范畴。一般来说，抵押物价值 × 70% 是当前普遍使用的标准。

对于软增信，一般也是从资产角度考虑。此处的资产包含企业和个人（企业主）的资产。资产往往有增信的作用，可以调整企业的信用敞口。具体到财产线索规则层面，我们可根据产品自身的数据表现和分析结果来确定。本样例（见表 6-20）仅供参考。

表 6-20 财产线索规则样例

对象	规则内容
个人	申请人过去一年日均存款
个人	申请人自有住房数量
个人	申请企业所属车辆
企业	申请企业账户过去一年日均存款
企业	申请企业所属车辆

对于客户的现金类财产，我们可以从存款和理财的角度设计规则。房产、车产信息可以从外部数据源或个人征信中的房车类贷款信息中挖掘。从实践来看，房/车贷款本身既是负债，也是一种资产的证明。但随着房产产品金融属性的减弱，其业务含义和数据表现可能发生变化。

（2）同业跟随视角

参考同业的授信额度是指银行或金融机构在评估借款人的信用状况和授信额度时，有条件地适当参考其他同业机构对该借款人的授信情况。同业跟随视角下的托底额度并不是所有产品都需要的，属于非必要规则。这类规则的出现是根据产品阶段和产品目标确定的。在产品创立的初期，我们可能会采取跟随策略对客户进行有条件的同业跟随托底。

参考同业的必要条件有两个。一是同业机构的信用评级较好，或者该机构对客定价水平优于或等于本机构（参考的同业机构应该是信誉较好、风险较低的机构），其授信额度能够反映对借款人信用状况的评估。假设本机构是一家城商行，在征信报告中归属于商业银行，则理论上本机构不参考小额贷款公司、消费金融公司的授信额度。二是同业机构授信额度对应的信贷产品性质和本产品一致。贷款的业务种类很多，一般认为个人经营性贷款、经营性农户贷款以及企业贷款可视为经营性贷款。其他种类的贷款对应的授信额度一般不能视为同业参考。同时，一般同业参考只能评估信用类贷款的授信情况；担保方式为组合或抵押等的贷款，授信额度受抵押物价值影响，不可被直接参考。

6. 盖帽额度的确定

盖帽额度是指在特定时间段内，对借款人在该平台上可获得的最高贷款额度进行限制或设定的上限。本节将从信用风险视角介绍盖帽额度的设计思路。

简单来说，信用风险指的是借款人或债务人发生违约或无法按时偿还债务的可能性。使用信用风险作为盖帽额度的底层逻辑是假设违约概率和违约后的催回率呈反向关系，即在其他条件相同的情况下，认为违约概率越高的客户在逾期后催回的难度越大。因此，我们应该从信用风险的角度进行额度盖帽，以限制信用风险较高的客户的风险敞口。同时，从催收环节的业务实践来看，经营贷款中逾期客户的催回率也比消费贷款客户逾期催回率低。其中一个很大的原因是经营贷款涉及的金额较大，风险压降困难。因此，通过信用风险对客户进行额度盖帽是必要的。额度盖帽的实施方法没有明确的标准。部分产品会根据风险评级和大盘的倍数关系（Lift 值）与盖帽额度和产品户均额度的倍数关系进行映射，如表6-21所示。

表 6-21 盖帽额度确定的测算样例

等级	bad_rate	Lift	盖帽额度
A	1.00%	0.2	min（150万元，产品额度上限）

（续）

等级	bad_rate	Lift	盖帽额度
B	5.00%	1	30万元
C	10.00%	2	15万元
大盘	5.00%	1	

7. 额度规则的系数估计

在额度规则中，我们使用参数来调整资金需求量和基础额度。这些系数通常由在风险上具有较强区分度的变量或模型映射得到。这些系数既在数据上对信用风险有区分能力，又具有较强的业务含义。一般情况下，额度规则中不建议引入超过3个系数。如果存在多个系数，建议它们所覆盖的风险维度尽量不重叠，并且相关性较弱。

对于冷启动信贷产品或数据量不足的信贷产品，我们可以参考专家经验进行系数估计。对于有一定数据基础的产品，我们可以进行系数估计。

系数估计的步骤如下。

1）模型或变量选择：选择在风险上具有较强区分能力且有业务含义的变量或模型作为系数的来源。同时，选择的变量或模型在时序上具有较强的稳定性。

2）分箱：对选择的模型和变量进行分箱。分箱方法可以参考常规策略开发时的方法。

3）确定每个系数的取值范围，每个变量的分箱对应一个系数值。例如，根据客户信用评级进行分箱，每个评级对应一个系数，具体如表6-22所示。

表6-22 评级和系数

信用评级	A	B	C	D	E
系数	β_A	β_B	β_C	β_D	β_E

4）设定目标函数，通过穷举法训练系数。常用的目标函数为：min（违约金额占比）\max（额度 AUC）等，主要目的在于增加额度在风险上的区分度。

训练系数的第一步是设定步长（比如：$\Delta=0.01$），然后将每个层级的系数在其取值区间里进行遍历，并满足条件 $\beta_A > \beta_B > \beta_C > \beta_D > \beta_E$，最后选择使得违约金额占比最小化对应的系数；如果存在多个系数，则可按照1）依次迭代训练出其他系数。

6.9 授信与用信的联动策略设计

授信环节和用信环节之间存在一定的关联关系，具体如下。

1）授信是进行用信的前提：在所有信贷业务中，借款人只有在通过授信审批后，才能获得一定的授信额度，才能执行用信操作。

2）授信决策对用信条件有直接影响：授信决策会对用信条件产生直接影响（如贷款金额、利率、还款期限等）。这些条件在用信阶段对借款人的资金使用和归还都会产生影响。

3）用信反哺授信决策（续授信）：在用信环节，借款人的用信行为和还款表现将反馈给金融机构，在未来的续授信环节，可能对再次授信的决策和额度调整产生影响。如果借款人按时还款并展现良好的信用表现，金融机构有可能提高其授信额度或给予更优惠的条件。

从以上关系可见，授信和用信的关系紧密。因此，授信环节的策略设计和用信环节的策略设计也有一定的联动关系。授信和用信的策略关系主要有以下3种：授信和用信环节策略保持一致、授信和用信环节策略独立设计、通过授信策略中的时序变量衍生用信策略。

6.9.1 授信和用信环节策略保持一致

本节的授信和用信指的是授信审批和用信审批环节。授信审批环节的策略与用信审批环节的策略保持一致,并补充了基于授信行为数据开发的风险策略(见图6-16)。

优点:提升客户体验。用信策略和授信策略保持一致,一般情况下不会出现授信通过的客户在短时间(30天)内进行用信申请被拒绝的情况,从而提升了用户体验。

缺点:风险容忍度较低。一般情况下,授信审批策略代表了该产品设定的最低容忍度。在实践中,贷中审批策略会相对宽松一些,与贷前审批策略有所不同。

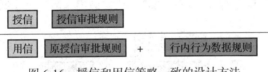

图6-16 授信和用信策略一致的设计方法

6.9.2 授信和用信环节策略独立设计

授信策略和用信策略根据各自不同的样本和Y标签进行差异化策略设计,如图6-17所示。

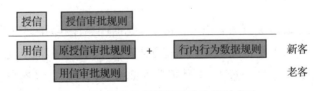

图6-17 授信和用信策略独立设计方法

优点:能够对有风险表现样本针对性地进行风险评价和风险管理。如果采用科学的方法避免数据过拟合,可以提高风险管理能力。

缺点：客户体验较差，可能存在客户授信通过后在用信环节被拒绝的情况。同时，如果涉及渠道展业的信贷产品，有些商务条款要求客户授信通过后支付一定的渠道获客费用。如果授信通过的客户在用信环节被拒绝，则会浪费这部分获客成本。

实际工作中，我们在贷中用信环节会通过规则拆分新老客户。在贷中审批环节，对新客户执行与授信审批策略相同的规则，而对老客户设计部分差异化审批策略。新客户指的是无在贷客户且授信距今不超过 30 天的客户，其他则为老客户。

6.9.3 通过授信策略中的时序变量衍生用信策略

本方法以客户一段时间内的风险变动情况作为评估客户信用风险的参考依据，对客户进行风险评估并做出风险决策（见图 6-18）。

图 6-18 通过授信策略中的时序变量衍生用信策略的设计方法

构造步骤如下。

（1）构造时序变量

根据贷前策略使用变量构造对应的时序变量并应用于贷中环节。

变量的分类方法有很多，可以根据时间属性分为时点变量和时序变量。时点变量反映某个时间点或者截止到某个时间点变量对应的值。例如，客户近 12 个月贷款查询申请机构数、客户当前授信总额都是时点变量。时序变量反映不同时点变量的变化情况，可以视为时点变量的一种衍生。例如，客户本次用信申请时的授信总额与客户授信申请时点的授信总额差值就是一个典型的时序变量（见图 6-19）。

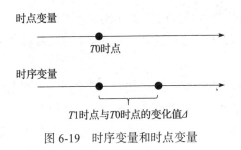

图 6-19 时序变量和时点变量

时点变量 = $T0$ 指标值

一般化的时序变量（差值）= $T1$ 指标值 – $T0$ 指标值

（2）根据时序变量构造贷中审批策略

本方法样例如下。

- 贷前审批策略：申请人个人征信数字解读分 ≤ 500，则准入拒绝。（$T0$）
- 贷中审批策略 1：申请人个人征信数字解读分在用信时点较授信时点降低超过 200 分，则准入拒绝。（$T0 \sim T1$）
- 贷中审批策略 2：申请人本月征信数字解读分较上月时点降低超过 200 分，则拒绝。（$T \sim T\text{-}1$）

优点：实现时序变量的动态监控。时点变量捕捉的是客户在某一时刻的风险情况，能够对客户风险水平进行横向考量。时序变量捕捉的是客户在一段时间内的变化情况，能够对样本进行纵向对比。时序变量可以同时实现风险层面的纵向分析和横向分析，并且能够识别不同时点的变动情况，从而达到动态监控的目的。

6.10 拒客回捞设计

6.10.1 拒客回捞的定义和目的

在信贷产品中，对历史拒绝客户进行回捞的行为被称为"拒客回捞"。拒客回捞可以在授信和用信场景中使用。

拒客回捞的目的主要有 3 点：降低成本、提高通过率、扩大业务规模。

随着小微信贷产品竞争的加剧，获客成本逐渐上升。拒客回捞是对历史拒绝客户的二次筛选，在进行二次筛选时不会增加数据费用和营销费用。因此，拒客回捞可以降低获得客户的成本。

通过拒客回捞，原本被拒绝的客户被重新捞回并审批通过，提高了审批通过率。理论上，客户有足够的动支意愿，也能扩大金融业务规模。

6.10.2 拒客回捞的方法

1. 基于风险模型捞回客户

基于风险模型捞回客户的方法是一种常用的拒客捞回方法。此处的风险模型一般指的是在产品上效果最好、维度最丰富的风险模型，也可以是综合模型。这种模型通常能映射到一个稳定、清晰的客户信用评级。评级内，客群的风险表现和年化损失是已知的，我们可以根据这些信息推算捞回客户的损失。捞回客户的损失需要进行比较。在实践中，通过风险模型推算的捞回客户的风险水平与真实结果之间的差异通常是较小的（除非模型失效）。

2. 基于非模型策略捞回客户（多使用资金需求维度）

一般情况下，除了模型评分以外，资金需求规则具有较好的风险排序性。同时，随着信贷市场的发展和获客方式的多样化，我们可以发现小微客群的资金需求量从长期来看（以年为单位）是递增的。因此，我们可以利用资金需求相关策略进行拒客回捞。然而，在实践中，通过单一资金需求策略捞回的客户在事前推算的损失和最终真实结果之间存在一定的差异，尤其是对定价较高的客群来说。这本身也是小微客户的一种脆弱性，当其资金需求得不到满足时，很快就会影响经营并影响已有贷款的还款。因此，在使用资金需求维度进行小微客户的拒绝捞回时，我们需要足够审慎。

3. 基于好客户特征捞回客户

基于好客户特征捞回客户是一种拒客捞回的方法，即通过寻找好客户的画像和多个关键指标，再匹配拒绝客户中与好客户关键指标相似的客户进行捞回。本方法所说的关键指标一般要求所选指标对业务具有较强的解释性，并且有一定数据（Lift<1）支持。多指标的组合捞回规则可以通过决策树构造完成。

4. 放松已有策略捞回客户

通过策略效能评估和策略监控，我们可以识别出风险区分能力较弱且触碰率较高的策略。一般情况下，对于这类策略，我们会进行相应的替换、宽松或下线处理。此时，我们可以考虑对历史仅受这类策略影响而被拒绝的客户进行捞回。然而，策略失效的原因较为复杂，因此我们在进行捞回时需要进行更细致的分析，综合考虑策略的业务含义、客群变化、其他产品政策变化等因素的影响。

5. 专项捞回

专项捞回是指风险管理人员盘点策略操作失误或不符合最新监管规定的策略所造成的影响时，对仅受异常策略影响而被拒绝的客户进行捞回的行为。

6.10.3 测算捞回客户的违约率

拒客捞回中最大的难点是测算捞回客户后续的风险。因为拒绝的这类人群在本金融产品中无法获取真实的风险表现。如果我们仅使用已知风险表现样本进行分析，很可能出现样本偏差，尤其当进行拒客回捞时（在原拒绝阈中二次筛选"好人"），我们常常会乐观地估计捞回客户的真实风险。因此，我们需要一些有依据、相对科学的方法来评估客户的违约率。

1. 真实样本补充法

真实样本补充法的核心操作是补充或"买"真实数据,具体为随机抽取部分拟捞回客户,对其进行真实的捞回授信,而其他客户保持拒绝状态。同时,对这部分捞回的客户设定一个表现期,以关注他们的风险表现。这样做并不是推算捞回客户的信用风险,而是通过部分随机捞回客户的真实风险表现来映射所有拟捞回客户的风险表现。在介绍本方法时使用了"买"这个动词,是因为该方法需要付出真实代价,即这部分真实捞回并授信的客户后续如果发生逾期和违约所造成的本金损失和利息损失主要是经济成本。我们可以认为,产品的信用风险越高,使用本方法所付出的经济成本就越高。

本方法的优点在于能够通过真实数据映射得到结果,而不是预估或推断。这通常能够对风险进行相对准确的评估。

本方法的缺点在于成本较高,会造成金融机构产生真实的经济损失。小微信贷产品的户均风险敞口较大,决策错误所产生的成本相对于零售信贷产品会更高。此外,本方法耗时较长,因为信贷市场瞬息万变,而本方法需要用真实样本在表现期内进行观察。小微信贷产品的表现期通常是中长期的,虽然在漫长的观察期后可能得到准确的损失结果,但这个结果对于当下已经不那么重要了。

一般情况下,使用该方法的情形有两种。第一种情形是新产品上线需要快速扩张产品体量,但没有足够数量的样本进行量化分析时,可以适当增加"买"真实数据的成本。策略排除最高风险的客户,接受部分捞回客户。第二种情形是当捞回客户风险在可接受范围内且整体风险预估可控(一般会二次接受的被拒绝客户风险都是略低于接受阈值)时,可以尝试该方法。

2. 推断法

推断法有很多细分,核心是通过已有风险表现的样本来推断和预测没有风险表现样本的风险水平。这些方法也被广泛应用于拒绝推断中。推断法进一步细分包括加权法、打包法、同生表现法、二阶段法等，具体如表 6-23 所示。

表 6-23 推断法简介

方法名称	基本思想
加权法	调整有风险表现样本的权重后，让调整后有风险表现的样本代表拒绝捞回样本
打包法	对所有客户进行分群分组，通过组内有风险表现样本推导组内拒绝样本的风险表现
同生表现法	使用其他产品或贷款机构的风险表现数据
二阶段法	构建两类模型（是否授信模型和好坏客户区分模型）对被拒绝客户进行推断。推断环节分为两个阶段，即是否授信通过阶段和风险好坏判断阶段。首先在是否授信阶段根据模型评分推断客户是否能授信通过，然后在风险好坏判断阶段推断客户是否会产生信用风险

以上方法都是拒绝推断时可使用的方法，在测算捞回客户的风险水平时也可使用。本节主要介绍打包法。这种方法适用于各种分布，操作便捷。

打包法的具体步骤包括：构建分层、推算捞回客户不同分层的样本情况、测算整体样本的风险水平。

1）构建分层。构建风险模型并根据模型评分进行分层。分层方法可以是等频分箱，也可以是直接使用本产品的信用评级进行分层。（注：风险模型是指基于是否逾期为 Y 标签构建的模型。产品的信用评级一般是基于在本产品上效果最好、维度最丰富的风险模型获得。）

2）推算捞回客户不同分层的样本情况。根据各分箱内已知有风险表现样本的好样本占比，结合风险因子推算各分层捞回客户的好坏样本情况。

3）测算整体样本的风险水平。测算后在分层内对拟捞回样本随机赋予对应的 Y 标签，并测算整体拟捞回样本的风险水平。

打包法样例如表 6-24 所示。

表 6-24 打包法样例

风险分层	有表现样本					推断拒客回捞风险		风险因子
	坏	好	拒绝量（拟捞回样本）	拒绝率	好样本占比	坏样本数量	好样本数量	
D	5	10	50	76.92%	66.67%	33	17	2
C	15	100	200	63.49%	86.96%	52	148	2
B	30	600	900	58.82%	95.24%	86	814	2
A	10	1050	500	32.05%	99.06%	9	491	2
合计	60	1760	1650	47.55%	96.70%	181	1469	2

bad_rate: 0.03296703   bad_rate: 0.109488178

注：分层中推断某分层拒客回捞风险中的坏样本数量 = 拟捞回样本 × (1 - 好样本占比) × 风险因子。

在打包法中，通过有表现客户建模得到的模型去评估原拒绝客户的后续表现，往往会低估拒绝客户的风险，因此我们需要引入风险因子进行调整。一般情况下，风险因子[一]的取值范围是 2 到 4。考虑到捞回的客户理论上是拒绝客户中的"好人"，我们可以使用 2 作为系数。在模型长期稳定、有效的前提下，我们可以通过真实捞回样本的表现来调整风险因子。

推断法有很多，本节只是选取其中一种作为例子。需要强调的是，虽然推断法从数据上可能起到一定的测算作用，但它很难替代对总样本的充分观测，甚至在部分业界和学术界人员会认为这是一种"数字游戏"。在使用和测算时，我们需要足够审慎。到底是使用推断法还是真实样本补充法，二者各有优劣，需要根据场景和业务的真实情况进行判断。

[一] 风险因子是一个预设值，表示预设拒绝客户捞回后的风险水平是非捞回客户风险水平的倍数。

6.11 本章小结

初次接触全生命周期的小微信贷策略体系,可能会觉得它相当广泛,因为涵盖贷前、贷中和贷后的全部流程。信贷机构必须对信用风险、欺诈风险和经营风险进行有效管理,同时要考虑企业本身,兼顾企业主的因素。

深入探究小微信贷策略体系的构建,其实可以归纳为相对简单的几个核心要素:规则和风险决策。简而言之,小微信贷核心在于使用规则将客户群体进行分类,识别出具有共同特征的客户群体,并针对这些特征制定相应的风险决策进行特定风险管理。此外,策略制定过程中使用的数据分析方法是可重复利用的,因此本章并未过多介绍数据分析方法。

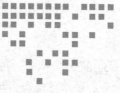

Chapter 7　第 7 章

小微信贷产品运营和客户运营

　　风控和运营是小微信贷中非常重要的两部分内容。风控的主要目标是在项目顺利开展的前提下平衡风险和损失，实现金融机构利润最大化。运营的主要目标是提升客户金融服务体验，提高客户黏性，提升客户价值，从而增加金融机构的收益。

　　在小微信贷流程中，产品运营和客户运营是运营的重要组成部分。本章将简单介绍产品运营和客户运营。

7.1　产品运营

　　产品运营是一个比较宽泛和全面的概念。在小微信贷产品中，产品运营主要是指通过一系列方法，发现当前信贷产品在风险、运营、需求等方面的漏洞和不足，并进行修补和弥补，最终有效地提高小微信贷产品的整体效能。总而言之,产品运营在信贷业务中的目的是综合考虑市场竞争、用户需求、风险管理和盈利能力等因素,通过优化产品和提供良好的用户体验,实现整体的业务目标。本节重点讲解数据分析工具对产品运营的影响。数据分析能够给出分析结论,既能发现问题,也能量化、精准地描述问题。发现问题后再通过产品手段和方法进行解决,从而提升整个产品的效能。

在产品运营中,漏斗图是一种常用的工具,用于分析和可视化用户在整个转化过程中的流失率。它以漏斗的形状来表示用户在不同阶段的转化情况,可以帮助运营人员识别转化率异常的阶段和节点,并调整重要的运营决策。

漏斗图样例如图 7-1 所示。图 7-1 中自上而下分别代表从客户点击申请到借款的流程,每个流程对应一个正方体,正方体中的数字代表在该流程中的样本数量。正方体的体积越大,代表数量越多或占比越大。

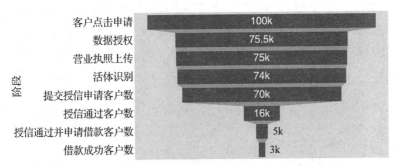

图 7-1 漏斗图样例

我们可以根据漏斗图定位和识别产品运营过程中可能的风险点和优化点。在样例中,我们可以找到两个优化点。

第一个优化点是客户进件申请转化率低,需要进行优化。在本样例中,有 10 万客户点击申请,但只有 7.5 万客户进入数据授权环节,这意味着存在 25% 的客户流失。这种情况极有可能是前端系统存在缺陷或产品设计存在问题,导致部分客户无法顺利找到授权功能并进入下一步。因此,建议尽快进行产品优化,提升客户体验。

第二个优化点是授信通过客户数转换为借款申请客户数的比例较低,应重点关注。在本样例中,有1.6万户授信通过客户,但其中只有5000户进行了借款申请,最终成功放款的客户仅有3000户。也就是说,授信通过客户中只有18.75%最终成功放款。基于以上发现,结合更多的数据分析,我们可能会得出两条运营建议。

1)在对营销成功的客户经理进行奖励时,我们需要关注奖励规则的合理性。在定义营销成功客户时,我们应认定客户发生借款后为营销成功,而不是仅在客户授信通过后就认为营销成功。这样可以避免客户经理推送大量信用状况良好但没有资金需求的企业获取更高的奖励的行为。

2)对于授信通过后有支用需求(即发生借款申请)的客户仅有31.25%,如果该比例低于往期值或者目前有明确的目标需要提高动支率,我们应对授信客户的额度、定价、同业和历史进行交叉比对和分析。评估当前的策略是否能满足当前客群的资金需求和风险,再评估是否有必要对定额和定价策略进行调整。

漏斗图的python实现代码样例:

```
"""
1.加载所需Python包
2.输入数据
3.输出漏斗图
"""

# 1.加载所需Python包
import plotly_express as px

# 2.输入数据
 # 创建原始数据
data = dict(number = [100000,75500,75000,74000,70000,16000,
    5000,3000],
```

```
stage = ["客户点击申请","数据授权","营业执照上传","活
         体识别","提交授信申请客户数",
         "授信通过客户数","授信通过并申请借款客户数","
         借款成功客户数"])

# 3.输出漏斗图
# 设置数据和数轴
fig = px.funnel(data, x="number", y=r"stage")
fig.show()
```

7.2 客户运营

客户运营主要是以客户为中心,找出优质客户,并分析和挖掘这些优质客户的潜在需求。基于客户差异化的需求,制定差异化的营销方案,对这些优质客户进行促活、留存和转化等一系列营销动作。客户运营的最终目的是提升客户借款转化率,提升客户黏性和客户价值,提高金融机构的收益。

客户运营主要是通过对优质客户进行营销实现的,通常包括营销名单筛选、营销策略制定、营销结果追踪、营销流程优化等步骤。上述步骤缺一不可,并形成运营闭环。

(1)营销名单筛选

营销名单筛选主要是筛选风险低且有营销价值的客户。金融机构在进行客户营销名单筛选前通常会花大力气建立客户维度的标签库,基于标签库构建完善的客户画像。客户画像是快速筛选满足营销条件的客户的基石。

在构建客户画像时,客户的风险标签和类别标签是最重要的两部分内容。客户的风险标签确定比较简单,我们可主要基于风险模型评分卡(如 A 卡、B 卡)对客户进行风险评级,基于风险评级为客户打风险标签。客户类别标签常基于 RFM 模型确定。RFM 模型是衡量客户价值和客户创收能力的重要工具和手段,其中 R 值主要用来区分活跃客户、沉默客户和流失客户等,F 值主要用来区分客

户忠诚度，M 值主要用来识别客户贡献值。

客户分类的目的是将不同特征的客户进行区分，然后基于分类结果对不同类别的客户制定差异化的营销策略。表 7-1 是基于 RFM 模型对客户进行分类的示例。在示例中，基于 R、F 和 M 值对客户分类后，再通过对类别组合最终确定客户的类别。在表 7-1 中，R 取值为"高"表示客户是活跃客户，否则是非活跃客户；F 取值为"高"表示客户忠诚度高，否则忠诚度低；M 取值为"高"表示客户是高价值客户，否则是低价值客户。在实践中，具体如何分类及分几类视实际情况确定即可。

表 7-1 客户分类示例

R 值	F 值	M 值	客户类别	营销建议
高	高	高	优质客户	重点营销，维持客户价值
高	低	高	活跃、低忠诚度、高价值客户	重点营销，提高客户忠诚度
高	高	低	活跃、高忠诚度、低价值客户	有侧重点营销，挖掘客户价值
低	高	高	沉默、高忠诚度、高价值客户	进行沉默客户唤醒
高	低	低	活跃、低忠诚度、低价值客户	有侧重点营销，先提升客户忠诚度，再挖掘客户价值
低	低	高	沉默、低忠诚度、高价值客户	进行流失预警、挽留
低	高	低	沉默、高忠诚度、低价值客户	进行沉默客户唤醒
低	低	低	沉默、低忠诚度、低价值客户	进行流失预警、挽留

在进行客户营销前，首先基于客户画像筛选风险低且满足营销条件的客户，在筛选完成后紧接着就要进行营销策略制定了。

（2）营销策略制定

营销策略的制定比较依赖运营模型。在实践中，常见的运营模型有营销响应模型和流失预警模型。在制定营销策略时,我们主要基于运营模型为客户匹配合适的营销内容,然后再选择合适的营销手段(常见的营销手段有短信、App 推送、公众号推送、电话营销等)对客户进行精准营销。

需要说明的是,在制定完营销策略后,我们需要评估营销策略是否合理,可通过近似计算运营收益(运营收益 = 客户营销后带来的净收入 − 运营成本,其中客户营销后带来的净收入基于近似的营销转化率和营销后增加的放款金额及损失等相关指标进行估算即可)的方式来近似评估。如果运营收益过低或者为负,可能是营销策略不合理,我们需要重新进行客户筛选或者评估营销策略是否合理,直至方案可行。

(3)营销结果追踪与营销流程优化

在基于营销策略对客户进行营销时,我们需要实时关注营销结果是否符合预期,以及营销流程是否存在不合理之处。如果发现问题,我们就需要不断地进行优化和调整,以便使营销能够顺利进行。

7.3 本章小结

虽然本章的标题是"小微信贷产品运营和客户运营",但是讲解的内容在零售信贷中也是适用的。小微信贷和零售信贷能否做好,主要取决于以下3个方面:1)是否有比较好的金融信贷产品;2)是否有足够多的客户来借款,形成比较大的放款规模;3)是否有比较好的管控风险的能力。本章讲到的产品运营主要是以客户为中心进行金融信贷产品优化的,可以为用户提供较好的金融信贷产品,而客户运营能扩大放贷规模,提高优质客户黏性,提升金融机构收益。在上述基础上,如果风控做得比较好,那么金融信贷肯定是可以做好的。

推荐阅读